山东体育学院运动与健康学院学科专业建设经费资助出版

大学生
社会认知研究

杨健梅 ◎ 著

九州出版社
JIUZHOUPRESS

图书在版编目（CIP）数据

大学生社会认知研究 / 杨健梅著. -- 北京 ： 九州
出版社，2023.5
ISBN 978-7-5225-1864-0

Ⅰ. ①大… Ⅱ. ①杨… Ⅲ. ①大学生－社会认知－研
究 Ⅳ. ①C912.6-0

中国国家版本馆CIP数据核字(2023)第096192号

大学生社会认知研究

作　　者	杨健梅　著
责任编辑	石增银
出版发行	九州出版社
地　　址	北京市西城区阜外大街甲 35 号 (100037)
发行电话	(010)68992190/3/5/6
网　　址	www.jiuzhoupress.com
印　　刷	北京市北方华天彩色印刷有限公司
开　　本	710 毫米 ×1000 毫米　16 开
印　　张	15.5
字　　数	234 千字
版　　次	2023 年 6 月第 1 版
印　　次	2023 年 6 月第 1 次印刷
书　　号	ISBN 978-7-5225-1864-0
定　　价	78.00 元

前　言

　　大学是人生特殊的发展时期，大学生在自我认同、人际关系、学业挫折应对等诸多方面都不可避免会遭遇各式各样的危机事件，成功应对和化解这些危机事件是大学生个体不断成长和走向成熟的关键。

　　一个成熟的大学生，应该能够正确认知自己、调节情绪、控制行为；能够辩证认知他人，妥善处理人际关系；能正确看待成败，避免自我挫败式的归因；能成功扮演大学生社会角色……也就是说，一个成熟的大学生应当是能顺利社会化、适应良好的个体。

　　社会化是指在特定的社会和文化环境中，个体通过与社会的相互作用，形成适应该社会和文化的人格，掌握该社会所公认的行为方式，从自由人转变为社会人的过程。社会化的要求包括树立正确的三观，具备扎实的专业知识和技能，掌握和遵循社会规范，培养和塑造社会角色等。与其他群体相比，处于青年期的大学生心智发展较为成熟，但是心理上还处于"断乳期"。这一时期的个体自我意识不断加强，抽象思维能力迅速提高，想象力丰富，充满激情，兴趣广泛持久，情绪从不稳定趋向稳定，人生观、世界观和价值观从不成熟趋向成熟。因此，大学阶段是大学生社会化的关键时期。大学阶段个体社会化所需的外在"社会教化"条件是得天独厚的，但如何将社会、学校和家庭等教化内容内化为个体的主观要求，除了其他条件以外，大学生自身的社会认知能力是关键因素。

　　社会认知是指人对社会性客体，比如自我、他人、社会群体、人际关系、社会事件等的认知，以及这种认知与人的社会行为之间关系的理解与推断。社会认知考察人们对社会，特别是对他人的认识、了解，形成印象以及概念化的过程，即人们如何看待他人（涉及他人的内部心理状态）以及如何看待与他人有关的自我（Shantz，1975；Dusek，1978）。所以，社会认知包括对自我的认知、对他人的认知以及其相互关系的认知。大学生社会认知是指大学生如何根据环境所传达的社会性信息形成对自我、他人、群体、社会事件等进行分析和推断的复杂过程。

大学生作为社会认知主体，根据自己以往的经验和个人的思维活动对有关环境线索进行信息加工，对各种社会性信息分类、归纳与推理，以便有效应对环境。但是，由于大学生认知能力发展不成熟，生活在象牙塔中的莘莘学子生活并不轻松。他们会被看似简单的问题束缚思维而不能自拔，甚至越陷越深；在认知自我时，他们要么过度放大自己的强项盲目自尊，要么过度聚焦自己的弱项妄自菲薄，深陷自卑的泥潭；在认知他人时，他们往往会根据个人看重品行、学业或能力的标准来评价同学，带有主观性和偏激性……不合理的社会认知或认知偏差不利于大学生社会化，可能使他们出现心理危机或人格障碍，导致适应不良，影响他们的健康和幸福。健康心理学研究指出，不合理认知及认知偏差导致的负性情绪对个体的健康有着重要影响，比如，使免疫系统受抑制，自主神经系统受损，产生高血压、心脏病、胃肠紊乱等疾病。

随着大学生心理问题和心理障碍检出率增高，高校普遍重视大学生心理健康教育的开展。不过，目前心理健康教育多被动围绕大学生已经出现的问题和障碍开展，如抑郁、社交恐惧、学业焦虑、人际关系问题等外显的情绪和行为障碍。笔者认为，大学生存在的很多心理问题和障碍，是个人的社会认知和环境要求、生理发展不平衡所致；是大学生在面对更复杂的社会情境和社会关系时，不恰当的社会预期和自我预期与社会认知发展滞后的矛盾冲突所致。所以，高校的心理健康教育有必要在内容和形式上有所拓展，由表及里、由因到果，深入大学生的认知世界，引导他们的认知不断清晰、理性、优化乃至蜕变。

为更好实现上述目标，深入探究并剖析非理性认知行为背后的心理学原因也尤为重要。如现实生活中，有的大学生明知有重要的研究报告要完成，行动上却做另一些不在安排中的、更有吸引力的事情，让重要的任务一再延误，直到最后一刻才勉强完成、草草敷衍。任务失败后则痛心疾首，决定引以为戒，但下次遇到有挑战性的、难以应付的事情时，又重蹈覆辙，陷入新一轮的内疚和悔恨中。研究表明，有 50% 的大学生报告他们在学业任务中至少一半时间会拖延，35% 的大学生报告偶尔会拖延（Rothblum，1984）。拖延行为仅仅是一个习惯问题吗？研究者认为，个体通过拖延行为进行"自我设限"是为了在他人面前维护自我的价值，借此保护自尊（Scott，2022）。试想一下，由于拖延行为的存在，在分析失败原因时，人们就可以把原因归咎于时间仓促等外部因素而非能力匮乏，因此，个体无意识的拖延行为达到保护自我价值感的目的。

精神分析理论指出，焦虑、恐惧、强迫、社会退缩等情绪行为问题是意识和无意识冲突的体现。如果无意识中的不良思想、情感以及为社会道德所不容的欲望和冲动进入意识，将造成意识层面的痛苦，因此，它们被迫"囚禁"在无意识中，不能为意识所觉察。但是，它们却在极力寻求满足和表达，具有驱力作用，会影响人际关系、做决定或触发抑郁或焦虑情绪等，对意识活动产生病态影响。所以，为了阻止无意识中的思想和情感自我繁衍，我们需要看清、引导和释放它们，将无意识意识化，削弱无意识对我们生活的掌控和影响。

大学生是社会生活中最有生机、最积极、思想最开放的一支社会力量，他们在寻求适应社会存在方式和社会变革发展中发挥了巨大作用。研究表明，18～25 岁这一年龄阶段的人态度最容易改变。因此，帮助大学生合理认知，做到内心和谐、人际融洽，愉快自信地扮演好自己的社会角色，是一项意义非凡的工作。

综上，笔者撰写本书的目的，一是结合各流派心理学的理论和观点，从意识和无意识层面探本溯源，为大学生提供看待问题的不同视角或尝试性的解释，从而提升社会认知能力；二是通过心理学知识和技能的传授和学习，帮助大学生更好实现社会化，使他们悦纳自我、和谐人际，保持身心健康，过幸福而有意义的生活。

目　录

绪　　论

古希腊戴尔菲神庙入口处镌刻着"认识你自己"的箴言，一直被后世敬仰。它启发人们不断认识和发现自己。认识自我一直以来都是哲学和心理学的一个基本话题，如何感知自我和他人对于人们怎样应对世界具有极其重要的作用（Leary，2004）。

俄罗斯心理学家科恩在他的《青年心理学》一书中这样写道："青年初期最重要的心理过程，是自我意识和稳固的'自我'形象的形成；青年初期最有价值的心理成果就是发现自己的内部世界，对于青年来说，这种发现与哥白尼当时的革命同等重要。"大学生是当代青年的主力军，他们的心智成长直接影响到个人的发展、祖国的未来和民族的兴旺。因此，引导他们审视自我、探索自我、了解自我和确立自我，是大学阶段最重要的任务！

生活中各种各样的烦恼都跟"自我"有关。我是怎样的一个人？我长成了自己期待的样子吗？我有什么优点？我有哪些地方需要改善？我生命的意义在哪里？我人生的目标是什么？……归根到底，就是一句话"我是谁"。而且，有关自我的内容是丰富的、立体的、多维的，涉及自我的方方面面，比如，家庭自我、学校自我、社会自我、身体自我、心理自我、道德自我、学业自我、人际自我。因此，不断寻找和建立健康良好的自我形象对个体来说特别重要！比如，有人说"我很喜欢交朋友，可我又喜欢独处"，"我很内向，喜欢一个人安安静静待着；可有时候我又特别外向，喜欢和朋友一起热闹"，无法确定"我是谁"，这种矛盾的自我不断呈现，常常会让自己和他人困惑，产生角色混乱。

哲学家卢梭曾说："在人类一切知识中，对我们最有用而知之最少的是有关人类自身的知识。"所以，帮助大学生掌握有关"我是谁"的知识，建立健康的自我同一性，是本书研究的重点。

第一节　为何我成为现在的我

从呱呱坠地到长大成人，你在哪些方面发生了变化？

你个子长高了、体重变重了，身体形态和特征发生了变化，运动能力也增强了，你学会了坐、爬、站、走、跑等多种动作。动作的发展使你获得探究环境的新手段和主动权！

你的心理也得到了可喜的发展：你从与外界融为一体的混沌状态中分化出来，开始认识自己和世界。你学会了用语言表达自己的诉求，而不像刚出生时那样只能用哭声来表达饥饿和疼痛；你掌握了认识世界的主动权，能够按照自己的心意选择需要注意的对象，而不是被事物的外部特征被动吸引；你变得更睿智，面对纷繁复杂的外部世界，你能冲破感性认识的藩篱，获得对事物间接的、概括的认识；你确立自己的人生目标，自我激励、勇往直前……你变得越来越完善！

那么，心理的发展从无到有，从简单到复杂受到了哪些因素的影响？是先天遗传的结果，还是后天环境影响使然？遗传—环境之争，或者天性—教养之争在历史上就从未间断过。

一、遗传因素是心理发展的生物前提和自然条件

遗传因素是指那些与基因相联系的内在因素，在个体身上体现为遗传素质，比如机体的构造、形态、感官和神经系统等。遗传素质在受精卵合成的一刹那就已经决定了。英国遗传学家高尔顿（Galton）坚持用遗传的观点解释个体差异。他认为，遗传在发展中起决定作用，生殖细胞中的基因决定了儿童的心理和品性，发展只是这些心理和品性的自然展开，环境和教育只起引发作用。高尔顿

采用名人家谱调查法，以英国名人被试为研究对象，涉及政治家、法官、军官、文学家、科学家和艺术家等诸多职业。结果发现，977 位名人的亲属中有 322 人也同样出名。然而，对于同等人数的普通人对照组，他们的亲属只有 1 位名人。高尔顿据此认为，家谱调查证明了能力受遗传决定。

人格心理学家艾森克（Eysenck）认为，人格的个体差异主要是遗传造成的。艾森克的观点来自三方面的论据：第一，跨时间的研究表明，人格的三种基本特质——内外向性、神经质和精神质——在人的一生中保持相当的稳定性。一项研究表明：被试在 45 年内的内外向性保持在一定水平上。第二，跨文化的研究表明，在不同的国家、不同的文化背景下，不同的研究者采用不同的方法都发现了人格的三种基本特质。第三，对于人格的三种基本特质，都可以进行生理学的解释。比如，外倾的人具有较低的大脑皮层唤醒水平，他们需要寻求强烈的刺激来抵御枯燥和无聊，而内倾的人具有较高的大脑皮层唤醒水平，微弱的刺激就足以让他们兴奋，而强烈的刺激会使他们很快疲劳。

心理学家以双生子为研究对象，研究结果进一步证实了遗传对人格形成的影响。研究者们发现，在分开抚养和共同抚养条件下，同卵双生子人格特质的平均相关系数分别为 0.49 和 0.52，而异卵双生子的相关系数分别为 0.21 和 0.23。研究结果说明，无论在何种条件下抚养，同卵双生子的人格特征都比异卵双生子的更为接近，体现了遗传的重要性。

二、环境因素规定了心理发展的现实性

美国行为主义心理学家华生（Watson）持有极端的环境决定论思想。在《行为主义》一书中他写道："给我一打健康的婴儿，一个由我支配的特殊的环境，让我在这个环境里养育他们，我可担保，任意选择一个，不论他的才智、嗜好、倾向、能力、禀性以及种族如何，我都可以按照我的意愿把他们训练成任何类型的专家——医生、律师、艺术家、大商人，甚至乞丐或强盗。"华生否认遗传在个体成长中的作用，认为一切行为都是刺激（S）—反应（R）的学习过程。华生和他的助手运用经典性条件反射原理所做的恐惧形成实验，为心理发展的行为决定论提供了有力依据。实验刚开始 12 个月大的阿尔伯特对小兔充满爱意，

伸出双臂欢迎它。随后，当小兔奔向阿尔伯特时，华生及其助手猛烈击锤，巨大的声音吓跑了小兔，也吓得阿尔伯特撤回双臂。如此反复，小兔和强烈的响声联结在一起，当小兔再次试图亲近阿尔伯特时，他惊慌失措，展开双臂，身子后仰，企图躲避。经典性条件反射形成——小兔此前是中性刺激，经过和无条件刺激"响声"多次结合后，变成了"响声"即将到来的信号刺激。而且，阿尔伯特对小兔的恐惧感发生了泛化，和小兔具有类似特征的"带毛"的事物——比如小老鼠、蓄着胡须的男人、毛线等——都足以吓哭他。华生据此解释，任何行为，包括情绪，都可以通过条件反射学习而来。

恐惧形成实验本身是违背道德的，但是，它为行为习得提供了事实依据。后期，新行为主义者斯金纳（Skinner）、班杜拉（Bandura）等人都提出了自己的观点。虽然他们的理论各有侧重，但都主张心理发展是环境和教育塑造而来的。

罗森兹韦格等（Rosenzweig et al）通过动物实验发现，小鼠的生存环境对其大脑发育有重要影响。实验组的小鼠被饲养在丰富的环境条件下，环境中有大的笼子、小梯子、轮子、平台等"玩具"供小鼠玩耍；控制组的小鼠被置身在单调的环境下，除了定时供应食物外，没有其他刺激。80天以后，对两组小鼠进行解剖。研究者发现，在丰富环境的刺激下，实验组小鼠的大脑皮质更重，蛋白质含量更多，大脑结构更复杂，大脑的化学物质也更丰富。

环境影响大脑发育，而心理是大脑的机能，那么，环境一定会影响到机体的心理和行为表现。

三、人具有主动性和选择性，创造性地选择适合自己心理发展的活动方式

个体心理学家阿德勒（Adler）认为，遗传和环境只是提供人创造自己人格"大厦"的"砖瓦"或"材料"，只能为个体的心理发展提供可能性和客观条件。每个人都有主观能动性，他创造性地利用这些"砖瓦"或"材料"建设自己，选择适合自己心理发展的方式。比如，有生理缺陷的人可能发展出自卑情结，也可能经过努力发展成对社会有益的人。

斯卡尔等在解释遗传和环境之间相互作用的关系时，提出了"遗传—环

境—行为表现"的主动式影响，指主体在遗传特征的影响下，对环境因素进行有目的的选择，使其在发展方向和程度上表现出差异。比如，有竞争性的个体会挑选富有竞争性的环境，激发自身更高的竞争欲望。

总的来说，遗传和环境的相互作用可以理解为心理发展的可能性和现实性之间的辩证关系，其中，可能性转化为现实性需要个体发挥主动性和选择性。因此，要回答"为何我成为现在的我？"这一问题，我们可以从这三个方面去寻求答案。

第二节　"人之为人——成为人"的秘密

通过前面的学习，我们已经了解到哪些因素会影响"现在的我"。一般情况下，正常健康个体心理发展的潜在可能性很广阔，从这个意义上说，环境条件对个体发展的现实水平起了更为重要的作用。

对于人类来说，从母体中分离出来还不能算社会意义上的人，这时个体只有与生俱来的自然属性，那么，人的社会属性从哪里来？社会属性从社会化的过程中产生和发展而来。社会化的重大作用是使人类完成从自然人向社会人转化，这也是"人之为人——成为人"的秘密。

1920 年，印度牧师在加尔各答附近的狼洞中发现两个女孩。小的约 1 岁，不久就死于疾病，大的 8 岁，名叫玛拉。玛拉的行为和狼一样，喜食生肉，不辨冷热，日间睡觉，夜里起来乱走，眼睛发亮，声如狼嚎，不愿穿衣，没有羞耻感。13 岁，玛拉终于学会挺身走路，有了羞耻感，不再暴露身体。15 岁，玛拉才识得 45 个字。狼孩的案例说明，个体脱离了社会背景就不能正常社会化，不懂人类的语言、不理解人类的情感、不能形成人的个性特点，也就不能成长为正常的人。

厄盖赖尔（Vgurel，1965）对儿童"自私"行为的实验研究，说明了社会化对个体的影响。研究者让 4～16 岁的儿童和另一位儿童分核桃，核桃是单数，如 5、7、9、11、13、15。发现儿童被试有三种分法：（1）丢掉一个成偶数后两人平分；（2）给自己多分一个；（3）给对方多分一个。研究结果表明，自私行为随着年龄的增长而减少。4～6岁儿童中有67%给自己多分一个，9岁左右的儿童中有23%给自己多一个，12岁以后的儿童没有一个表现出自私行为。研究得出结论，儿童在社会化过程中学会了与他人和谐相处，利他行为具有随年龄增强的倾向。

一、社会化的定义

社会化是指个体在一定的社会背景下，通过社会互动，学习和掌握社会生存需要的知识、技能、规范和经验，适应社会生活并为社会所接受，成为合格社会成员的过程。

我们可以从社会化的主体、场所、条件等六个要点解析该定义：

➢ 主体：个体

➢ 场所：一定的社会背景

➢ 条件：社会互动，其中，包括共时性的"人际沟通"和历时性的"代际沟通"

➢ 内容：学习和掌握社会生存需要的知识、技能、规范和经验

➢ 目标：适应社会生活并为社会所接受，成为合格社会成员

➢ 性质：社会化是一个贯穿终身的过程

比如，封建社会土地私有制占主导地位，以儒家思想"仁、义、礼、智、信"为价值核心，个体在社会化过程中习得封建等级知识和规范，君臣、父子、长幼、主仆、男女之间不能平等交往，社会文化背景影响社会互动，影响个体社会化。

二、社会化的特征

社会化具有以下五个特征：

（一）遗传素质为基础

美国人类学者克拉格（Kellogg）夫妇在20世纪30年代让一只七个半月的

黑猩猩同他们九个月的儿子生活在一起，让两者的生活学习环境完全相同——同样穿衣、喂食、练习站立、行走、开门、用杯子、用钥匙、坐便盆等。但当他们的孩子能说 20 多个单词的时候，黑猩猩只能听懂指示命令，做出喝水、坐下、开门等多个动作，却说不出话来。该案例表明，无论什么样的环境教育也不能超出种族遗传所提供的范围。

（二）具有个性特征

人的社会化和个性发展是共性和个性的关系，是一个人成长过程中相互关联的两个方面。

社会化与个性化同步进行。社会化寓于个性化之中，个体在实现社会化的过程中形成了自己独特的心理和行为模式，具有个性特征。

社会化和个性化辩证统一。社会化保证了社会文化的传承性和人类社会发展的秩序性、规范性和延续性；个性化则为社会发展提供了多样性、创新性和动力性的保证。

（三）具有共同特征

同一个国家、民族的人，具有相同生活经历的人拥有共同的心理倾向。比如，我们常说德国人严谨、法国人浪漫、英国人绅士。在不同的文化背景下，社会生产方式存在差异，社会化导致个体不同的心理行为模式。比如，在农业社会，人们不敢贸然改进技术，因为农业生产周期长，无法立即预见改变带来的后果，一旦新的尝试失败将带来饥荒，后果不可弥补。因此，社会化的结果使人们尽职尽责、服从老人、尊重传统。然而，在以狩猎、捕鱼为生的社会，几乎每天的食物都来自当天捕获，因此社会鼓励个体发挥主观能动性，改进和创新技术，人们注重成就、独立和自信。

（四）具有能动特征

比如，对于"礼貌待人"这一行为规范，有人对它视而不见、听而不闻；有人把它看作虚伪的东西，漠然置之；而有些人充分理解它在社会生活中的价值，对这一规范怀有热忱，把它变成日常自觉行为的一部分。

（五）贯穿终生

在人生的不同时期，社会化的要求、内容及过程是不同的，它是一个贯穿终生的过程。

三、社会化的条件和社会主体

（一）社会化的条件

社会化的条件即个体社会化的生物遗传基础，表现在思维能力、言语能力、学习能力和较长的生活依赖期等四个方面。

思维能力是人类区别于动物的根本特征。思维是大脑对客观事物间接、概括的反映。按照种系心理的进化过程：植物、单细胞动物等低等生命物体具有刺激感应性；到环节动物，比如蚯蚓，具有感觉；再到低等脊椎动物，比如鱼类，具有知觉；生物进化到哺乳动物出现了思维萌芽。尽管灵长类哺乳动物黑猩猩能靠"顿悟"解决问题，比如将几个木箱叠起来取下吊在高处的香蕉或者连接两根棍子够远处的食物，但是，这些只属于思维萌芽而不是思维。黑猩猩没有抽象出高度和长度的数学概念，没有能力自觉运用加法解决这类问题，它们的思维不能超出直观反映的范围。

言语能力是人类个体接受社会化的一种重要条件。言语和语言是不同的。语言是由词汇包括形、音、义按照一定的语法结构所构成的符号系统，是客观事物在人的大脑中形成的表象、概念和思想的外部表现，是人类特有的重要的交际工具。语言是言语的工具，言语是理解语言和使用语言传递思想、情感和信息的过程。

学习能力是人获取知识和技能的能力。人所特有的语言能力和思维能力，使个体在社会化过程中表现出其他动物所不可比拟的学习能力。

和动物不一样，人类个体出生后有很长一段时期无法自理，不得不依赖父母的关怀和照顾生活。从婴幼年到青年这一段，我们都要依赖家庭。

（二）社会化的社会主体

个体的社会化会涉及一系列个人、群体和机构。其中，最重要和最有影响的因素被称为社会化的主体。

1. 家庭

家庭是社会的细胞，家庭是个体出生后首先接触到的环境，是个体社会化的最初场所，是对个体影响最早、影响时间最长的环境。

家庭对个体的影响来自多个方面，包括父母的教养方式、亲子关系、亲子依恋、家庭结构等。

鲍姆林德（Baumrind）提出父母教养方式的两个维度，即要求和反应。要求指父母是否为孩子建立恰当的标准并坚持要求孩子达到这些标准，反应指父母对孩子接纳的程度以及对孩子需求的敏感程度。因此，可以把教养方式分成四种类型：高要求高反应的权威型、高要求低反应的专制型、低要求高反应的溺爱型和低要求低反应的冷漠型。发展心理学的大量研究表明，父母的教养方式与子女的心理、行为、成就等有着密切的联系。比如，在专制型的教养方式中养育长大的个体，容易焦虑、不快乐，遇到挫折容易退缩、敌对，自我调整和适应性差等。一般认为，权威型的教养方式有利于个体形成良好的个性品质。

德裔美国心理学家和精神病学家霍妮（Horney）把神经症看作是人际关系失调所致，特别是亲子关系。她的神经症人格理论认为：父母的慈爱与家庭温暖，让儿童有安全感，人格就正常发展；否则就会产生神经症。父母不能给予儿童真正的爱，损害儿童的安全感，霍妮将父母的这类行为称为"基本罪恶"。儿童陷入既想依赖父母但又无法获得父母回应的不幸境地，对父母产生了"基本敌意"。没能获得父母真正的爱给儿童带来无助、无望、孤独和恐惧等体验，以及敌意父母的内疚感、羞愧感，这些复杂的情绪使他不得不压抑对父母的敌意。由于被压抑在无意识中的情绪不能化解而使人陷入焦虑，霍妮称之为"基本焦虑"。基本焦虑使儿童把对父母的基本敌意泛化到世间的一切人和事物，感到整个世界都潜在着危险，它成为滋生神经症人格的肥沃土壤。

由于传统的家庭和婚姻观念日趋削弱，离婚率逐年上升，我国单亲家庭日益增多，单亲子女的数量也在上升。与完整家庭的儿童相比，单亲家庭的孩子在诸多方面处于不利地位：他们更容易受朋友压力影响而产生偏差行为，有更多的情绪和行为障碍。父亲缺失家庭的儿童问题更多。著名的心理学家格尔迪根据多年的潜心研究得出结论："父亲的出现是一种独特的存在，对培养孩子有一种特别的力量。"大量的研究资料表明：与父亲接触少的孩子，身高、体重、动作等方面的发育速度都要落后一些，并普遍存在焦虑、自尊心不强、自控力弱等情感障碍，专家称之为"缺少父爱综合征"。

2. 学校

学校是除家庭以外个体进行社会化的最主要的主体。

学校是专门为社会化目的而设立的学习机构。在现代社会，学校在集中的时间、场所，对集中的群体加以教育、训练，为个人适应现代社会的生产和生活奠定知识、技能和规范基础。学校强调社会化的专门性、系统性，从学前教育到高等教育社会化是一个系统，而且国家规定实施九年义务教育制度，保障适龄儿童、少年接受教育的权利，具有强制性。学校是一个组织结构，有一系列的规章制度。学生必须学习和遵守这些行为规范和准则，按规范要求扮演自己的社会角色，理解和把握在组织群体中的人际关系。

为实现一定的教育目标而设定的显性课程对个体社会化有重要影响，此外，隐形课程也成为东西方研究的热点问题。隐形课程作为一种特殊形式的教育载体，指那些隐藏在学习各种环境和氛围中的教育内容，比如校园环境、历史传统、校风学风、组织活动、规章制度等，通过难以预期的、多角度、多侧面、反复持久的方式对学生起潜移默化的影响。

3. 同辈群体

同辈群体又称同龄群体，是由一些年龄、兴趣、爱好、态度、价值观、社会地位等方面较为接近的人所组成的一种非正式初级群体。

同辈群体具有如下特点：（1）大多数活动不是由权威事先安排，而以独立的姿态，在平等的基础上与他人交往。可以培养个体的独立意识、灵活性，提高人际交往能力；（2）形成较为明晰的群体亚文化。在同辈群体中，个体感受到来自于不同于家庭和学校环境的新的影响。同辈群体是个体社会化的重要因素，随着年龄的增长，同辈群体的作用越来越大。尤其到了青春期，由于存在"心理闭锁性与开放性"之间的矛盾，少年儿童的变化特别明显。他们同大人聊天的话题变少了，在家里和父母对话常用一些问答式的短语，但一出家门，在同龄人面前他们变得口若悬河。《中国青年》杂志上有一段话：我们这个年纪特别容易受别人的影响。看着别的同学狼吞虎咽地吃方便面，我也觉得那是美味；我的朋友怎样笑出声来，我也不自觉地像她那样笑……连说话的声调、惯用的语气词、骂人的话也全是潜移默化学来的。这段文字说明了同辈群体对个体社会化产生了深刻的影响。

美国学者哈里斯（Harris）提出了"群体社会化发展理论"。该理论的核心假设：社会化是一套高度情境化的学习形式。儿童独立地在家庭内外习得两套行为系统。这两套行为系统的学习方式和强化均有不同。在家庭内部，儿童做对了会受到奖赏，做错了会被惩罚；在家庭之外，如果儿童做错了必然受到同伴的嘲弄，但他们行为表现良好时，也许根本没有人会在意。在同辈群体中，儿童为了免于同伴压力和群体惩罚，或者出于归属于同辈群体的强烈愿望，总是力争在言语、穿着、行为上与其他成员保持一致，成员同化使群体成员逐渐变得相似；而且，群体中的个体由于统治力量和受欢迎程度不同，存在群体内的等级地位高低，进而影响到个体的自尊水平，对个性发展及成年后的生活产生长期影响。

4. 工作单位

工作单位是个人进行职业社会化的主要场所。个体在工作单位学习职业技能、遵守职业道德规范、学会扮演职业角色。个体通过自己的职业活动和职业成就来确立自己的社会地位，实现人生理想和价值，并在这一过程中形成个人的能力、品格、气质、性格等。个体要处理各种角色关系和冲突，比如上下级关系、同事关系、作为父亲和领导角色的冲突，对其社会化都是挑战。

此外，工作单位给人们提供了一个检验和发展家庭及学校社会化成果的场所。

5. 大众传播媒介

大众传播媒介指社会组织为在广大社会成员之间传递信息、互通情报所采用的各种通信手段，如广播、电视、报纸、书籍、网络等。

魏茨曼（Weitzman）采用档案法研究性别角色社会化的成因问题。他收集了18种获奖的儿童读物，并分析其题目、插图、主要人物及其活动等内容，结果发现 284 幅插图中对男性与女性的描述有着惊人的差异，男性大多被描述为主动的、勇敢的、机敏的、助人的、处于领导地位的，而女性则被描述为被动的、漂亮的、讨人喜欢的，并大多为家庭妇女。研究还发现，这些作者本人有41% 是妇女，她们反映并加强了社会上性别角色的传统观念，并起着教育女孩子低抱负与低自信的消极作用。比如，在妇孺皆知的文学巨著《安徒生童话》中王子拯救公主的题材总是屡见不鲜！《火绒盒》里的士兵、《小猪馆儿》里的王子，这些男子形象都是聪明而成功的，而女性都缺乏知识而且能力低下，需要靠男性的帮助才能解决问题。儿童读物对个体性别角色社会化产生了深远的影响！

在现代社会中，大众传播媒介的影响形式多样、内容丰富、受众广泛，对个体的价值观念具有导向作用，对其行为具有暗示作用。比如，学习强国平台App 通过推送重要活动、重要会议、重要讲话等内容对个体进行政治社会化。

6. 社会文化

个体不可避免地处于某一历史时期，或者叫大时代和小时代、主流文化与亚文化中。也处在一种文化类型中，宗教信仰、地方风俗或者一种时代的风气或价值导向都会引导人的社会化方向。

1986 年，心理学家富拉埃对美国儿童和印度儿童的行为差异进行了跨文化比较研究。他选择了美国儿童和在印度新德里上小学的印度儿童作为研究对象，发现印度儿童易于接受顺从行为，他们认为听话是好孩子的标准；美国儿童则对顺从行为表现出明显的反感，在他们看来，没有独立性的顺从行为是不可思议的事情。究其原因，印度存在根深蒂固遵守社会等级的现象，个体自幼被教导要顺从，要有礼貌；然而，美国社会崇尚个人奋斗、凸显个人价值，两个国家的社会文化差异导致了儿童行为上的差异。

四、社会化的类型

社会化包含不同的类型。

（一）基本社会化和继续社会化

社会化是一个贯穿终生的过程，一般而言，社会化分为两个阶段，基本社会化和继续社会化。基本社会化或称早期社会化，大致发生在 18 岁之前。18 岁之后进行的社会化称为继续社会化或发展社会化。

（二）再社会化

再社会化指个体从原有的生活方式向另一种新的生活方式转变、适应和内化的过程。社会环境的突然改变，是再社会化的前提。这里的社会环境，指包含个体大量外部社会关系的整体的社会环境。比如，某人的亲人的突然离世导致他的生活环境发生重大变化，但是他的其他社会关系并未发生大的改变，此时，个体面临的是继续社会化而非再社会化。然而，对于被拐卖的儿童，他要在完全不同的生活环境和社会环境中重新适应，这一过程就是再社会化。

再社会化包括两种类型：主动再社会化和强制再社会化。因工作或生活需要，突然置身于一种异文化环境中的个体，比如出国工作或到少数民族地区工作的人，他们要主动适应当地文化，属于主动再社会化。罪犯强制接受刑罚，使其思想、心理和行为习惯都接受并符合社会规范和法律倡导的社会价值标准，属于强制再社会化。

（三）反向社会化

从社会学的角度看，反向社会化与"嗷嗷林乌，反哺于子"的生物现象十分相似。反向社会化又被称之为文化反哺，指年轻一代将知识、文化传递给前辈的过程。社会学家周晓虹认为，快速变迁中的中国社会呈现出的由年轻一代向年长一代反向输出的文化现象已较为普遍，并成为一个越来越凸显、越来越清晰的社会现象。反向社会化表明社会化过程中个体的能动作用以及社会化的双向性。因为传统社会向现代社会转变，各种电子媒介技术应用于社会生活的方方面面，而且现代社会变迁加剧，新规则、新事物如雨后春笋层出不穷，由于相较于年长一代，年轻人理解和接受新鲜事物的能力较强，所以，年长者不再是绝对权威，而会有意无意地受到年轻人的影响，并在潜移默化中会向年轻人学习。比如，在日常生活中，我们可以发现亲代群体大多选择向自己的子女学习如何使用微信。

（四）不完全社会化或顺应不良

社会学家把个人接受与主流文化相偏离的亚文化的过程称之为不完全社会化或顺应不良；而把个人接受与主流文化相对立的亚文化的过程称为反社会化。比如，西装革履，温文尔雅的绅士淑女形象向来是英国时尚的标签，但朋克文化的出现颠覆了这一切。男士顶着鸡冠头、女性剃光头发露出青色头皮，戴着造型夸张的耳钉、鼻环、戒指，穿着紧身的皮夹克，瘦腿裤，色彩鲜艳的袜子……，在视觉层面展现彻底的反叛和抵抗的姿态。个体接受朋克文化的过程就是不完全社会化。再比如，惯偷、娼妓、破坏分子等都是反社会化的个体，他们的行为直接危害到大多数社会成员，他们接受的价值观和行为准则与社会公认的规范相对立，所以，他们接受社会化的过程被称为反社会化。

五、社会化的基本内容

社会化的基本内容主要包括以下几个方面：

（一）语言社会化

语言社会化是一切社会化的前提和基础。

这里的语言主要指狭义的语言，即人们日常生活中用于沟通的言语、文字、手势、表情和身体姿势。广义的语言则包括人们用来沟通的一切形式化的符号表达系统。

语言社会化理论起始于 20 世纪六七十年代儿童语言习得研究（Schieffelin &Ochs，1986），并在以后的发展中逐渐吸取了人类学、发展心理学以及语言学的精华。语言社会化指儿童或初学者通过语言形式的学习实现社会化的过程，并接受相应的价值观、行为方式和社会习俗。语言社会化深受苏联教育心理学家维果斯基（Vygotsky）的学习理论所影响，该理论认为心理的实质就是社会文化历史通过语言符号的中介而不断内化的结果。

语言是思维的符号，是人们相互交流和沟通的工具和手段。语言也是一种文化的积淀和集中反映，本身就包含着各种社会规范。比如，封建时代，语言称呼带有浓厚的等级色彩，反映着时代印记。皇帝称"寡人"，官吏称"大人"，平民百姓称"小人"。直到辛亥革命开始，兴起了"同志"一词。一声"同志"便把一群人"绑"在一起，同生共死，共赴使命！

语言对个体社会化具有非常重要的意义！语言在英国威尔士地区的使用情况也正说明这一点！威尔士人强烈渴望在不列颠国家中受到尊重。当他们发现英语是一门会带来机遇与晋升的语言后，很多威尔士人开始学习标准的英语，这是他们摆脱社会经济地位相对弱势的重要途径。但是，这一行为导致了威尔士语的使用范围越来越小。当人们意识到问题的严重性后，便积极采取措施避免语言和文化的过度单一化。因此，英国的威尔士成人每周自学威尔士语，他们甚至不惜驱车二十英里送子女去上威尔士语学校。在他们看来，接受本民族语言是家庭教育的需要，也有利于培养子女们的民族身份认同感。

我国地域辽阔，民族众多，各地都有自己的地方方言，比如粤方言、赣方言、湘方言等，也有统一的国家通用语言。董晓宇的研究发现，我国大学生对于普通话在情感维度的评价已经超越方言，普通话使用已经成为大学生语言生活中的重要内容，大学生对普通话的认同感及其地位、社会影响力和实用性评价较高。整体而言，我国大学生对方言的语言态度较积极正向。在态度的情感维度上最为积极，认为其方言"好听""优美""亲切"，对方言的情感认同较高，体现了大学生对地域文化和传统的认同。

（二）政治社会化

政治社会化是一般社会化的核心。政治社会化关系到社会或政府的稳定、巩固与发展。

政治社会化指人接受现时社会政治制度、形成社会认可的政治态度与行为模式，成为遵纪守法公民的社会化过程。

在政治社会化的过程中，发展爱国意识既是政治社会化的核心，也是政治社会化完成与否的衡量标准。心理学家赫斯与托尼（Hess & Torney）研究发现爱国意识发展通常经历三个阶段：

1.国家象征阶段

早期儿童通过国家的形象标识，如国旗、国歌、国家领袖肖像等形成有关国家的概念。升国旗、唱国歌与悬挂领袖肖像是培养儿童爱国意识的途径。

2. 抽象国家阶段

中期儿童通过对国家职能的认识，达到对国家观念的抽象理解。儿童通过自己或家庭所享有公民权利、履行社会责任义务、参加各种活动来培养国家意识。

3. 国际组织系统阶段

随着儿童年龄的增长，他们逐渐知道世界由许多国家组成，把国家作为一个组织系统整体来对待，从国家形象、国际地位与作用等整体功能来认识和理解国家。对国家的忠诚就是对自己的国家在国际舞台上扮演的角色的忠诚。

政治认同是政治社会化的产物。政治认同是政治获得合法性的前提，是维系政治稳定的心理基础，是执政党的生命线。然而，互联网正在成为西方国家新一轮和平演变和实施网络殖民主义的重要工具。网络时代政治认同的变化正成为一种影响国家安全的新的风险因素。党的十八大以来，习近平总书记高度重视互联网建设治理和国家网络安全工作。所以，在"网络时代"如何加强大学生的政治认同是一大历史机遇和挑战。

（三）道德伦理社会化

道德伦理社会化是个体接受社会通行的道德伦理规范，并内化为个人价值评判准则和行为准则的过程。

道德伦理社会化包含道德认知、道德情感和道德行为三个方面的目标和任务。

1. 道德认知

道德认知发展论代表人物美国道德心理学家科尔伯格（Kohlberg）被誉为"现代学校德育"开山之父。他采用道德两难问题情境，要求儿童对"海因茨盗药救妻"的故事做出判断并陈述其理由，探讨儿童对道德判断的内在认知心理历程。故事大意为：欧洲某地一位海太太罹患严重癌症，医师诊断只有一种新制镭锭药物可治。配置这种药的成本为 200 美元，当海先生奔赴药店买药时，店主却将销售价格提高到 2000 美元。海先生为救治久病的妻子已倾尽所有，最后向亲友借贷只能凑得 1000 美元。海因茨恳求店主能否将药便宜一点卖给他，或者允许他先赊账救妻子，余款稍后补足。店主拒绝并称卖药的目的只求赚钱。海太太性命危在旦夕，海先生别无他法，就在当天夜间撬开药店窗户盗取药物，救妻子的性命。在这则故事之后，研究者要求被试回答：你认为海先生盗药救妻的行为对不对？如果说他对，为什么？如果说他错，为什么？

科尔伯格以儿童是否了解、认同和遵守习俗以及对习俗约束力的反应作为衡量道德判断力发展的中心度，把道德判断划分为前习俗、习俗和后习俗三水平六阶段。

（1）前习俗水平（0～9岁）处在前习俗水平的儿童，往往根据行为的具体结果而不是常规的道德准则或社会期望来判断。

第一阶段：服从与惩罚取向。这一阶段的基本特征是服从权威、避免惩罚，而不考虑惩罚或权威背后的道德准则。比如，赞成者认为，他可以偷药，因为他先提出请求，又不偷大的东西；反对者则会说，偷东西会被警察抓起来。

第二阶段：相对功利取向。这一阶段是以行为的功用和相互满足需要为准则。人际关系犹如交易，"你对我好，我就对你好"，谈不上忠诚、感恩、公平合理等。比如，赞成者会说，他的妻子需要这种药，他需要同他的妻子共同生活；反对者则会说，如果妻子一直对他不好，他就没有必要自寻烦恼，冒险偷药。

（2）习俗水平（9～15岁）处在习俗水平的儿童已经内化了现行的社会规则，能遵从现行社会秩序，且有维护这种秩序的内在愿望。

第三阶段："好孩子"取向。这一阶段以人际和谐，取悦他人为特征。比如，赞成者会说，他做了好丈夫应做的事；反对者则说，他这样做会给家庭带来麻烦和耻辱。

第四阶段："好公民"取向。这一阶段以维护社会准则和秩序为特征。比如，赞成者会说，不这么做，他要为妻子的死负责；反对者会说，偷东西是不对，可不这样做的话，他就没有尽到丈夫的义务。

（3）后习俗水平（15岁以后）达到这一道德水平的人，其道德判断已经超出了世俗的法律与道德标准，想到的是人类的正义与个人的尊严。

第五阶段：社会契约取向。处于这一阶段的儿童认为法律、规章制度是大家商定的，是一种社会契约。认为法律可以帮助人维持公平，但并不是绝对的，可以响应大多数人的要求而修改。比如，赞成者认为丈夫不得不偷药救命需要改正现行的法律，对稀有药品按照公平原则加以调控；反对者认为，丈夫没有偷药救妻子的义务，这不是正常的夫妻关系契约的组成部分。

第六阶段：普遍道德原则取向。这是道德判断的最高层次，儿童认为人类普遍的道义高于一切，以公正、平等、尊严等为标志进行思考，遵从良心式原则，避免自我责备。比如，赞成者认为，人的生命最可贵、保存生命的原则高于一切；反对者认为，他没有考虑所有人生命的价值，别人可能也急需这种药，偷药行为对别人来说是不公正的。

我们结合影片《我不是药神》分析科尔伯格的道德认知发展论。这是一部话题度高、非常叫座、影响力大的好电影。电影剧情改编自真实事件，并引起了医疗体制的改革。故事主人翁程勇的道德水平不断提高，从一个自私自利、害怕法律惩罚的人变成了一个愿意放弃百万资产帮助病友的人。

程勇遇到了两难困境：去印度走私药物属于违法行为，然而，走私来的廉价药物可以救治吃不起天价药的白血病人，挽救他们的性命。在影片中，我们看到程勇的道德水平已经超过了世俗的法律标准，他关心病人群体的生命尊严，不惜以身犯法，卖药救人，达到了道德判断的最高阶段。

2. 道德情感

道德情感是个体按照一定的道德标准去评价他人或自己的思想、观念和行为时产生的主观体验。

道德情感可以按照内容和形式两种方式分类。从内容上，道德情感分为羞耻感、荣誉感、公正感、责任感、集体主义情感、爱国主义情感等；从形式上，道德情感分为直觉的、想象的和伦理的三种形式。直觉的道德情感指对某种具体道德情境的直接感知而迅速发生的情感体验，对道德行为具有迅速定向作用。由于发生迅速，个体对道德准则的意识不太明显。比如，在路上我们看到有人随地吐痰，会迅速感到这人不讲文明，产生愤怒。想象的道德情感是通过对某种道德形象的想象而发生的情感体验，是通过形象思维起作用的。比如，想起民族英雄刘胡兰、董成瑞，敬佩之情在我们内心油然而生，而想起秦桧、汪精卫，我们会感到鄙视、厌恶和愤怒。伦理的道德情感是一种在认识道德伦理基础上产生的自觉的、概括的情感体验。它具有明确的意识性，具有稳定性、深刻性、持久性等特点，是道德情感中最高级的形式。伦理的道德情感是先清楚地意识到道德概念、原理，然后才产生的情感体验。比如，你清楚意识到自己是一个有爱国主义情感的人，看到外国人侵犯中国利益的行为都会愤怒。

3. 道德行为

道德行为是个体在一定的道德意识支配下所采取的各种行为。道德行为是一个人道德意识的外化表现。包括道德的行为和不道德的行为。

当代部分大学生存在实际表现出的道德水平远没有道德认知水平高，言行不一、知行脱节的现象。比如：他们认同集体主义原则，但生活中却过于强调自我；他们认同诚信，但考试作弊、学术造假、求职履历"渗水"事件却屡屡发生；他们认同应遵守社会公德，实际上却存在不遵守社会公德的情况；他们认同艰苦朴素的优良传统，实际上却铺张浪费、攀比成风。

总的来说，不同的历史时期道德伦理社会化的要求不相同。例如，中国封建社会，三纲五常是基本道德原则和规范，反映了封建社会中君臣、父子、夫妇之间的一种特殊的道德关系。同时，为了适应父权制家庭稳定、维护"父权—夫权"家庭利益需要，儒家礼教还提出"三从四德""男尊女卑""女子无才便是德"等思想，对女性的一生在道德、修养和行为方面提出规范和要求。这些都对封建时代个体的道德社会化起着决定作用！

现如今社会主义社会抛弃了过时的道德糟粕，倡导"人人平等""男女平等"，女性和男性一样享有受教育的权利和机会。对于大学生来说，社会给大学生提出了新的道德标准。比如，在认识上追求真善美、诚信的价值理念、爱护公物、勤俭节约的社会公德等等，要求大学生做到知行合一，通过道德社会化规范大学生的行为。

（四）性别角色社会化

性别角色社会化是指个体在社会生活中，学会按照自己的性别角色规范行事，形成与自己性别相适应的心理与行为模式，并被社会所认可的过程。

为了更准确地理解性别角色社会化，我们需要区别性、性别和性别角色这三个概念。

性（sex）是一个人的生理身份。性由染色体决定，男性和女性的染色体分别为 XY 和 XX。比如，婴儿刚出生，家长会问："生的是男孩还是女孩"这时，家长询问的是婴儿在性上的差异。

性别（gender）强调一个人作为男性或女性的社会和文化身份。性别是一种社会建构，并不是男女两性从生殖器、基因、染色体等这些生理差异中自动产生的，而是通过教、学、强化、模仿等过程建构的。社会性别是一种再现，即个体将自我对性别的认识通过衣着、装扮、言行举止等外在客体再现出来。比如，女性通过留长发、化妆、佩戴首饰、穿裙子等方式呈现自己的女性特征，让他人认识自己的女性身份。性别强调性别特质由社会和文化分配，体现男女在社会地位、角色分工、打扮装饰、行为方式等方面的差异。

性别角色（gender role）指一定社会根据性别规定的心理和行为模式。男女两性的差异不仅表现在生理特征的不同，还表现在社会特征的不同。生活中，我们在描述不同性别个体的心理特点时，会采用不同的词语，比如，用温柔、细心、感情细腻等形容女性，用独立、自主、勇敢等形容男性。关于性别角色的刻板印象广泛存在，上至社会精英，下至普通百姓，深入人心、根深蒂固。比如，见到穿戴漂亮的小女孩，人们会说：你看，女孩子就是爱打扮！见到男孩子调皮，人们会说：男孩子就好动！

其实，男女两性性别角色模式的不同不是由生理特征先天注定的，而是社会文化使然，是两性在既定的社会文化环境中经过后天的性别角色社会化形成的。家庭作为社会化的最初场所，个体一出生，父母在给孩子取名时就已经体现了性别差异。在养育过程中，父母有一套自己的性别角色标准，他们鼓励那些符合性别角色标准的行为，惩罚和制裁那些不合适的行为。比如，父母会给男孩买刀、枪、车等玩具，鼓励男孩玩竞技冒险游戏；给女孩买芭比娃娃，鼓励女孩干家务。而且，在职业分工上，鼓励男性从事工人、工程师、医生等工作，鼓励女性选择护士、教师、办公室秘书等耐心细致的工作。

人类文化学家米德（Mead）对新几内亚三个部落的研究，深刻揭示了社会文化在性别角色社会化中所起的重要作用。研究发现：阿拉佩什部落的男女两性都具有一般人看来只属于女性的特征，他们性情温和、待人热情，反对侵犯和竞争；蒙杜古莫部落是一个有吃人肉习性的部落，男女两性都具有一般人看来只属于男性的特征，他们性格凶暴、富有攻击性，女性怕怀孕，不喜欢带孩子；昌布里部落的男女性别差异明显，但和通常的性别角色模式相反，女性是家庭的主要支柱，专横跋扈，精力旺盛，而男性富有情感，照顾孩子，喜欢嚼舌根。

在社会生活中，我们常说"男子要像男子，女子要像女子"，也就是说，要把男性向男性化方向培养，把女性向女性化方向培养。然而，21 世纪出现了一个新观念——心理的双性化。心理的双性化是一种性别角色倾向，即个体的人格中同时融合了许多男性和女性的特征（Sandra Bem，1978）。

贝姆（Bem）编制了性别角色量表（Bem sex role inventory，BSRI）。这是一个 7 点量表，包括 60 个描述性格特征的形容词，男性化量表、女性化量表和中性各 20 个。在男性化和女性化量表上得分均高的人属于双性化型，得分均低属于未分化型，只有一个量表得分高，而另一个量表得分低分别属于男性化或女性化型。

和单性化相比，双性化的人更具有优势吗？ Bem 研究证实：具有双性化特征的男性和女性比那些传统化的个体更灵活行事。目前研究最多的是双性化和心理健康的关系，相关研究表明：双性化的儿童和青少年似乎具有更高的自尊，比传统性别特征的同伴更受欢迎，适应状况也更好。

所以，今日美国日益流行一个崭新的教育思路——双性化教育。所谓"双性化教育"，就是摒弃了传统的、绝对的"单性化教育"后应运而生的一种家庭教育新理念。倡导男孩学习女孩的细心、善于表达和善解人意，女孩则学习男孩的刚毅、坚定和开朗。但切记，鼓励孩子向异性学习时要有"分寸"。"双性化"并不同等于"男女无差别"。首先要让男孩和女孩认同自己的典型性别倾向，乐于做自己，然后再从学习异性特质中受益，克服自己性格上的弱点，促进人格完善。要是男孩学过头就会显得"娘娘腔"，女孩学过了头就成了"假小子"。"伪娘""女汉子"都不是"双性化教育"的初衷！

六、社会化的心理机制

（一）角色引导机制

角色指一定社会身份所要求的一般行为方式及其相应的内在心理状态。

从进化论看，人类祖先是群居动物，个体如果被群体排斥或拒绝则难以生存下来。所以，对社会接纳的看重以及对偏离社会和被社会抛弃的恐惧和焦虑，成为个体隶属于某个群体或维持社会关系的心理动力。因此，一个人处于社会环境和社会生活中，自觉不自觉地与社会规范和社会对角色的要求一致，根据社会对相应角色的要求和期待系统地社会化。比如，对于总统这一规定性角色，对扮演者的行为方式和规范都有明确规定，应该做什么和不应做什么都必须按照规定办，不能自行其是。同时，人处在角色从中，比如，某人同时兼具儿子、丈夫、父亲、总裁、服务者等多种角色，他要根据不同情景扮演好各种角色。

在通过角色引导个体进行社会化的过程中，"角色采择能力"发挥着重要作用。角色采择能力，又称观点采择能力，指个体采取他人的观点来理解他人的思想与情感的一种认知技能。塞尔曼（Selman）关于儿童观点采择能力的发展阶段模式理论认为，3～6岁儿童处于自我中心期，他们只知道自己的观点，不能意识到自身以外他人的观点。随着年龄的增长，儿童的观点采择能力逐渐发展。

12～15岁的儿童试图通过与他生活于其中的社会系统的观点的比较来理解他人的观点。角色采择的本质特征就是个体认识上的去中心化，能够站在他人的角度看待问题。这样，个体就能反过来调节自己的行为，符合情境的要求和他人的期望。

（二）社会比较机制

社会比较指个体将自己的状态与他人的状态进行对比以获得明确自我评价的过程。

儿童进入青春期，自我意识不断提高导致他们进行自我评价的需求越来越强烈。个体只有明确了自己和他人以及周围世界的关系后，行为才能有明确的定向。而没有明确定向的人无法摆脱焦虑和不安定感。然而，在现实社会中，根本不存在社会性评价的绝对标准。美国社会心理学家费斯汀格（Festinger）提出了社会比较理论，指每个个体在缺乏客观评价标准的情况下，利用他人作为比较的尺度，进行自我评价。个体进行自我比较的动机十分复杂，社会比较不只是了解自己的状况，而且是为了了解自己在多大程度上超越别人而获得成就感和自我肯定。比如你考试考了 95 分，这是一个很好的分数，但是当发现你的同桌考了 94 分时，那么你的满足感也许就没那么强烈了。当个体形成良好的自我肯定感时，会进行上行社会比较，朝着积极的社会化方向发展；当个体不能形成良好的自我肯定感时，会进行下行社会比较，朝着消极的社会化方向发展。除了个人间比较外，也要重视个人内的历时性比较。

（三）社会学习机制

个体通过观察学习获得相应的行为方式和规范。

斯金纳（skinner）的强化理论认为，当外部社会对于个体的某种行为给予褒奖和鼓励时，人们倾向于保持这种行为，行为发生概率增加；当外部强化变为反对、批评或惩罚时，人们倾向于放弃这种行为，行为发生概率减少。班杜拉（Bandura）等人研究发现，外部社会的强化力量不只作用于行为者本人，而且这种强化过程和后果也被他人所观察，对他人的行为产生类似的定向作用，起到杀鸡儆猴的作用，这就是替代强化。因此，个体通过观察学习也可以获得相应的行为方式和规范。此外，班杜拉（Bandura）还提出自我强化，也具有自我引导性质。人们会经常用自己设定的标准来评价、衡量自己。比如考试到达自设标准时，会去看场电影；当没有达到标准时，会以自我惩罚的方式给自己负强化。

（四）亚社会认同机制

亚社会也称为次级社会，相对于宏观意义上的大社会而言，亚社会是人们社会化的直接背景。亚社会可以是社区、学校、工厂、单位等机构。亚社会和大社会是特殊和一般的关系，大社会对于人们的要求与期望、奖励与惩罚，都是以亚社会为出发点的。个体只有良好地适应了亚社会，才能顺利成长和发展。

　　但是，当亚社会和大社会对个体的要求或期望不一致、冲突的时候，常常是个体社会化，尤其是青少年社会化产生冲突的根源。比如，班委竞选，大社会倡导公平公正原则，但是个别同学却凭借贿赂同学取得某一职位。如果这种冲突被青少年意识到，他们会产生"究竟是应该适应大社会还是亚社会"的强大压力。

第一章　自我意识及相关概念

社会化的目标，是引导个体形成符合社会需要的稳定的行为定向系统，成为合格的社会成员。正如社会化部分所讨论，行为定向的机制一方面依赖外部社会力量引导，另一方面是通过相对独立于外在环境的自我引导实现的。

第一节　自我溯源

在心理学领域，有两个容易混淆的词"Self"和"ego"都被译作"自我"。这两个词在起源、内涵和研究领域上都有高度不同。"Self"是作为意识对象或客体（object）的、具有反身意识性质的、与他人相对应的"自我"或"自身"，"ego"则是作为施事（agent）并在一定程度上涉及潜意识活动的"自我"。从学术渊源上看，"ego"可以视为精神分析心理学意义上的"自我"，而"Self"则视为非精神分析意义上的"自我"。本章沿着两个有关"自我"的词汇展开叙述。

Self是指认识、行动着的主体。詹姆斯（James）和米德（Mead）把self分为主体我（I）和客体我（me）。詹姆斯把客体我分为物质自我（material self）、社会自我（social self）和精神自我（spiritual self）。物质自我指个体对自己的身材、容貌、仪表、健康、家庭等的认知，包括躯体自我和躯体外自我——延伸的自我。物质自我也就是对一切称为"我的"的总和的认知，比如，我的长相、我的家乡、我的宠物。社会自我指个体对自己在社会中所处的地位、扮演的角色、拥有的声望以及与他人关系状况的认知。精神自我指个体对自己的心理能力或性情的认知，比如，对自己的能力、兴趣、性格等的认知。罗杰斯（Rogers）整合"主体我"和"客体我"提出了"自我概念（self-concept）"这一术语，使得"自我概念"兼具对象和作用两方面的内涵。他认为，自我概念不是真实自我（real self），但对个体的个性和行为有重要意义。伯恩斯（Burns）总结自我概念的结构时，直接将对象自我（self as known）和主体自我（self as knower，即作用自我）并列为自我概念的两部分，并将自我概念比作自我态度系统。泰弗尔（Tajfel）和他的学生特纳（Turner）提出社会认同理论，认为社会关系是自我概念的重要组成部分。格根（Gergen）提出社会建构理论，认为个体从自我和他人关系的角度来理解自我。这些理论家们都是在 Self 意义上进行大量的实证研究。

精神分析学家弗洛伊德（Freud）是将作为施事的 ego 引入心理学研究的第一人。他最早提出 ego 概念，认为 ego 是从 id 中分化而来的。在弗洛伊德的三部人格学说中，他提出本我（id）、自我（ego）和超我（superego）三个新概念。本我完全由先天的本能、原始的欲望所组成。它同人的肉体过程相联系，将躯体能量转化为精神能量，贮存它们并向自我、超我供能。本我遵循快乐原则，靠反射动作和想象实现两种方式满足欲望、获得快乐。但是，一个饥饿的人通过画饼充饥的想象是无法真正填饱肚子的，所以，本我分化出一个新的机构专门与现实打交道，这就是自我。本我和自我的关系犹如马和骑手，马提供能量，骑手引导、调节和改变能量的方向。理性化身的自我遵循现实原则，按照现实情况对本我的欲求及时满足、暂缓满足或者否定本我的欲望，达到与现实的协调，避免痛苦。超我是人格结构的第三部分，是人格中最文明、最有道德的部分，包括自我理想和良心两个方面。儿童在社会化的过程中，父母作为社会文化的执行者，有意无意地按照自己的道德标准和社会规范评价、奖赏或惩罚儿童。长此以往，儿童能区分行为的好坏，并且把这种标准内化为自己的行为规范，超我形成。超我按照道德原则行事，当儿童的行为符合道德规范时感到满足，这种内化标准称为自我理想；当儿童的行为违背道德规范时感到内疚，这种内化标准称为良心。超我的形成使问题变得更复杂，自我需要在本我、超我和外界现实之间周旋、协调，力求使三者都得到满足，达到相对平衡的状态。为了降低和避免焦虑，保持人格完整，自我发展出了一系列自我防御机制。可以说，弗洛伊德理论中的 ego 实际上只是防御性自我，人们只有在异常的心理活动中才能看到 ego 的作用。

弗洛伊德的女儿安娜·弗洛伊德（Anna Freud）丰富和发展了自我防御机制，她提出了不同层次水平的几十种自我防御机制，这些防御机制在病态和正常人中均有表现。这样，安娜把 ego 的功能推广至对正常心理的作用范围。

自我心理学之父海因兹·哈特曼（Heinz Hartmann）认为，自我和本我（id）是两种同时存在的心理机能。它们都是从同一种先天的生物学禀赋，即"未分化的基质"（The Undifferentiated Matrix）中分化出来的。一部分"未分化的基质"演化为本我（id）的本能内驱力，另一部分生物学禀赋则演化为先天的自我的自主性装备（the apparatuses of ego autonomy）。自我独立于本能冲动，但又与它同时发展，强调"没有冲突的自我领域"（the conflict-free sphere）。所谓"没有冲突的自我领域"，是指一套心理机能，这些心理机能在既定的时间内可以在心理冲突的范围之外发挥作用。诸如知觉、思维、记忆、语言、创造力的发展，乃至各种动作的成熟和学习等，都属于自我的适应机能活动，不是自我与本我的冲突产物，而是在没有冲突的领域里发展起来的。

自我心理学最杰出的代表埃里克森（Erikson）对 ego 的概念进行了丰富和发展。他认为，自我是一个独立的力量，不是本我和超我压迫的对象。他从生物、心理和社会环境三方面考察自我的发展，提出了以自我为核心的"心理社会渐成说"。但是，埃里克森的人格理论常常放在 self 意义上介绍和评价。

沙利文（Sullivan）认为，自我系统是个人在与环境的交互作用中为了消除焦虑而形成的一种具有防御功能的自我觉知系统。他把自我分为好我、坏我和非我。受父母等重要他人赞许的行为使紧张减弱，被自我接受形成"好我"；对于父母反对的行为，为避免惩罚带来焦虑，被自我禁止形成"坏我"；可能导致严重焦虑的经验会从自我系统中分离出去，形成"非我"。

以上这些观点都是理论家们对自我在 ego 意义上进行思辨，但缺乏实证研究。

第二节　自我意识

一、自我意识的定义

自我意识（self-consciousness）又叫自我，指个体对自身状况以及自己与他人和环境的关系的认识和态度。自身状况包括自己的身高、体重、形态等生理状况，也包括需要、动机、兴趣、性格、能力等心理特征。自己与他人和环境的关系指自己和他人的人际关系，自己在团体中的地位、作用等。

自我意识是人类意识的一种独特形式。虽然它与人类的其他意识形式一样属于对象意识，但它不是以外部世界的事物为对象，而是以主体自身为对象。马克思主义哲学认为，自我意识不是纯粹主观自生的东西，而是主体在社会实践活动中能动地认识自身的结果。动物不能把自己和自己的生命活动区别开来，更不能将其变成自己的意志和意识的对象。因此，马克思认为，自我意识是人之所以成为人的一个重要规定，是人的"类特性"或"类本性"。

二、自我意识的结构和内容

表 1.1　自我意识的结构和内容

内容＼结构	自我认识	自我体验	自我控制
生理自我 （0～3岁）	自己身体、性别、仪表、年龄、健康状况及所有物等方面的认识。	自豪感或自卑感	对身体健康、外表美的追求，物质欲望的满足，或对自己所有物的维护
社会自我 （3～15岁）	对自己在集体中的角色、名望、地位、经济条件等方面的认识。	自豪感或自卑感	表现为追求名誉地位，与人交往、与人竞争，争取得到他人的好感和认同。
心理自我 （15岁）	个体对自己的智力、性格、气质、兴趣、信念产、理想等个性特征的认识。	自豪感、自尊感或自卑感	要求智慧、能力的发展和追求理想、信仰，注意行为符合社会规范等。

自我意识的结构，包括认知的、情感的和意志的三种形式，分别称为自我认识、自我体验和自我控制。自我认识是主体我对客体我的认识，"我是谁""我是一个怎样的人""我有什么优缺点"，这些都涉及对自我的认识。自我体验是个体对自己的评价结果是否符合自己的需要所产生的一种情绪体验，比如自信、自尊、自豪、羞愧、内疚等体验。其中，自尊是最主要的方面。自我控制是个体自觉而有目的对自我的心理活动和行为进行调整，表现为自主、自我控制、自我教育等。比如，一位女大学生认为自己太胖（自我认识），很自卑（自我体验），她制定瘦身计划，希望通过适当节食和运动来塑形（自我控制）。

按照内容不同，可以将自我意识分为三个发展阶段，分别是3岁前的生理自我阶段、3～15岁的社会自我阶段以及15岁以后的心理自我阶段。不同阶段的自我意识又都包含知、情、意三种形式。

自我意识的发展是个体社会化的重要组成部分，也是婴儿社会化的一个重要方面。下面我们着重分析不同发展阶段的自我意识有哪些特点！

（一）生理自我阶段（0～3岁）

在自我认知方面，个体刚出生时，处于主客体未分化状态，不能区分"我"和"非我"。哈特（hatter）总结了各种有关研究，提出婴儿自我认知的发展过程，个体先发展出主体我自我意识，再发展出客体我自我意识。

1. 主体我自我意识（5～15个月）

研究表明，8个月前婴儿还没有萌发自我意识。在1周岁前后，婴儿显示出主体我的认知。具体分为以下三个发展阶段：

（1）无自我认知阶段（5～8个月）

研究者观察婴儿的镜像反应，发现4个月左右的婴儿对妈妈的镜像而不是自己的镜像感兴趣，他们会对着妈妈的镜像微笑、咿呀发声。5～8个月的婴儿显示出对自己的镜像感兴趣，注视它、接近它、抚摸它，对它微笑，把它当成一个可与之玩耍的同伴来对待。但是，婴儿对自己镜像的反应和他人镜像的反应没有区别，说明他没有意识到镜像是自己的，并未把自己当成独立存在的个体。因此，这个阶段婴儿没有萌生自我认知。

（2）初步的主体我产生阶段（9～12个月）

这一阶段婴儿会随着自己的动作镜像做出相同的动作，比如，婴儿看到镜像中的自己张嘴，也做出张嘴的动作。婴儿主动引起自身动作与镜像动作相匹配，表现出婴儿似乎认识到自己是活动的主体。这个阶段婴儿产生了初步的主体我认知。

（3）主体我的明确阶段（12～15个月）

这一阶段婴儿能够区分自己对镜子做的动作和其他人的动作——人我分化，对自己的镜像与自己做的动作之间的关系有了清楚的觉知——自己和自己的动作分化，说明婴儿的主体我有了明确的发展。

2. 客体我自我意识（15～24个月）

约在两周岁前后，婴儿显示出客体我的自我认知。具体分为以下两个发展阶段：

（1）客体我的产生阶段（15～18个月）

这一阶段婴儿开始把自己作为客体来认知，认识到客体特征来自主体特征。

阿姆斯特丹（Amsterdam）的"点红测验"揭示了婴儿自我认知的发展过程。实验中，以婴儿在镜子前是否产生自我指向或该行为是否增加为标志，确定其自我意识的发展。研究者选取了3～24个月的婴儿作为研究对象，在婴儿毫无察觉的情况下，在其鼻子上涂上红点，然后观察婴儿照镜子时的反应。如果婴儿特别注意自己鼻尖上的红点，或者能够找到自己鼻尖上的红点，说明婴儿对自己的面部特征有清楚的认识，说明他已经具有把自己当客体认识的能力。研究发现，18～24个月的婴儿中，立即去摸自己的鼻子的人数迅速增加，开始出现客体我的自我意识。

刘易斯（lewis）以9～24个月的婴儿为被试，重复使用阿姆斯特丹的"点红测验"进行研究。研究发现，只有到15个月，婴儿才出现直接触摸自己鼻子上的红点的行为。因此，研究者认为，15个月是婴儿客体我发展的转折点。客体我自我意识的出现是个体自我意识发展的第一次飞跃。

（2）明确的客体我的产生阶段（18～24个月）

由于语言能力的发展，婴儿具有了用语言标示自己的能力。大约两岁左右，婴儿掌握第一个人称代词"我"，这是自我意识发展的一大飞跃。把自己当作客体认识，并用语言标示自己，表明明确的客体我产生。

在自我体验方面，初生婴儿的情绪，比如愉快、愤怒，基本上是生理性的，是一种原始的本能的反应，由机体内外适宜或不适宜的刺激引起，反映了机体当时的生理需要。婴儿自出生后进入人类社会，在人际交往中实现情绪的社会化，因此，婴儿的情绪由与生理需要相联系的情绪体验向社会性情感体验不断深化。婴儿出现自我意识情绪，比如自豪、尴尬、羞耻、内疚等。这些是比喜怒哀惧等基本情绪更复杂的一类情绪，是个体在形成自我表征的基础上通过自我评价或他人评价产生的。比如，自豪是一种正向的自我意识情绪，是当成功事件发生时，个体将注意力指向自我而体验到的一种愉悦情绪。再比如，羞耻是一种负向的自我意识情绪，当个体的行为与社会要求或自我期望不一致时，个体体验到的一种痛苦、沮丧的情绪。自我意识情绪在丰富人类情感体验，调节个体行为等方面有很重要的作用。

在自我控制方面，由于婴幼儿的大脑皮质兴奋和抑制发展不平衡，兴奋机制相对抑制机制仍占很大优势，所以，他们在抵制诱惑、控制冲动和延迟满足等方面表现不尽如人意，自我控制能力较低。自我控制的发展规律是：3 ～ 4 岁的儿童自我控制能力还不明显。从缺乏自我控制到有自我控制的转折年龄是 4 ～ 5 岁，5 ～ 6 岁的儿童绝大多数有一定的控制能力。

2 ～ 4 岁，多在 3 岁左右为第一逆反期，婴幼儿有"长大感"，凡事要求按照自我的意志行事，要求行为、动作自主；3 岁左右的婴幼儿以自己的想法来认识和投射外部世界，又称"自我中心期"，是自我意识最原始的形态。

（二）社会自我阶段（3 ～ 15 岁）

3 岁到青春期，自我意识的发展进入社会自我阶段。这是社会化对个体的影响最深刻的时期，也是角色学习的重要时期。通过幼儿园、小学、中学的正规教育，在游戏、学习和劳动中不断练习、模仿和认同，个体逐渐习得社会规范，形成各种角色观念，比如性别角色、学生角色、朋友角色等，并有意识地调控自己的行动。这个阶段，虽然个体也关注自己的内在世界，但是他们依据别人的观点评价自己和他人，服从权威。因此，这个阶段称为自我意识的"客观化"时期。

（三）心理自我阶段（15岁以后）

心理自我是从青春期开始形成和发展的。从青春发育期到青年后期，是自我意识发展的关键期。自我意识经过分化、矛盾和统一三个阶段趋向成熟。进入青春期以后，由于个体的自我意识高涨，青春期个体开始关注自己的内心世界和体验。主体我充当观察者、评价者和调节者的角色，而客体我处于被观察、被评价、被调节的地位。个体开始认识和改造自己的主观世界，被称为自我意识发展的"主观化"时期。自我意识的分化使青年开始感受到从未体会过的矛盾，突出表现为"与主体我相联系的'理想自我'和与客体我相联系的'现实自我'"之间的矛盾。"我希望成为什么样的人"的理想自我体现社会要求和道德标准的内化，而"我实际上是一个怎样的人"的现实自我反映了个体各方面的实际情况。当"现实自我"不符合"理想自我"时，常常会发生自我的分裂，个体常常感到困惑、烦恼、迷茫。经过一段时间的矛盾和冲突，自我便在新的水平上实现协调一致，即自我统一。但怎样统一、统一的性质如何，是个体自我意识发展的关键。

第三节　自我概念

一、自我概念的定义

有关自我概念问题的讨论从詹姆斯就已经开始了，但直到罗杰斯提出"自我理论"，该课题才重新为人们所重视。

罗杰斯深受现象学观点的影响。他认为每个人以独特的方式感知世界，对经历过、感知过的事物赋予一定的意义，这些知觉和意义就构成个人的现象场。个人现象场中一部分是关于自我的感知和认识，就是自我概念。罗杰斯认为，自我概念是个人自我知觉的组织系统和看待自身的方式，代表对自我感知的一种组织化和一致性的模式。自我概念是罗杰斯人格学说的理论基础。

中国学者林崇德等人认为，自我概念是个体关于自己的特点、能力、外表、态度、情感和价值等方面的整体认识，即个体把自己视为客观对象所做出的知觉。

从以上定义我们可以看出，自我概念是自我意识中关于自我认识的一部分，会影响到自我体验和自我控制。但是，有些学者认为，自我概念就是自我、自我意识。因此，在本书中自我意识和自我概念不做区分，混合使用。

二、自我概念或自我意识发展的核心机制

自我概念或自我意识的产生、发展与有机体的生理发展密切相关，离开了生理及其相应的心理能力，自我概念或自我意识就不可能产生、发展。

动物在不断演进的过程中，神经系统具有不同的发展水平。当动物从单细胞动物进化到爬行动物时，出现了大脑皮层。虽然只有一层细胞构成，但大脑皮层的出现是神经系统演化过程的新阶段。哺乳动物的大脑皮层继续发展，大脑皮层折叠起来形成沟回结构，其面积大大超过大脑的面积。哺乳动物发展到高级阶段，出现了灵长类动物，它们的大脑在外形、细微结构和机能方面也已经接近人脑了。人类受实践活动的影响，大脑在脑量、皮层相对大小及结构等方面发生了显著的变化，而且，人脑还出现了动物没有的新机能区，比如，出现了言语中枢，包括言语听觉中枢和言语运动中枢；与言语活动有关的发音部位，比如唇、舌、喉等，在皮层的相应投射区也很发达。

自我概念或自我意识产生、发展所要求的心理能力，比如视觉表象能力、记忆能力、思维能力、语言能力等，都要依赖大脑这一物质基础。研究表明，从完全缺损的极端情况分析，无脑畸形儿由于不存在大脑皮质这一生理学前提，也就根本不能出现自我概念或自我意识。

但是，如果只有生理机能的单纯成长而缺乏与他人交往，自我概念或自我意识的发展就会受到抑制。在社会化部分介绍了印度狼孩玛拉的典型个案，正说明了这一点。

所以，自我概念或自我意识发展的核心机制是：以生理发展为前提，心理

能力尤其是认知能力不断提高，同时存在与他人的相互作用。

与他人交往对自我概念或自我意识发展具有特殊作用，是其社会化的重要组成部分。心理学研究者把自我看成一种社会建构，认为自我是通过与他人的言语交换（符号的相互作用）精巧制成的，把对自身的一贯态度的形成看成是他人对自己评价的内化过程。

社会学家库利（Cooley）提出，儿童的自我概念（自我观念）是通过"镜像过程"（looking-glass process）形成起来的镜像自我（looking-glass self）。个体在社会生活中通过"他人对自己的态度反应——反射性评价（reflected appraisals）"这面"镜子"来了解和界定自己，形成关于自我的概念。比如，当儿童与他人交往时，他人面带微笑、评价儿童很可爱，并以和善的态度对待他，那么，儿童会认为自己是招人喜欢的，形成"我是好的"的自我概念。而且，自我概念会引导儿童的行为，塑造出一个实际自我。"我是好的"的自我概念会让儿童展现出"好孩子"的形象和行为。

米德发展了库利的思想，他认为自我概念是一个有组织的系统，不是各种自我评价的混乱集合，进一步提出了"一般化他人或概化他人"（generalized other）和重要他人（significant others）等概念。

米德提出符号互动论（symbolic interactionism），这是一种侧重于从社会学视角研究社会行为的理论学派，又称象征互动论。米德认为人与人之间的互动，是以"符号"为媒介的间接沟通方式，符号是指在一定程度上具有象征意义的事物。符号互动论在解释自我的形成和发展时，将自我的发展分为三个阶段：

1. 模仿阶段

这是自我发展的最初阶段、准备阶段。个体尚不能理解符号，不能运用符号，只能无意识地模仿他人。

2. 游戏阶段

大约 18 个月～ 2 岁期间，幼儿出现并逐渐具备象征性符号功能。象征性符号功能是一种使用心理符号、词语或客体代替或表征一些并不在场的事物的能力。凭借象征性符号功能，幼儿可以脱离对实物的知觉，开始玩象征性游戏（又称假装游戏）。在游戏中，3 ～ 6 岁幼儿常常把一个事物当作另一个事物来发挥想象和使用，比如，把一个圆柱形积木当杯子用来喝水、把布娃娃当自己的小宝宝、把笔当作注射器等；有时又会把自己假装或想象成另外一个人或物体，比如，扮演警察、医生、司机，或者扮演小动物等。

3. 一般化他人或概化他人阶段

随着个体不断社会化，社交圈扩大、游戏角色不断增多，而且越来越要求游戏接近现实生活，所以，7～12岁儿童玩耍的游戏由象征性游戏逐渐转变为规则游戏，个体以自我为中心的玩耍让位于游戏规则和配合。随着思维能力的提高，个体开始清楚他必须按照既定角色网络中所处的位置来看待自己，他不是扮演一个特殊的个体，而是抽象了的一般化他人，或者概化他人的角色。个体遵守游戏规则，内化社会要求的价值观、态度、规范等，形成自我。

同时，米德认为，并不是每一个与儿童交往的人都对他们有同样的影响力，某些人对儿童自我概念或自我意识的发展有着尤其重要的影响，这些人被称为重要他人。学龄前，家长很重要；小学阶段，教师影响力超越家长；小学高年级，同伴的影响力更重要。所以，在不同的年龄阶段，重要他人是不一样的。

三、自我概念的功能

伯恩斯在其《自我概念发展与教育》一书中，提出了自我概念具有三种功能。

1. 保持内在一致性

正如前面所述库利的观点，自我概念具有自我引导作用，使个体保持内在一致性。在费斯汀格（Festinger）看来，当个体做了一项与态度不一致的行为会引发的不舒服的感觉，产生认知失调。比如，"我是一个道德高尚的人"的自我概念与"我做了一件损人利己的事"的行为之间产生不协调。当认知失调时，不愉快的失调感会使个体努力去减弱或消除它。所以，自我概念会引导个体按照与其一致的方式行动。有学者在研究失足青少年时发现，"坏孩子"的自我概念会使失足青少年倾向于做出与自我概念一致的行为，出现"破罐子破摔"的行为。

2. 决定个人对经验的解释

个体如何解释经验将影响他的情绪和行为。为什么在比赛时，铜牌获奖者比银牌获奖者还开心呢？ 2012 年伦敦奥运会，俄罗斯选手马丽亚·帕塞卡（Maria Paseka）夺得女子跳马铜牌，满心欢喜；美国选手麦凯拉·马罗尼（McKayla Maroney）夺得银牌，却因满脸不爽而被称为"伦敦不爽姐"。心理学工作者们研究了这一现象，证实了银牌得主感觉不如铜牌得主快乐。幸福感出现差异的原因可能在于他们对经验的解释上，银牌得主可能会想"如果我发挥再好一点，就能获得金牌了"，他们对比赛结果感到遗憾和失望；铜牌得主可能会想"如果我发挥差一点，可能就与奖牌无缘了"，他们因幸运而开心。

比如，某次数学考试，A 和 B 两名学生都考了 95 分。他们的快乐程度一样吗？学生 A 有很高的数学学业自我概念，他认为考试题目并不难，却由于自己粗心只考了 95 分，因此感到懊恼和沮丧。而学生 B 认为自己数学能力一般，学习数学有困难，通过努力考取 95 分，他感到很欣慰。可见，自我概念决定个人对经验的解释，体现出了自我概念的自我解释作用。

3.决定人们的期望

这体现了自我概念的自我期望作用。

比如，一位差生具有消极的学业自我概念，他认为自己学习能力很差，考试不理想是意料之中的事。他不会期望取得好成绩，认为努力是无济于事的，因此，学习动机不强。反过来，因为努力不够，考试结果不理想再次印证了学生固有的"我学习很差"这一消极的自我概念。

所以，自我概念有引发与其性质相一致的或自我支持性的期望，并且使人们采用与期望得以实现的方式行动。因此，自我概念具有预言自我实现的作用。

第四节　和自我有关的其他概念

心理学家们不只对自我意识或自我概念感兴趣，还对由这一概念衍生出的相关概念感兴趣。而且，学习这些概念将有助于大学生更好地自我认知。

一、自我图式（Self-schemas）

自我图式指个体用来组织和指引与自己有关信息的一套自我信念。

20 世纪 50 年代中期认知心理学兴起，该理论认为对信息的选择、组织和加工是由个体内部的认知结构决定的，这种认知结构被称为"图式"（schemas），这是一种假设的认知结构。人们拥有关于许多不同事物的图式，比如，关于自我、他人、社会事件等。

在认知思潮影响下，认知心理学家马库斯（Markus）提出自我图式理论。她认为自我图式是关于自我的认知结构或认知概括，包括具体的事件和情境为基础的认知概括，比如，我昨天的着装受到别人称赞；也包括较为抽象的来自本人或他人评价的认知概括，比如，我为人诚恳。自我图式来自过去的经验，会影响我们注意到的信息，以及对信息的加工、解释和存储——组织和处理与外界信息有关的各项活动。

在马库斯和沃夫（Markus & Wurf）看来，自我图式构成了个体的自我概念，可以帮助我们分类和提取经验。研究表明，个人处理与自我有关的信息时具有以下特点：1. 对有关自我的信息非常敏感；2. 对与自我图式一致的信息，有更快的加工速度；3. 能较好地回忆和再认与自我有关的信息；4. 在预测、推断与归因与自我有关的行为时具有较高的自信度；5. 抵触与自我图式不一致的信息。

下面我们介绍一些与自我图式有关的研究结果。

罗杰斯等人将记忆的加工深度（depth of processing, DOP）范式扩展到自我领域。在最初的研究范式中，罗杰斯等人以人格特质形容词为实验材料，加入自我参照任务（self-reference effect）。将被试分为四组：结构编码组、音韵编码组、语义编码组和自我参照编码组。分别给每组被试呈现相应的问题，引导被试进行不同深度的加工（各组具体操作见表 1.2）。比如，在自我参照任务中，呈现"勇敢"时要求被试判断"这个词适合描述你吗？"作是 / 否反应。最后，要求四组被试进行自由回忆。结果表明，自我参照条件下的记忆成绩优于其他条件，包括深层的语义编码。罗杰斯等将这种记忆材料与自我相联系时的记忆效果优于其他编码条件的现象，称为记忆的自我参照效应（self-reference effect, SRE）。

表 1.2　Rogers 等（1977）研究中被试在编码阶段的不同任务

任务		判断	说明
典型的 POP 编码任务	结构编码	"这个词中有大写字母吗？"	对字形加工——浅层加工
	结构编码	"这个词与 ×× 词押韵吗？"	对音韵加工——浅层加工
	结构编码	"这个词与 ×× 词意思相同吗？"	语义加工——深层加工
自我参照任务	自我参照编码	"这个词适合描述你吗"	与自我相联系的加工方式

在这之后，大量研究者采用与罗杰斯等人的最初范式不完全相同的其他范式进行研究，也证实了记忆的自我参照效应的存在。

为什么自我指向的加工能促进记忆呢？持双过程观点的研究者认为，自我参照任务能提高记忆的机制包括两个方面，即精细加工因素和组织作用。按照精细加工说的观点，自我是一个高度精细化的结构，一旦被激活，就能在记忆材料和早已存储在自我结构中的其他信息建立多重联系。这种联系为随后的回忆提供了多重通道，促进记忆。组织加工说认为，组织是指根据一定的语义标准将许多单词"捆绑"在一起，包括词与词之间的直接联系，以及词与词同属于一个范畴之间的间接联系。比如，"医生"和"病人"之间有直接联系，也有同属于"医院"这一范畴的间接联系。在自我参照任务中，个体把不同的记忆材料归类到不同的范畴中去，比如，将人格形容词归为"适合"或"不适合"描述自己两类范畴，从而促进对系列单词之间相互关系的加工，提高了记忆效果。但是，由于语义任务本身就是一种精细加工任务，所以，双过程说在解释记忆的自我参照效应时得到研究者的普遍认同。

美国格言说"只有吱吱叫的轮子才会被上油"，而中国格言却说"木秀于林，风必摧之"，不同的文化环境会塑造个体不同的自我。西方个人主义文化塑造独立型自我，东方集体主义文化塑造互倚型自我（见图 1.1）。西方文化下代表自我的圆圈和代表他人的圆圈没有交集，其自我概念具有独立性（independence）、完整性、排他性；而东方文化下代表自我的圆圈和代表家人及朋友的圆圈有交集，强调自我与他人的相互依存关系，其自我概念具有互倚性（interdependent）的特征。

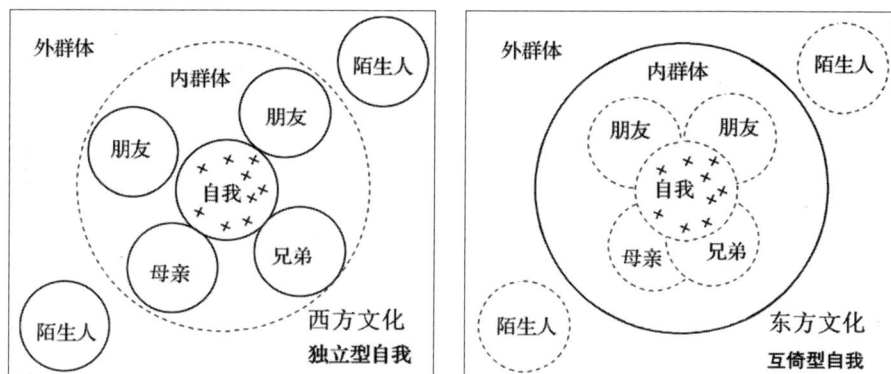

图 1.1　不同文化下的自我概念

心理学研究者通过实验证明了这一点。朱滢等研究发现，中国人的自我参照和母亲参照都激活了大脑内侧前额叶，中国被试在母亲参照和自我参照上记忆成绩一样好，而西方被试母亲参照加工的成绩没有自我参照加工的成绩好。中西实验对比说明，中国人的母亲表征与自我密切相关，而西方人的母亲与个体的自我是相分离的。记忆的自我参照效应研究为探讨东西方文化下个体自我差异提供了独特的研究视角和理论依据。

希金斯（Higgins）的自我差异理论（self-discrepancy theory）进一步说明了自我概念的内涵。希金斯将自我界定为三个领域：实际自我（actual self）、理想自我（ideal self）和应该自我（ought self）。实际自我相当于一个人的自我概念，指个体认为自身实际拥有的特性。在希金斯看来，理想自我和应该自我是两种主要的自我导向（self-guides）或自我指导标准（self-directive standards）。理想自我在罗杰斯的理论中有过论述，它与一个人的希望、目标或抱负有关，描述个体理想中希望自身拥有的特性。应该自我的概念是在霍妮（Horney）的神经症理论"应该专制（tyranny of the shoulds）"思想基础上提出的，它与一个人的责任、义务、规定或职责有关，描述的是个人认为和自身的义务或责任有关的特性。

　　希金斯认为可以从两个不同的立场对三个自我进行评价，即个体本人的立场和重要他人的立场，比如父母、老师、配偶、亲密朋友等。这样，三种不同的自我领域和两种不同的评价立场组合，产生了六种基本的自我状态描述类型：实际/本人、实际/他人、理想/本人、理想/他人、应该/本人、应该/他人。自我差异的产生也就是这些不同类型的自我描述产生的冲突或矛盾。在希金斯的研究中，更强调实际自我和理想自我、应该自我之间的不一致或差异。

　　对于不一致的自我所导致的情绪结果，可以分为两种：一种是与抑郁相关的情绪（dejection-related emotion），比如不满意、沮丧、受挫、可怜，以及同时产生对自己生气的倾向；另一种是与焦虑相关的情绪（agitation-related emotion），比如担心、害怕、惊慌、内疚，以及同时产生对他人生气的倾向。

　　希金斯的理论假设个体具有使实际自我与具有导向作用的理想自我和应该自我相一致的动机，而实际自我状态与两者之间的差异反映了某种特定类型的消极心理环境，与特定的情绪问题或动机问题相联系。实际—理想的自我差异反映了个体的实际状态（本人立场）和个体（本人或重要他人立场）希望达到的理想状态不匹配，个体容易产生抑郁相关的情绪。具有这种差异的个体主要采用"接近期望目标"（approaching desired end-states）的自我调节策略，使实际自我和理想自我相匹配。实际—应该的自我差异反映了个体的实际状态（本人立场）和个体（本人或重要他人立场）认为个体有义务或责任达到的状态不匹配，个体容易产生焦虑相关的情绪。具有这种差异的个体主要采用"避免与期望目标不一致"（avoiding mismatches to desired end-states）的自我调节策略，使实际自我和应该自我相匹配，避免消极结果的产生。

二、自我觉知（Self-awareness）

　　自我觉知指个体把自己当作注意对象时的心理状态。

　　从个体关注自己的方向来看，巴斯（Buss）将自我觉知分为私我觉知（Private self-awareness）和公我觉知（Public self-awareness）。比如，在挑选衣服时，你会挑选感觉穿着舒服的衣服，还是别人认为你穿着好看的衣服呢？如果选前者体现了私我觉知，选后者则体现公我觉知。私我觉知和公我觉知的心理基础和诱发的行为是不同的。私我觉知关注自我秘密的、私人的方面，可以加强一切对个体来说是重要的情感、动机或个人标准。私我觉知占优势者对自己的内部特征和感受比较重视。而公我觉知关注了解作为社会存在的自我，试图从他人的角度审视自己，并将自己作为他人的评价对象。公我觉知会引发个体的不适感或评价焦虑，使个体修正自己的行为以满足他人的期望，因此，个体的行为与其内在标准不一致。

研究者们关注自我觉知和心理健康的关系。

研究者们认为，自我觉知对个体心理健康有利。其原因可以归为三个方面：第一，自我觉知能力有助于提升个体的观点采择能力（perspective-taking），能帮助个体更好地理解他人。按照刺激理论倡导者的观点，个体理解他人正是通过反思自己的内部状态、情感、意向等推测他人的头脑中发生了什么。第二，增强自我觉知能力可以提高个体的自控力，并使其达到社会标准。自我觉知的人能意识到自我和外在标准的差距，因此能努力提升自我以缩小差距。有研究表明，自我觉知可以限制人的反社会行为冲动。第三，自我觉知提高个体的自尊。当个体成功时，将成功归因于自身将引发个体的自豪感，提高自尊水平。

但是，过度的自我觉知却是诱发抑郁和神经症等心理问题的根源。研究者发现：抑郁者倾向于自我关注和内省，过多思考自我、质疑自己的情感并检查自己的人格特征。过度的自我觉知常常使人觉知到自己与标准之间的差异，以及难以实现自己的理想和愿望。而且，自我觉知会提高情绪的强度，尤其是消极情绪的强度，研究表明，在抑郁发病期间，自我觉知能力强的个体比弱的个体体验到更高强烈而持久的抑郁情绪。当自我觉知所诱发的消极情绪过于强烈时，个体会试图通过一些破坏性行为，比如酗酒、吸毒、自残等方式逃离自我，降低自我觉知。当个体通过这些方法或手段不能降低自我觉知的强度时，依然处于负性情绪状态，就会最终产生自杀念头甚至实施自杀行为。对抑郁者来说，自杀意味着为摆脱强烈自我觉知所做的最后努力。

森田疗法的创始人森田正马（Morita Shoma）认为，"神经症"症状是由患者的疑病素质所引发的精神交互作用所致。具有疑病素质的人内省能力强，具有过度的自我觉知。他们常为自己的健康担心，把一般人在某些场合可能产生的感觉，比如，卧姿突然起身后头晕、紧张时心悸、偶尔失眠等，误认为是病症表现而恐惧、紧张。个体把注意力越是指向和集中在这些"症状"上，感觉就会越敏锐，"症状"也就越严重。感觉过敏导致注意狭窄，而注意狭窄又使个体把注意力集中于自身，感觉和注意彼此促进、交互，形成恶性循环。患者陷入内心冲突状态，形成神经衰弱和发作神经症。

三、自尊（Self esteem）

自尊是自我概念中与情绪有关的内容，它指一个人如何肯定与赞扬自己，是自我评价的重要维度。

心理学研究者倡导和宣扬自尊在保持健康扮演的重要角色，自尊"可以作为东方和西方统一的心理健康标准"。拉什（Lasch，1992）认为，"自尊是一个人所能给他自己的最好的礼物"，布兰登（Branden，1994）将自尊视为解决个体和社会问题的"万能药"，高自尊一度成为"美国梦"的重要成分（Swan，1996），甚至有些学者提出，可以把社会成员的整体自尊水平作为衡量社会进步和发展程度的重要指标（引自 蔡华俭，2002）。许多临床心理学家将咨询和治疗的主要目标设定为提升求助者的自尊，自尊干预遍及社会行为的方方面面。已有研究表明，高自尊个体体验更少的抑郁、神经质、社会焦虑，感知更多的生活满意感，在面对困难任务时坚持性更强。

直到 21 世纪这股"追求高自尊"的热潮才稍有消退。人们意识到对于高自尊的一味追求并不只是带来"收益"，还隐藏着所付出的"代价"。布洛姆（Blom，2011）研究表明，个体通过使用策略获取正向的自我评价来追求高自尊，这一过程不仅严重消耗了个体的认知资源，而且，由于情绪波动会对个体的身心造成双重打击。罗德瓦特（Rhodewalt，2013）认为，积极且稳定的自尊体验之所以能带来健康的心理状态，正是由于个体不必在一般情况下努力维持其自尊水平。所以，过分追求自尊是低自尊的另一种表现，同样会阻碍人们的健康生活。

那么，如何评价自尊，什么样的自尊才是我们真正需要的以及如何保护自尊呢？

（一）自尊研究的历史脉络

19 世纪末期詹姆斯提出了自尊这一概念。他将复杂的自尊概念融于一个简单的公式中：自尊 = 成就（Successes）/ 抱负（Pretensions）。"成就"代表个体的现实自我，是个体能力的客观评价指标；"抱负"代表个体的理想自我，是个体对成就的渴望，体现了个体的内在动机。现实自我和理想自我分离，造成个体能力感丧失，进而产生自尊体验的缺乏。所以，詹姆斯认为，胜任力（Competence）是自尊的决定性因素。詹姆斯将自尊与行为紧密相连，使之成为一个易于评估和测量的结构。此外，自尊以能力为聚焦点，使自尊与个体许多行为建立了直接联系，比如，学业表现、社会交往、言语操作等。但是，詹姆斯笼统地将自尊与行为相联系，受到心理学研究者的质疑。比如，屡屡得手的偷窃行为也同样显示个体具有某种"能力"，这样的成功是否会带来自尊的体验呢？而且，现实生活中许多成功人士也会陷入沮丧、抑郁状态，甚至产生自杀行为，这和健康积极的自尊状态相背离。所以，单纯以能力为核心的自尊概念，不能充分解释复杂的心理现象。

在罗森伯格（Rosenberg）的自尊定义中，自尊最主要的成分是价值感（Worthiness）。罗森伯格认为，自尊是个体对自我的积极或消极的态度。基于社会心理学视角，自尊作为一种态度，应遵循社会的判断规律和行为准则，所以，自尊体验也源于一定社会标准的接纳和认可。

布兰登关于自尊的观点实现了前述两派观点的整合。他认为，自尊是由胜任力和价值感两种成分共同构成的复杂结构。在《自尊心理学》一书中，他写道"自尊是自信（self-confidence）和自重（self-respect）的整合"，"人应当有能力地活着并活地有价值"。因此，自尊需要能力，但能力必须符合一定社会标准倡导的价值规范；自尊需要价值，但价值必须建立在一定行为结果的基础上。

生活中，很多时候我们努力表现出高自尊，大量研究也证实了个体存在一种有意识的积极自我评价倾向。究其原因，可能基于以下几种动机：真正接纳自我和感到自己有价值；想留给别人一种自己很好的印象，尽管自己并不真正这么认为（或感受）；根据社会赞许性回答；含有自我欺骗的成分；防御性地保持一种高自尊的感觉……。由于意识过程的过度参与，研究者很难从个体的主观报告中获得他的真实想法。而且，内隐社会认知研究发现，可能存在个体不曾意识到的自我态度效应。

基于对以往研究的总结和分析，格林沃德（Greenwald）等构建内隐自尊（Implicit self-esteem）和外显自尊（Explicit self-esteem）的双重结构模型。外显自尊是个体能够通过内省获得、进入意识层面的自我评价，采用自陈量表的方式测量，比如罗森伯格自尊量表；内隐自尊是"一种内省而不能觉察的自我态度效应"，以自动化的方式对个体的态度和行为产生影响，采用内隐联想测验（IAT）及其变式、字母和生日数字偏爱任务等方式测量。

有研究表明，外显自尊和内隐自尊两者的相关度很低。一个人可能具有低的内隐自尊，而外显自尊高。也就是说，他具有一种虚假的高自尊，而不是真正的高自尊。高自尊异质性（heterogeneity of high self-esteem）指的是高自尊与高自尊之间有着不同的行为表现，存在着多种类型，比如脆弱高自尊（Fragile high self-esteem，fragile HSE）与安全高自尊（Secure high self-esteem，secure HSE），它是目前心理健康领域研究的热点之一。真正的高自尊是一种安全、稳定的自我价值感，不依赖于具体结果的获得，也不需要持续的验证。如果个体的高自尊是真实而稳定的，不受生活事件的影响而发生变化，这时的高自尊属于安全高自尊。科尼斯（Kernis，2003）提出了脆弱高自尊的概念，他认为那些依靠自我保护或者自我增强策略来维持高自尊的人，意味着这种类型高自尊本身的脆弱性。

以往研究认为，低自尊是造成很多心理问题的关键因素。后来越来越多的研究发现：和低自尊相比，脆弱高自尊和一些心理问题相关性更高，如防御、攻击、心理幸福感等。近年来，研究者还发现，脆弱高自尊和某些人格障碍，比如偏执、自恋、边缘等联系非常紧密。

脆弱高自尊包括不一致高自尊、不稳定高自尊和条件高自尊三种类型。

第一种：不一致高自尊（discrepant HSE）。所谓不一致，指意识层面与潜意识层面的自尊不一致，即一个人在意识水平持有积极自我意象，而潜意识水平却持有消极的自我价值感。比如，生活中有些好学生，学习成绩已经非常优秀了，但是，他们的内心却没有一刻感到过踏实，有一种说不清道不明的惶恐和自我怀疑，这种惶恐成为他们日常生活的情绪基调。因此，他们一刻都不敢怠慢看书和学习。这种持续的、不可言状的焦虑，就是意识与潜意识基本冲突的表现。可问题在于，消极的自我意象处于潜意识水平，不能被清晰感知到，也就没有办法在意识层面进行处理了。冲突一直存在，个体就一直焦虑和惶恐。

第二种：不稳定高自尊（unstable HSE）。不稳定高自尊指个人的自我价值感随时间和情境波动的程度。一个内部自尊脆弱的人会受时间或情境等外部环境变化所影响。从时间变化看，随着青春期到来，个体自我意识高涨，原有的自我意象自然会被打破。即便成绩一直优异的学生，他的自我价值感也不一定是稳定的。从情境变化看，环境如何影响青少年自尊的稳定性呢？比如，初中阶段某同学是学校佼佼者，一旦升入重点高中，他被淹没在学霸群体中。环境发生了变化，周围高手如林，该同学感到巨大压力。如果压力得不到疏解，会导致消化不良、入睡困难、上课注意力不集中、考试焦虑等问题。几场考试后，该同学的自尊心倍受打击，开始怀疑自己、否定自己。

第三种：条件高自尊（contingent HSE）。条件高自尊指一个人的自尊依赖于某种具体标准或结果，对自己的感受取决于是否符合某些优秀标准或不辜负某些人际的或内心的期望。条件高自尊者的自我价值感需要持续支持和验证而导致锚定不良。比如只依赖考试成绩获取自尊的个体，当表现优异时，他体验到骄傲自豪的感觉，自尊升高，当表现欠佳时，会触发他无能、羞耻以及无价值感，自尊下降。真正高自尊的个体是那些拥有无条件高自尊的人，他们不需要通过一定的目标以巩固或检验其积极自我感受的正确性。他们能意识到自己的弱点和局限，并能很好地接纳它们；他们会对自己错误或失败的行为感到失望，并通过实践加以修正和改善，但不会因外部事件的消极结果而对自身感到失望，不太可能有毁灭感或暴怒的情绪体验。这种无条件的自我接纳避免了认知—情绪混乱，增强了个体的社会适应性。

条件高自尊可能来自个体在其成长过程中，父母对他／她提出过高要求，有过多的心理控制，当没有达到要求时，父母会给他／她施加一些挫折体验，如拒绝、忽略、惩罚等。在校园生活中，我们可以看到把考试分数作为唯一条件的好学生不在少数。

（二）安全高自尊从何而来

相信大家都希望拥有安全高自尊而不是脆弱高自尊。在社会化过程中，生命中的重要他人是如何影响我们的自尊或自我价值感的？

> 求助者，小朱，女，大二学生。主诉：我就像一株"空心竹"一样，里面空虚，外表坚硬。我妈妈大大咧咧，不会和我沟通情绪；爸爸是一个非常严厉的人，家里大小事都喜欢唠叨，什么事都必须按照他的要求办。他要求牙膏必须放在牙膏盒里；他限制我的交友对象，我只能和成绩好的同学交往；每次家长会后，他都逐条指出我的缺点……邻居家有一个哥哥，学习好能力又强，爸爸就一直拿我和他比较……从小，爸爸就要求我必须坚强，必须成绩优异，可我感受不到他的爱、尊重和认可……我觉得我不太爱惜自己的生命，有两次过马路走神，没有看到路边来车，被同学拽了回来……

请回忆一下，当你还是孩子时，父母是怎样对待你的？是像案例中的小朱一样，只有事事按照家长的要求完成，做到"正确"，才会被爱和被接受吗？是不是一直活在"别人家孩子"的阴影中，始终无法达到家长的期望？如果情况是这样，父母对你的关注就是一种有条件的积极关注，长大后你可能做出所有"正确"的选择，但是可能不会发挥出自尊和自我价值感的最大潜力。

人本主义心理学家卡尔·罗杰斯（Carl Rogers）认为帮助个体发展自我价值感的重要技巧之一——无条件积极关注！无条件积极关注是接受个体是一个自主的人，有自由的意志、有独特的欲望和需要，允许他有自己的感觉和经验。无条件的积极关注并不意味着接受和赞同孩子所做的一切。彻丽（Cherry，2018）认为，无条件积极关注不是让孩子随心所欲做出危险或不健康的行为，相反，它是在比表面行为更深的层面上接纳对方，无论孩子们做什么，都让他们感到被爱和接纳。

罗杰斯的人格理论有三个核心概念和两个重要假设。

三个核心概念：经验、自我概念和价值条件化。经验是指个体的主观感受，可能会忽略客观现实。例如：我没吃饭，应该饿了，但我沉迷于玩游戏，没感觉。个体的自我概念决定了他接受或处理经验的方式与态度。例如，我自己认为我太胖，尽管别人都说我不胖。价值条件化建立在他人评价的基础上，指关怀和尊重是有条件的，这些条件体现了重要他人和社会的价值观。例如，我离婚了，摆脱了痛苦，觉得很轻松，可别人都说离婚不好。

两个重要假设：个体的行为由每个人独一无二的自我实现倾向引导着。所有人都需要积极看待。

罗杰斯认为，人类同其他生命有机体一样，具有一种为了生存、成长和促进自身发展的需要，这是人类与生俱来的一种自我实现倾向（actualizing tendency）。自我实现倾向是一种建设性的倾向，具有选择性和非反应性。那么，自我实现倾向如何引导个体以积极的方式行动呢？按照罗杰斯的观点，个体根据是否能够维持和提高我们自身来评价经验，这就是机体评估过程（organismic valuing process）。个体接近和保留那些符合自我实现倾向的经验，而回避和消除那些抵触自我实现倾向的经验。

罗杰斯还认为，所有人都希望获得来自他人或自我的积极看待，希望获得关注、赞赏、认可、接纳、尊重、喜欢和爱；而不是漠不关心、讥讽、蔑视、排斥、指责、打骂和憎恨等消极看待。这些积极看待起初来自其他人，特别是生命中的重要他人。随着自我的发展，提供者更多地转向自我。无条件积极关注指的是，重要他人把个体作为一个整体来接受、尊重，而和对其某一具体行动的评价无关，即使客观上个体的消极行为也要接受，因为它是整个人的一部分。当被无条件积极关注时，我们被允许尝试新事物、允许犯错误，并能诚实地从错误中学习，发展出健康的自我价值感！当我们犯错时，父母可能会说："虽然我们对你的行为感到失望，但是我们仍然一如既往地爱你！"。他们不会撤回或限制他们的爱，这就是一种无条件的积极关注！

但很多时候，我们的自我价值感会随着一些表面信息、外界看法、微小的生活事件而波动。究其原因，就是重要他人提供了有条件的积极关注。重要他人根据一定的评价标准来评判对象的品行或成就，只有达到标准，才提供积极关注，比如，"你按我说的做，我就爱你""学习好，老师就喜欢""遵守规章制度的孩子才是大家喜爱的好孩子"。否则，他们会提供消极看待。

积极关注的需求如此强大，逐渐取代了机体评价过程。一旦个体把父母的价值观念作为其自我概念的一部分时，他的行为将不再受机体评价过程的指导，而是受内化了的重要他人的价值规范指导，这一过程就是价值条件化的过程。这时，个体过度寻求外界认同、远离真实自己、否定自我价值感、自我不协调，他的自我实现倾向受到压抑和干扰。

价值条件是人们生活中不可避免的部分，但当外在价值条件和内在机体评估两者严重不协调时，会导致个体适应不良，自我实现受阻。犹如"削足适履"——个体把脚削去一块来凑合鞋的大小，一方面因她穿上别人认为好看的鞋子而受到称赞（价值条件），另一方面她又要忍受疼痛和不舒服（机体评估），因而带来心理冲突，出现情绪行为问题。

罗杰斯认为，自我概念和经验之间的不协调是产生心理失调的原因！

一位毕业几年的学生小梅打电话向我求助，她说：毕业几年了，我一直很努力也小有积蓄，但是每当我犒劳自己吃点美食或买件新衣服时，就会有深深的内疚感！她回忆说，小时候家里穷，爸爸妈妈都在外地打工赚钱，奶奶养我长大。奶奶带我出去玩，经过路边的糖果摊，奶奶指着问：想要吗？我坚决地摇摇头，说：不想要！奶奶满意地说：小妮子最乖，真是懂事的孩子，知道心疼爸妈赚钱不容易，从来不乱买东西！小小的我，其实多么眼馋那些色彩缤纷、酸甜可口的糖果啊！只是，我很早就模模糊糊地知道，"乖"和"懂事"能让奶奶高兴！对幼小的我来说太重要了，这样的夸赞是最高荣誉。在平时生活中，敏感的我会压抑自己的真实感受，努力装着"乖"模样讨他人喜欢，一直活在别人的期望里，真的很累……。

上面案例中的小梅通过"让奶奶高兴"来获得奶奶的积极关注，从小就学会压抑或忽略自己的真实想法"馋糖果"（机体评价过程），却说自己不想要，把奶奶的价值观内化为自我概念的一部分"我是一个不乱花钱的、懂事的乖孩子"（价值条件化过程）。在以后的生活中，她的行为不再受机体评价过程而是受内化了的他人的价值规范指导。当她吃美食或购物犒劳自己时，花钱行为和她的自我概念冲突，导致她产生内疚感！因此，当一个人意识到"我是怎样"同时又认为"我不该这样"的时候，内部的紊乱就不可避免产生了。

个体在成长过程中，如果价值条件过程形成的自我概念只允许成功，那么，任何令他感到可能会失败的情境都威胁着他。而且，真实的失败对他更是致命的打击，因为失败说明他是一个不值得被爱的人，一个没有价值的人。所以，只有感受到无条件积极关注的个体才会拥有安全高自尊！

（三）自尊防御策略

生活中，为了保护自尊免受伤害，我们通常会采用哪些自尊防御策略呢？

1. 高于平均数效应

一般来说，人们常常持有夸大自己品质的观点，即认为自己比一般人拥有更多的积极品质和更少的消极品质。高于平均数效应在生活中随处可见，比如，93% 的司机认为自己比其他司机的平均车技更好；94% 的大学教授觉得自己的工作表现优于他人工作表现的平均值。

2. 控制幻觉

人们有时会过高估计自己对偶发事件结果的控制程度，即相信自己能够影响那些本质上由随机规律所决定的结果而产生控制幻觉，比如，掷骰子、摸彩票等。成瘾性的博彩者总是表现出更多的控制幻觉，因为他们倾向于将自己的行为与某一结果联系起来，认为可以通过提高自己的博彩技能而获得更多赢的机会。

3. 非现实的乐观主义

人们毫无理由地深信命运对自己展开笑脸，自己会比他人经历更多的积极生活事件，遭遇更少的消极生活事件。比如相信自己能长命百岁、股民认为自己买的股票肯定会赚钱；再比如相信自己不会患绝症，相信飞机失事或遭遇抢劫等只会发生在别人身上。但是，人们需要清醒意识到诸如"开车不系安全带""不肯承认吸烟有害健康"这些盲目乐观现象，居安思危，把自己从危险中拯救出来。

4. 自利偏向归因

人们以一种服务于自我、有利于自我的方式对自己或他人的行为进行判断或解释的倾向。当在加工与自我有关的信息时，人们倾向于对积极事件做性格倾向性归因，即归因于能力和努力；而倾向于对消极事件做外部因素归因，即归因于运气不佳或问题本身无法解决。比如，学生认为考试成绩理想是由于自己有实力或者下了功夫，考试结果不如意则是老师出题太偏或者考前身体不适影响了发挥。当公司利润增加时，CEO 会把收益归功于自己的管理能力；当公司利润下滑时，则认为是经济不景气导致的。

5. 策略性的社会比较

费斯汀格的社会比较理论指出，个体在缺乏客观标准的情况下，利用他人作为比较的尺度，来进行自我评价。通过策略性的社会比较，也可以提高人们的自尊。

人们为了满足自我保护的动机会进行下行社会比较，这样会让自己感觉更好。但是，适当的时候人们也会采用平行和上行的社会比较，从别人的优秀品质和成就中吸取力量。尤其是当他人的成功和个体的自我概念关系不大时，个体采用"借光取暖"的方式。例如，有的人常常在众人面前说自己认识某位知名人物，或某位名人是自己的同学或朋友，以此来提高自尊。

6. 策略性的解释

人们在解释什么是优点和才能，什么是缺点和不足时，总是倾向于从自己拥有什么及缺乏什么来定义，即进行一种语义上的变更。比如，脸型比较宽的女性说"脸型成正方，聪明有主张"，比较胖的女性说"女子面圆腰肥必主富贵"，她们采用策略性的解释提高自尊。

四、自我提升（Self-enhancement）

自我提升也叫作自我美化、自我增强或自我提高，它是指个体以一种有利于对自己做正面评价的方式收集和解释有关自我的信息。自我提升作为自我的动机性成分，是个体肯定自我的驱力，维持自尊的途径，以及寻求自我评价的动机。

在过去很长一段时间，多数心理学家一直坚信，一个适应良好的个体应当对自我有着真实、准确的自我认识，而那些头脑中常存错觉、不能清醒认识自我的人往往容易受到心理疾病的侵扰。然而，这一传统观念却因泰勒和布朗（Taylor & Brown，1988）撰写的一篇文章开始受到质疑和挑战。在这篇题为《错觉与幸福：有关心理健康的一种社会心理学观点》的文章中，作者提出了与传统认识相左的观点，认为人们常常会过分积极地评判自己、夸大自己对事件的掌控能力、对未来事件怀有不切实际的乐观主义倾向，而这些错觉能从诸多方面促进心理健康。许多心理学家追随 Taylor 和 Brown 的足迹展开研究，发现人们在日常生活中的确会"透过玫瑰色的眼镜"看待自己，而这些积极错觉（positive illusion）和自我欺骗（self-deception）往往被证实是有益的（Marshall & Brown，2008；Segerstrom & Roach，2008）。事实上，泰勒等人提出的积极错觉正是自我提升的典型表现或近义概念（Hepper，Gramzow，&Sedikides，2010）。正如自尊防御策略部分所述，个体通过对自我产生积极错觉这种自我提升方式维护自尊，达到保护自我价值感的目的。

个体心理学家阿德勒（Adler）认为，超越自卑、追求优越是人格发展的动力，人类行为最基本的动机就是维持和提高自我价值感。很多心理学家如霍妮（Horney）、沙利文（Sullivan）、马斯洛（Maslow）等在临床观察和实验研究的基础上发现，维持积极的自我意象是人格健康的必要条件。

自我提升含有自我提高（self-promotion）的意思（即追求积极的自我意象），同时还蕴含着自我保护（self-promotion）的含义（即保持或防护已有的积极自我意象）。自我提高和自我保护可谓自我提升的"阴阳"两面，其中，又以自我保护的作用更为突出（Sedikides &Gregg，2006）。

人们寻求和保持积极自我意象是自我提升行为产生的重要原因。自我提升行为有着极其繁多的表现形式，譬如：过分宣称（over-claiming）、自利归因偏向（self-serving attribution bias）、高于平均数效应（above-average effect）、控制错觉（illusions of control）、选择性地接受和反驳（selective acceptance and refutation）。比如，在信息加工方面，人们会寻找、加工和记忆对自己有利的信息从而形成和保留积极的自我意象。大多数人会不加考虑地接受与自我有关的积极信息，而仔细审查、极力反驳与自我有关的消极信息。马伦和戈瑟尔斯（Mullen&Goethals，1990）认为，人们会高估自己的缺点在人群中的典型性，让自己心安，表现出虚假一致性效应；而低估自己的优点在人群中的典型性，把自己的智慧和品德看成是超乎寻常的，表现出虚假独特性效应。

毋庸置疑，极度错误的自我观念有损幸福和健康，那些常常妄想自己无比伟大的人不是真正的心理健康者。泰勒和布朗在其文章中所指的积极错觉指的是中等程度或者说适度的自我提升。积极错觉在一定程度上促进个体的心理健康，比如，提高幸福感、满意度、激发人们关爱他人等，具有适应价值。研究者以抑郁、感知到的压力、主观幸福感和生活满意度作为个体内心适应的指标，考察台湾被试的自我提升状况和适应的关系，结果表明，适应良好的被试在评定自己的重要品质时表现出了更强的自我提升趋势（Caertner，2008）。刘肖岑等人（2010）以中国大学生为被试的研究发现，优于平均数效应和过分宣称等自我提升表现与自尊存在共变关系，自尊可以正向预测自我提升；在另一项研究中，刘肖岑（2009）针对中国青少年自我现象的研究发现，自利归因可以正向预测青少年的主观幸福感和自尊，负向预测青少年的抑郁。

然而，有心理学家指出，自我提升与自恋存在密切联系，而自恋是适应不良的典型表现，因而自我提升必将带来诸多不好的适应结果（Colvin &Griffo，2008）。另外，由于个体对自己的健康状况持有不切实际的乐观态度，这便可能使人们疏于防范危险因素、极少对健康信息进行加工处理、并卷入较多的危险行为，对身心健康造成负面影响（Klein &Cooper，2008）。

五、自我确认（ Self-verification ）

自我确认指个体寻找和解释情境，以证实自我概念的过程。通过自我确认，使他人对自己有个一致性的认识，也有助于提高自尊。

很多研究者都强调了自我一致性的重要性，比如凯利（kelly）、莱基（lecky）、费斯汀格（Festinger）。他们认为一致性能使人有一种连续感和整体感，使我们预测自己将会怎么做；缺乏一致性则跟冲突、压力、不适应有关，导致认知失调和紧张。自我一致性既是认知动机，也是情感动机，必然会产生自我确认的需要。我们希望他人对我们的评价和态度能证实我们的自我概念，哪怕这种评价和态度是消极的，对我们的自尊不利，只要能证实，我们都会寻求这种信息。无论个人的自我概念是积极还是消极的，在一致性需求的驱动下，他都会力图寻找和自我概念一致的外部信息，从而证实自我概念。当我们有负面的自我概念时，正面积极的事件也会有损我们的健康。比如，当我们认为自己能力很差时，会把他人的表扬当作讽刺，会把自己的成功看作是"瞎猫碰到死耗子"。

斯旺（Swann）等人在自我一致性理论的基础上提出了自我确认理论，该理论假定：稳定的自我概念是实现自我确认的基础，而自我确认是个体界定自我存在、组织经验、预测未来以及引导人际交往的心理倾向，自我确认有助于形成稳定的自我概念，是自我概念功能的发挥。斯旺（2002）总结以往的研究，提出了"自我确认过程模型"。该模型显示：自我概念、营造验证自我的社会环境和对现实信息的主观歪曲三者相互影响。营造验证自我的社会环境包含三个方面：选择交往伙伴和环境、有意显示身份线索和采取能够引发自我验证反馈的交往策略。对现实信息的主观歪曲也包含三个方面：选择性注意、选择性编码和提取和选择性解释。

自我确认使他人对我们的看法和我们对自己的看法一致，使我们自认为的身份得到承认，则社会交往变得可预测，更加顺利。自我确认有助于个体保持心理一致性，与预期一致的反馈有助于减轻焦虑、沮丧、抑郁等情绪（Swann，Chang-Schneider & Angulo，2008）。自我确认使同伴间具有可预测性，这是信任的关键组成部分（Tyler，2001）。

但是，具有消极自我观者不断寻求消极反馈信息以确认消极自我观，这使个体长期处于低自尊状态。当消极反馈寻求倾向和消极反馈同时出现时，个体会产生抑郁情绪（North &Swann，2009）。斯旺等人以抑郁者为研究对象，抑郁者持有消极的自我概念，由于自我确认动机的作用，他会不自觉地寻找他人的消极反馈，引发了他人对抑郁者的排斥，从而加重了抑郁症状。

六、自我效能（ Self-efficacy ）

自我效能理论是美国心理学家班杜拉（Bandura）在 1977 年率先提出。所谓"自我效能"指个体在执行某一行为之前对自己能够在什么水平上完成该活动所具有的信念、判断或感受，即个体对自身能力的主观判断。

在面对一个有难度的任务时，我们常常会问自己，"这事我能搞定吗？""我能胜任这项工作吗？""以我的能力能应付眼前的困难吗？"虽然我们没有清晰地意识到这些内心对话，但实际上这是客观存在的事实。对这些问题的回答体现了一个人自我效能感的高低。班杜拉认为，个体的自我效能感会影响他在成就情境中的行为动机。也就是说，在面对困难时，高自我效能感的个体积极主动，而低自我效能感的个体则被动退缩。

低自我效能感的极致状态就是习得性无助。这是个体在不断遭受挫折后，表现出的一种无能为力、听天由命的状态。

大家或许见过这样的现象：在印度和泰国的街头巷尾，到处可以看到驯养的大象。用粗大的铁链拴幼象，而只用一截细细的链子将巨人般的大象拴在细小的柱子上。细链怎么能拴住力大无穷的大象，它们怎么不逃跑呢？

美国心理学家塞利格曼和麦尔（Seligman &Maier）对狗所做的动物实验重现了上述现象。起初实验者把狗关进笼子里，只要蜂音器一响，就给狗不能逃避的电击，无论狗做任何自主反应都不能阻止电击。多次实验后，蜂音器一响，在给予电击前，实验者先把笼门打开，发现狗不等电击出现就先倒地开始呻吟和颤抖。它放弃了反应，既不跳起逃避电击，也不逃出笼子，而是被动等待电击。塞利格曼和麦尔将体验过不可控电击后的狗表现出来的动机、学习和情绪的缺失现象称为习得性无助现象（learned helplessness phenomenon）。塞利格曼解释，动物表现出无助的原因是：实验者给狗施加了不可控的电击，反复的电击经验让狗习得"反应和结果无关"的信念，习得的信念导致它产生预期"未来的反应与结果也是无关的"。因此，在新情境中，习得的信念和预期将导致狗的无助反应。塞利格曼等人使用同样的程序研究人类被试，结果发现，不可控的噪音刺激的确干扰被试随后的成绩，证实了人类被试也普遍存在习得性无助现象。

按照塞利格曼的观点，我们分析动物们放弃逃跑的原因！铁链和笼子束缚了大象和小狗的自由，刚开始它们曾试图逃跑，但是，多次逃跑失败后，它们认定自己没有能力改变命运，将逃跑失败归因于内部、稳定、不可控的因素——能力，产生习得性无助感。但是，塞利格曼指出，仅有不可控的消极事件或对消极事件产生原因的不可控性知觉，还不足以使人类这种高度理性的复杂动物产生弥散性的无助感，这种无助只会限定在特殊的领域。个体把消极事件的原因归为特殊因素还是普遍因素，会影响到动机缺失的性质和程度。只有当把消极事件归为普遍因素时，才会产生抑郁和无助。比如，某同学多次数学考试成绩很不理想，他认为自己不仅缺乏解决数学问题的能力，而且缺乏解决所有学习问题和生活问题的能力。这时，他会表现出动机降低、认知障碍和情绪失调等习得性无助症状。

大量研究发现，如果学生总是失败，那么他们最终会放弃努力，并使习得性无助成为条件反射。"努力与成功无关"，失败强化了"放弃努力"的行为。

在班杜拉看来，行为的出现不是随后的强化，而是由于认识了行为与强化之间的依赖关系之后对下一步强化的期望。班杜拉认为人的行为受两个因素影响：一是行为的结果因素，即强化。比如，受到赞扬、鼓励的行为会再次发生，而受到惩罚、批评的行为会被抑制；二是行为的先行因素，即期望。期望分结果期望和效能期望。结果期望是指个体对某一行为导致某一结果的推测（传统的期望）。如果个体预测到行为和行为结果的关系，那么，行为就可能被激活、被选择。比如，学生认识到注意听讲就能获得他希望的好成绩，那么，他可能会认真听讲。效能期望指个体对自己行为能力的主观推测（自我效能感的表现）。当个体确认自己有能力进行一项活动时，他会产生高度的"自我效能感"，并努力去完成这项活动。生活中，我们发现有些学生尽管认识到了"认真听讲才会取得理想的成绩"，但是，他们听课仍然不专心。究其原因，就是因为他们认为课程内容太难，自己没有能力听懂。当学生感到无能为力时，就不会做出某种努力的行为。所以，只有在学生感到自己有能力听懂老师所讲的内容时，他才会认真听课。

那么，个体对自身能力主观判断的依据从何而来？研究表明，自我效能感的信息源包括以下四个方面：

1. 直接经验

这是个人成败的亲身经验或直接经验，是对自我效能感影响最大的信息源。一般来说，成功经验会提高自我效能感，反复的失败会降低自我效能感。不断的成功会使人建立稳固的自我效能感，不会因一时的挫折而降低，并且会泛化到类似情境中。但是，成败经验对自我效能感的影响还要受个体归因方式左右。当个体把成功归因于外部机遇等不可控因素时，其自我效能感不会增强；而当个体把失败归因于内部稳定的能力因素时，其自我效能感才会降低。

2. 替代经验

这类经验是行动者通过观察示范者的行为而获得的间接经验，它对自我效能感也有重要影响。个体观察到那些与自己能力相似的示范者（榜样或范型）在某项活动中取得成功，认为自己也有能力完成同样的任务，自我效能感增强；个体观察到示范者遭遇失败，认为自己成功机会也不大，自我效能感降低。

替代经验对个体自我效能的影响要考虑很多因素，比如观察者对自己和榜样之间类似性的知觉、榜样的数量、种类、榜样的力量、观察者和榜样面临问题的类似性等。与个体自身相似程度高的榜样的经验，对个体自我效能的影响作用很大。田径领域有目共睹的事实是，刘翔在男子 110 米栏项目上取得突破后，在这一项目上，前所未有地涌现出了许多优秀的中国运动员，体现了替代经验对自我效能感的影响。"亚洲飞人"苏炳添创历史成为奥运男子百米决赛场第一位中国选手，他的成绩颠覆了一些人关于"亚洲选手百米不行，百米赛道是欧美选手的天下"的传统观念，将起到很好的榜样作用，激励更多的优秀运动员。

替代经验对自我效能产生影响，除了通过前述的社会比较过程增加信心外，观察者还能从榜样的表现中学习解决问题的策略和方法，了解解决问题的条件，这些都对自我效能产生一定的影响。

3. 言语劝说

言语劝说是比个人的成败经验和替代性经验强度要弱一些的自我效能感信息来源。

言语劝说可以是来自父母、老师或同伴等的积极鼓励，如"你一定能做到""你能行的"。劝说者的身份、吸引力、技能等都会影响到言语劝说的力量。而且，言语劝说的价值取决于它是否切合实际。积极的反馈只能暂时提高个体的自我效能，如果后来的事实证明个体无法胜任某项任务，那么，言语劝说所起的作用就是短暂的。和示范一样，言语劝说可以让一个人尝试一项活动，但是，只有在活动中获得成功体验，才能真正提高他的自我效能感。

4.情绪唤醒

班杜拉在"去敏感性"研究中发现，情绪和生理唤醒也是影响自我效能感高低的一个重要因素。

人们把不愉快的生理反应和糟糕的行为表现、无法胜任和失败等相联系时，生理状态将影响自我效能感。当个体面临某项任务产生高水平的生理唤醒时，比如心率加快、血压身高、手心出汗，他会从生理反应中获得功效信息，产生焦虑情绪怀疑自己的胜任力，降低自我效能感，妨碍行为表现。研究表明，焦虑水平高的人往往低估自己的能力，烦恼、疲劳会使人感到难以胜任所承担的任务。当人处于过度焦虑或恐惧状态下，会产生恶性循环，无能感会不断得到加强，影响到自我效能感。

自我效能感高低对个体有哪些方面的影响？班杜拉等人的研究指出，自我效能感具有以下功能：

1.影响人们对活动的选择以及对该活动的坚持性、努力程度

高自我效能感的人倾向于选择富有挑战性的任务，挑选接近自己能力极限的工作；在困难面前不轻言放弃、不退缩，更加能坚持自己的行为，敢于通过坚持不懈的努力战胜困难。因此，高自我效能感的人因勤奋、执着和持久努力增加了其成功的可能性，为他带来了积极的回报，形成良性循环。

2.影响人们的思维模式和情感反应模式，进而影响新行为的习得和已习得行为的表现

高自我效能的人对自己持有积极的思维模式——"我能行，只要我努力就能完成任务"，他们情绪饱满、充满自信，将注意力集中于任务本身，关注任务的要求和困难的解决。而低自我效能感的个体对自己持有消极的思维模式——"我不行，我没有能力完成任务"，他们把潜在困难看得比实际更重，不是集中精力想办法实现目标，而是把注意力更多放在可能的失败和不利后果上，从而产生恐惧、焦虑等负性情绪，阻碍了新行为的习得和已习得行为的表现。

综上所述，关于班杜拉的自我效能理论的观点整合起来见图 1.2。

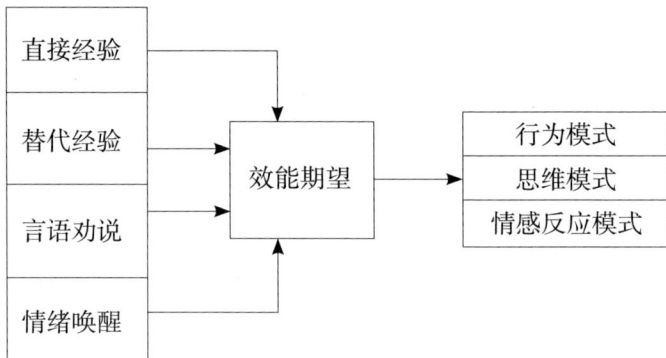

图 1.2   自我效能感的信息源和功能

七、自我表演（ Self-presentation ）

自我表演也称自我展示、自我呈现，是指人们在别人对自己形成印象时所做的显露。它是印象管理的重要途径。

莎士比亚（Shakespeare）的喜剧《皆大欢喜》中有一句智者的名句——全世界是一个舞台，我们都是演员。几乎所有人在日常生活中都是"演员"，通过在他人面前展示自己，试图操纵和控制他人对自己形成特定的印象，或者说人们试图让他人以自己期望的方式来看待自己，称为"印象管理"（impression management）。

20 世纪 60 年代戈夫曼（Goffman）提出了社会学术理论——拟剧论，在他的著作《日常生活中的自我表演》中，戈夫曼从"角色"出发，以"表演"为主要内容，以"印象管理"为核心，把在戏剧学中用到的名词引用到社会学的研究之中。他认为，人生就是一场表演，社会是一个舞台；人际传播的过程就是人们表演"自我"的过程。

这里原文摘录几段戈夫曼在其著作中所描写的自我表演场景：

一个专心的学生希望自己专心，眼睛盯着先生，竖起耳朵，为扮演出专心的样子最终筋疲力尽，以至到了什么也听不见的程度。

一个最有趣的技巧就是，我偶尔会故意拼错一个较长的单词。于是我的男朋友就会像是发现了新大陆，一边为我订正一边说："亲爱的，你真笨啊，连这都不会拼。"

　　在招待客人的家庭表演中，孩子经常被排斥在外，因为儿童的'举止'很难使人放心，他们的行为稍不节制就会破坏了大人们正在竭力构建的印象。

　　……

　　人们表演让老师认可的好学生、让男友有优越感的笨女友、让外人羡慕的和谐家庭……。

　　你是一个善于自我表演的人吗？你有哪些自我表演的方式？你用微信朋友圈吗？你是"朋友圈困难户"吗？你是不是发个动态要思前想后，反复修改编辑，最后觉得还是不发，只发个表情比较好呢？其实，"微信朋友圈"这种选择性自我呈现打造"人设"的行为就是一种自我表演，一种印象管理！人们借助微信平台进行文字、图片等原创内容或音乐、推送、链接的转发，试图通过精雕细琢的碎片化信息，呈现理想化的自我画像。

　　现实生活是即兴的演唱会，面对面的接触使我们难以伪装，因为在即时的言语和非言语沟通中，我们难以把控真实态度和情绪的流露。社交网络是现实生活在虚拟世界的延伸，社交网络的发达让印象管理行为发生了巨大变化。微信朋友圈就像精心打磨过的唱片，人们把希望传递的关于"自我"的信息经过精心包装后呈现在大家面前。通过发布动态，我们可以根据自己的意愿设定角色，可以打磨照片美化自身形象、琢磨语言、设定每条内容的可见对象……实现差异化的印象管理！因为对印象管理有了更强的掌控力，我们获得了满足，所以，微信朋友圈的现象非常普遍。

　　按照拟剧论和符号互动理论的观点，社会赞许的需要以及控制交往结果的愿望促使人们进行印象管理。个体通过自我展示获得社会赞许和外界的积极反馈，有助于提升自我认同和自尊。而且，从他人的角度去了解别人如何看待自己，使人们有效控制自己的行为让别人满意，促进了人际交往。比如，政治家选择恰当的服饰和演说风格赢得选民的认同，老师依据学生的知识储备和接受能力决定怎么教，下属摆出毕恭毕敬的姿态满足控制欲强的老板。

　　心理学家亚历山大（Alexander）等人提出了情境同一性理论。该理论指出：每个社会情境或人际背景都有一种合适的社会行为模式，这种行为模式表达了一种特别适合于该情境的同一性，从而称之为情境同一性。人们在社会交往中通过自我表演，创造出最适合自己的情境同一性。比如，大学老师在演讲时力图展示出专家或学者型的情境同一性，而和朋友聚会聊天时则展现出更随意放松的情境同一性。当一个人的行为与其社会角色相符，则意味着他有恰当的情境同一性。情境同一性其实就是"身份—场合—行为"相匹配，反之，缺乏"分寸感"会导致情境同一性混乱。

恰当的印象管理能润滑人际关系，使交往顺畅地进行下去。比如，在求职时，我们都尽力通过得体的着装，风趣的谈吐展示自己的最佳形象，而且还会去猜测面试官的喜好，使自己的形象符合其偏好，赢得面试官好感，争取到入职机会。而且，我们希望自己的行为举止优雅自如，也希望别人文雅有礼，不顾及社会规范的行为会引起他人的鄙视。所以，恰当的自我表演并不意味着"虚伪""装""做作"或"表里不一"，而是社会文明的标志，个人行为的尺度。一般来说，一个人的抽象认知能力与个性发展越成熟，他的印象管理能力就越强。

在日常生活中，为了给他人留下良好的影响，个体自我表演的方式也是多种多样的。社会心理学家琼斯（Jones，1982）总结出了六种自我表演策略：

1. 自我提高（Self-promotion）

这是一种通过行动或语言把自己的正性信息呈现给他人的自我表演策略。在职业面试场合这种策略应用比较普遍。比如，在面试的时候，我们想展示一种有能力的社会形象，一般都说自己会做什么，或者做了什么成功项目。但是，过于自我提高可能会导致他人认为我们过于自夸而不讨喜。所以，精明的自我提高者在展示能力的同时，会承认他们有些微不足道的缺点或不足。

2. 显示（Exemplification）

这是一种向他人显示自己的正直和有价值，引起他人内疚的自我表演策略。调查研究发现，在有女伴在场的情况下，男性会更容易掏钱给乞丐，就是因为男性希望在女性面前表现出自己善良大方的一面。在社会交往中，人们可能故意躲开显示者，因为和他们在一起会让自己有羞愧和内疚感。

3. 谦虚（Modesty）

这是一种故意低估自己的良好品质、成就和贡献的自我表演策略。它克服了自我提高和显示策略的不足。比如，中国人在别人表扬自己时，会回应说：

"您过奖啦，我还有很多地方需要学习呢！"谦虚可以增强个人受他人喜欢的程度。但是，最好在别人认可你的能力以及明白你低估了自己的情况下使用这种策略。否则，它就不再是一个有效的策略。比如，如果很有能力的学生希望从不了解他的教授那里获取推荐信，此时最好采用自我提高策略。

4. 恳求（Supplication）

这种自我表演策略是向他人表达自己的弱点或对别人的依赖，希望从别人那里获得社会义务之外的帮助或同情。比如，贫穷的人沿街向路人乞讨零钱，希望他人给予自己施舍。恳求策略在许多情况下有效，但同时也充满潜在的不利或不足。其一是，人们有"责备受害者"倾向，比如，每当有针对女性性侵犯的事件发生，总有类似的声音出现，比如"她为什么在深夜出门""她肯定是穿着太暴露""他们之间肯定有什么纠葛"等，因而谴责受害者，认为她们的痛苦是自己造成的。其二是，即使恳求者通常得到帮助，但是人们私底下会认为他们是能力缺乏的人。无能最终代价是失去自尊。所以，当使用恳求策略时，我们展示的弱点应该是小的弱点、是无伤大雅的弱点，而不是致命的缺点。

5. 恫吓（Intimidation）

这是一种用威胁的方法使他人接受自己观点的自我表演策略。恫吓的目的是为了引起别人对自己的敬畏，以及让别人相信自己是有权力的或有危险的，从而达到对别人的控制。比如，父母在恫吓小孩时，皱眉、低沉的声音外加一根食指就足以使孩子服从。

6. 逢迎（Ingratiation）

这是一种通过奉承来控制个体给他人留下好印象的自我表演策略。逢迎或奉承常常指说他人喜欢的话，或做讨人喜欢的行为。琼斯认为逢迎是所有策略中最为根本的策略。詹姆斯曾说过："人性中最本质的愿望，就是希望得到赞赏。"因为逢迎会增强被逢迎者的自尊，因此会使他们更加喜欢逢迎者。但是，逢迎需要一定的社交技能，不能言过其实或言不由衷，否则会被人看作是"阿谀奉承的马屁精"，让对方怀疑逢迎者的动机。

八、自我设限（self-handicapping）

自我设限，又叫自我障碍，指人们提前准备的、用来解释自己预期失败的一系列行为。个体经常用这类行为保护自我价值感。

首先，我们了解一项1978年发表的心理学研究。在研究中，首先让被试回答一系列智力难题，不管被试实际表现如何（无论成功还是失败）都接受成功反馈。当被试还在为自己的幸运感到难以置信时，主试拿出两种药丸放在他们面前，让其选择其中一种服用后继续答题。两种药丸具有不同功效，一种是增强表现的药物（Actavil）能促进智力活动，另一种是抑制表现的药物（Pandokrin）会干扰智力活动。猜一猜，被试会挑选哪一种药丸服用呢？研究发现，被试更有可能服用抑制表现而不是增强表现的药物。研究者得出结论，表现出某些特征（例如，不稳定自尊）的个体在进入成就情境之前会减少他们成功的机会，希望获得归因利益（Berglas & Jones，1978）。这种现象被称为自我设限，研究者将其定义为"在表现情境中，个体为了回避或降低因不佳表现所带来的负面影响而采取的任何能够增大将失败原因外化机会的行动和选择"。

我们再观察一个发生在生活中的真实案例，分析案例中行为者的动机。

考前一个礼拜，小张有点感冒，碰巧家里又来信说奶奶生病住院了，而且他宿舍边上的建筑工地大晚上了还在施工。在和同学闲聊时，小张向大家一一罗列这些烦心事，并预测说这次成绩必定一团糟！

请大家思考，同学们会如何看待小张的考试成绩呢？

根据凯利（Kelley，1971）提出的折扣原则和增强原则，同学们可能会面临两种结果其中一种：（1）在小张考试失败的情况下，将原因归于他感冒了、奶奶生病心情不好或者噪音干扰；（2）而在成功的情况下，他们感知到小张很厉害，因为尽管复习时环境如此不利，他还能取得成功，说明他能力很强。凭借自我设限这种自我保护策略，小张在完成任务前安排了"双赢"局面，随后的失败多半可能归因于不稳定的、特定的原因，而成功可以解释为克服阻碍因素的能力。总之，他靠模糊能力和表现之间的联系，努力保护和／或增强自己的积极自我形象，以及他人对他们的积极看法，维护自我价值感。

　　成就动机的自我价值理论认为，人们的成就行为是为了保护自我价值。自我价值是指个人内在的价值感和在多大程度上悦纳自己。自我价值主要由个人对自己能力的觉知或他人对自己能力的觉知所决定。科文顿（Convington）认为，失败会威胁到个人的自我价值，因为失败被解释为低能力，低能力又与低自我价值是等价的。个体可以采用两种方式来保护自己的自我价值感：一是避免失败，但这是不可避免的；二是避免失败的消极反应——缺乏能力。

　　在考试、竞技体育、职场竞争等成就情境中，用成绩、排名或中选 / 落选评比参与者。参与者无意识地会想：如果我已经尽力了却还是做不好，那显得我真笨，无法接受……，自我设限行为出现。自我设限针对可能到来的失败威胁，故意在前进道路上找寻、声称或创造某种看起来有说服性的障碍，涉及一系列行为。自我设限可以是行为的，比如，服用抑制作业表现的药物、酗酒、拖延或放弃尝试的机会等；可以是声称的，比如，声称有各种生理或心理疾病、心情不佳、考试焦虑、练习时间不足等；也可以是特殊的，比如，通过抬举竞争对手的方式，想象竞争者很用功、有充裕的准备时间等。那么，自我设限者的内心独白是怎样的？如果失败，他会想：我做得不好，不是因为我笨，而是缺乏天时地利人和。将失败归因于自设的障碍，从而避免去直面失败的真正原因——能力不足，达到保护自我价值感的目的。如果成功，他会想：看我多棒，能力多强，即便情况如此不利，我照样能做好。可据此沾沾自喜、自我吹嘘，因为在"困难"条件下仍然获得了成功，达到自我提升（self-enhancement）的目的。

　　学校维持着"零和评分系统"，因为奖励数量是有限的，当一个学生赢了，其他学生就注定要输（Covington，1992）。而且，在学校环境中，学生们需要不断向他人展示和证明自己的能力。然而，努力是一把双刃剑：一方面，学生被迫努力以避免家长和老师的惩罚或避免因不努力而内疚，另一方面，努力失败将遭受羞辱和羞耻的风险，这将使周围人推断出自己能力较差。所以，学生有两个选择：要么拒绝努力受到惩罚；要么选择努力，却面临风险被他人认为能力差。因此，为了保护积极的自我形象，学生们经常被迫保护自己。自我设限为达成这一目的提供了极好的手段（Covington，1992）。

　　在学校环境中最常见的行为上的自我设限形式是在成就情境的准备中缺乏

或减少努力或练习（Tice & Baumeister，1990; Thompson & Richardson，2001）。长期而言，这可能会导致持续的表现不佳（Nurmi et al.，1995）。同时，研究指出，当过度努力对未来的表现产生有害后果时，也可能是一种行为上的自我设限形式（Smith et al.，2009）。拖延是学生们经常使用的另一种策略。尽管拖延不等于自我设限（Lay et al.，1992），但有自我设限倾向的学生往往会拖延（Beck et al.，2000; Ferrari & Tice，2000）。设定无法实现的目标也可能被认为是一种自我设限方式（Greenberg，1985），因为未能实现目标似乎并不意味着真正的失败。饮酒和吸毒也可能作为自我设限的手段发挥重要作用（Berglas & Jones，1978），因为这些物质为失败提供了不言自明的解释，同时让能力不受质疑。

自我设限能产生短期利益，但会带来长期代价（Tice & Baumeister，1990）。

短期利益在于它有助于保护个体的自尊和调节焦虑。这种自我保护功能使个体在面对失败时仍能继续信赖自己的能力，而不是专注于暂时的表现，保护自我价值感（McCrea & Hirt 2001）。而且，研究表明行为上的和声称的自我设限都能保护自我设限者的自尊（Feick and Rhodewalt，1997）。自我设限者调节可能有助于焦虑。研究者认为，自我设限减少了与自尊相关的焦虑，从而能集中注意力，更好完成当前任务（Snyder & Higgins，1988）。表现出自我设限的"缓冲效应"（buffer-effect）。

然而，自我设限者更可能发展出适应不良的应对策略（比如，否认），而无效适应导致自我设限的增加，从而产生恶性循环（Zuckerman et al.，1998）。

自我设限者对自身能力满意度下降，消极情绪随着自我设限策略使用频次增加而越来越强烈（Smith et al.，2002）。在一项纵向研究中发现，随着时间的推移，自我设限者在工作中的内在动机水平会逐渐下降（Zuckerman & Tsai，2005）。适应不良的循环开始起作用：随着时间的推移，自我设限导致自尊降低，反过来，进一步增加了使用自我设限策略的数量，两者相互促进。此外，学生对自己的学业成绩越不满意，越认为自己的学业能力差，就越有可能在学习中采取自我设限策略。实证研究揭示了在学业自我设限与学业成绩之间的负相关关系：随着时间的推移，自我设限导致成绩下降（Gadbois & Sturgeon，2011; McCrea & Hirt，2001; Urdan，2004）。最近一项元分析进一步证实了该结论，在对 36 项研究中 25000 名受试者数据进行分析后，发现了两个变量之间存在负相关关系（Schwinger et al.，2014）。

所以，虽然自我设限具有自我保护作用，但研究者已证实在很多方面它是适应不良的，从长远看，自我防御策略会妨碍个体发展，尤其是当个体采用行为的自我设限方式时。这是一种作茧自缚的方式，通过本概念和理论的学习，我们要识别生活中诸如拖延症这类自我设限表现，变"作茧自缚"为"全力以赴"。王安石在《游褒禅山记》中写道："尽吾志而不能至者，可以无悔矣，其孰能讥之乎？"我们做任何事都要全力以赴以求无悔，不惧怕他人的讥笑！

九、自我监控（self-monitoring）

自我监控是指人们在与他人交往的过程中，通过观察他人自我表演的线索来对自己的自我表演加以控制，也就是说根据别人的表现来决定自己的行为。

自我监控的主要目的在于维持自我被外界所认可的积极形象，便于印象管理。前面我们已经学习过，自我表演（或自我呈现）是人际互动过程中非常普遍的心理现象，指人们在别人对自己形成印象时所做的显露，是控制他人对自己形成期望印象（desired impression）的过程。在日常生活中，我们需要与他人建立和谐的人际关系，与对方在一定程度上保持一致是人际关系非常重要的润滑剂。研究发现（Vorauer & Miller，1997）：在自我呈现中存在匹配效应，即对方以自我增强方式呈现自我时，被试也会以自我增强方式呈现自我；当对方以谦虚的方式呈现自我时，被试也会以谦虚的方式呈现自我。并且，被试对此毫无意识。而且，当互动对象不时摸摸脸或晃晃脚，另一方也模仿这一动作会增加互动对象对其的喜欢程度。

然而，有的人能够细微地感知他人的行为反应和情感表达的变化，并对自我呈现进行适应性的调整；而有的人却毫无察觉，无动于衷。在一定的社会情境中，为什么不同个体对人际情境线索的认知、情感体验和行为反应会有如此大的差异呢？人们能够根据社会情境的变化调整自己，犹如"变色龙"不断适应环境中的新状况，因此，研究者提出自我监控来描述人类这一特征。

自我监控是自我意识在社会情境中的部分体现，指个体在自我呈现时注重与外在社会情境互动的过程中，对认知过程、情感体验和行为倾向上做出相应的控制反应，是元认知的重要组成部分。自我监控是为揭示个体自我呈现上的差异机制而产生的，是个体内在元认知能力和外在社会情境线索相互作用的过程。

那么，在自我呈现过程中，自我监控是如何促使他人对自己形成期望印象的？在个体的注意选择和行为反应倾向方面又怎样起作用呢？

接下来我们梳理自我监控的相关理论，以便大家对这一概念的本质和发生机制有更深入的了解。

自我监控是作为个体社会自我呈现状态的构念。个体在社会情境中，他所呈现的自我形象随情境变化而变化，并且自我呈现表现出个体差异。斯奈德（Snyder）认为，高自我监控的个体表现为：对社会线索敏感（sensitivity to social cues）、能够进行合适的行为表达（appropriate expression），以及很好地控制与他人的互动（control their interactions with others），包括能根据不同社会背景对情绪表现的合理运用。斯奈德还编制了自我监控量表，比如，符合高自我监控者的选项"在社会情境中当我不确定如何做时，我看他人是怎么做的"，符合低自我监控者的选项"我不会因取悦他人或赢得他人好感而改变自己的观点或行为方式"。

巴里克（Barrick）认为自我监控是一种综合的、复杂的整合结构，包括技能和动力倾向。技能是调适行为的能力，动力倾向是调适行为追求最好的动机。帕克斯-莱杜克（Parks-Leduc）等人认为，自我监控是一种综合的人格特质，包括认知能力和自我调控两方面。认知能力反映了个体对社会线索和社会行为的信息感知能力，自我调控指个体对社会行为的适宜性体验和调适。

我国学者肖崇好、黄希庭等人从自我呈现的能力和目标倾向上探讨自我监控的内涵，揭示出自我监控具有方向性、功用性和差异性等特点。他们认为，个体在自我呈现的过程中，既想给他人留下所期望的好印象，又想要维系内在自我和谐。所以，个体所呈现的有关"自我"的信息，既要具有真实性和可验证性——自我和谐，又要能和互动对象相匹配，具有互动性、和谐性——人际和谐。因此，研究者认为，按照维系内在自我和谐和维系外在人际和谐两个维度，可以把自我监控者分为四种类型：高自我监控者（既注重自我和谐又注重人际和谐）、他人导向监控者（只注重人际和谐）、自我导向监控者（只注重自我和谐），以及低自我监控者（既不注重人际和谐也不注重自我和谐）。由他们编制的自我监控量表包含高自我监控、他人导向和自我导向三个子量表，测量个体不同维度的自我监控程度。研究表明，那些高自我监控者，确实较自我导向者、他人导向者能更好地适应环境。

高自我监控者持有"实用主义的自我"，他们善于自我表演，对环境线索十分敏感，能根据情境和他人的需要来塑造自己的行为，期望给他们留下良好的印象。他们能够使公开的角色与私人的自我之间表现出极大差异。面对不同的人选择性地呈现自我信息，达到人际和谐和自我和谐。在人际互动中，在重要的自我维度上保持自我和谐，在不重要的自我维度上迁就对方，表现出一定的灵活性。他们的行为有条件地随着情境变化而变化，他们是环境的良好适应者。

他人导向自我监控者的行为无条件地随着情境变化而变化，容易给人留下"变色龙"的印象。在人际互动中他们经常压抑自己的真实想法或意图与他人保持一致、迁就他人，这让他们在生活中常常觉得很累，体验到许多内心的矛盾或冲突。

自我导向自我监控者只注重维系自我和谐，不注意维系人际和谐。他们给人的印象是行为刻板，在不同情境、不同人面前，他们的行为保持相对稳定性。但是，他们的内心较少矛盾、冲突。这类人在互动中，很难与他人建立良好的人际关系。

低自我监控者的行为大多是自动的、非控制性的、受意识控制水平低。其行为既不能保持人际和谐，也不能保持自我和谐，具有不可预测性。

总之，自我监控能力具有文化差异。中国人的自我监控能力较强，比较在乎他人的要求和期望，所以，中国人在社会中的适应能力较强。

十、自证预言（Self-fulfilling prophecies）

自证预言也叫自我实现的预言，它是指我们对他人的期望会影响到对方的行为，使得对方按照我们对他的期望行事，心理学家达利和法继欧（Darly &

Fazio，1980）把这种现象称为自证预言。

自证预言不仅是心理学研究中的一个重要概念，也是社会学领域一个众所周知的现象，而且还成为日常语言的一部分。"自证预言"最早由美国社会学家罗伯特·默顿（Robert Merton）在1948年提出，它用来指"开始时错误的情境定义引发了一种新的行为，正是这种行为使原初的错误定义成为真实的"。也就是说，人们先入为主的判断，无论其正确与否，都将或多或少影响到人们的行为，以至于这个判断最后真的实现。默顿强调，自证预言能够导致诸如银行破产、种族冲突、不公平的劳工实践等社会问题产生。

在经济大萧条时期，当有传言某家银行即将破产，这家银行就真的会经营不久。这个过程其实是：传言引起人们的恐慌，所以，大家一蜂窝地将存款从银行取出，而一家银行本身就不可能有那么多现金。银行拿不出钱给储户，就真的破产了。

现实生活中，偏见和刻板印象使人们对被污名成员持更多消极期望，使虚假的猜想成真。比格斯（Biggs，2009）认为，白人没有意识到，他们倾向于认为黑人本质上智力低下。正是由于他们的歧视，非裔美国人才在智力上处于相对不利的地位。

有位女性被丈夫家暴了，她不懂为什么婚前温柔体贴的丈夫婚后会有如此大的变化。自证预言或许可以给出答案！这位女性从小目睹母亲被父亲殴打，于是她选择了性格温和的丈夫。但婚后，"男人都爱使用暴力"这种无意识偏见使她总担心自己会跟母亲有同样的遭遇，逃脱不了被打的命运。她抱着这样的偏见和想法，对待丈夫的态度也发生了变化。比如，当她的丈夫和朋友在外喝酒回家后，她就开始唠叨，而且拿"你就知道喝酒，不是个男人""有本事你就打我，打死我好了"之类的语言侮辱和刺激丈夫，不断试探丈夫的忍耐底线。最终，丈夫烦不胜烦，最终忍不住对她动手了，她的担心变成了现实。难道不是她在逼迫丈夫动手吗？

在艺术作品中，我们也看到了自证预言现象。影片《哪吒之魔童降世》讲述了这样一个故事：混灵珠分为魔珠与灵珠，分别降生到哪吒和敖丙身上。魔珠代表破坏，灵珠代表拯救。所以，一开始人们就对哪吒持有偏见或成见。而且，正如影片人物申公豹说的经典台词："人心中的成见是一座大山，任你怎么努力都休想搬动。"人们心中的偏见极其牢固。他们把哪吒的种种行为归因于妖怪所作，他们害怕哪吒，以排斥、敌意的态度对待他。自证预言现象出现：人们越觉得哪吒是一个妖怪、一个破坏神，哪吒就变得越来越像一个妖怪，破坏变得变本加厉。

萧伯纳有部戏剧叫《茶花女》，后来被改编成好莱坞电影，翻译名叫《窈窕淑女》。这个故事说有个语言学家跟街头的人打赌，说他能够把一个名叫伊莉莎的粗俗的卖花女，通过训练学会纯正的口音，变成上流社会淑女。语言学家的训练十分顺利，伊莉莎掌握得很快。但街头的人一看，就知道她不是淑女。因为除了口音很好，伊莉莎的举止仪态根本不像一个上流社会的人。后来有人就提出一个建议，说你要让她成为淑女，你必须要像对待淑女一样对待她。后来，伊莉莎享受了淑女的待遇，受到了人人的尊重，最后果然成了一个真正的淑女。"你当她是什么人，她最后就会是什么人"，科学家们把这个现象称为"窈窕淑女效应"。

罗森塔尔和雅各布森（Rosenthal & Jacobon，1968）在真实的学校情境中考察了教师期望对学生成就的影响。罗森塔尔效应就是一种自证预言！

在一项研究中，罗森塔尔带助手们来到一所乡村小学，从一到六年级各选了三个班共计18个班的学生，为他们进行了一项"未来发展趋势测验"。测验结束后，罗森塔尔把一份"最有发展前途者"的名单给了校方，并叮嘱他们要保密，免得影响实验的正确性。这份名单人数占了学生总数的20%，但其实校长和学生都不知道的是，名单上的学生都是研究者随机选的。8个月后，情况果然有些变化。名单上的学生的学习成绩普遍有了显著提高，而且他们的性格更外向，自信心、求知欲都变得更强。

在对这个结果加以解释时，罗森塔尔借用了希腊神话皮格马利翁的故事。他指出：由于教师的期望不同，所以他们对儿童施加影响的方式也不同，比如，老师会更关注名单上的学生、对他们态度更温和、在他们取得进步时会及时表扬和夸赞等。学生感受到老师的期望，并且会顺着老师期望的方向做出反应，比如，他们上课注意力更集中、课后更加努力、更爱思考和提问。由于勤奋和努力，他们的成绩进步了，进一步验证了老师的期望，自证预言实现。

不仅他人对我们持有的信念和期望能导致预言的实现，而且我们对自己的信念和期望也会产生同样的结果，即便我们并没有意识到自己持有这样的预期。

一个典型例子当属安慰剂效应（Isaksen，2012），即使实验对象未得到任何具有实际作用的治疗，他们的情况依然有所改善。在大学生的生活中，这种情况比比皆是。比如，一个怀疑自己学习能力的人可能会无意识地进行自我破坏或自我设限：因为确信自己的学习能力不高，出于维护自尊或避免白费力气的目的，他便消极怠工或者干脆放弃。这样造成的结果是知识积累和学习能力愈加匮乏，他因此也更加坚定自己学习能力低下。再比如，在人际交往中，"我不值得""没人喜欢我""所有人都嫌弃我"——这些信念也很容易变为现实。一方面，因为确信别人会排斥自己，出于自我保护，他便可能会避免与人交往，找不到可以深交的朋友；另一方面，因为深信他人会拒绝自己，所以在与人互动时，他就可能展现出一种消极或防御的姿态，导致与其互动的对象真的就展现出了与其信念一致的行为和态度。因为当人们把某人视为不友善的人时，他们便更有可能以不友善的方式对待他（Aaronson，2005）。可见，信念和期望的力量有时可以是十分强大的。

总的来说，在社会互动中，一个完整的自我预言链条包含以下三步（Darly & Fazio，1980）：（1）感知者形成有关目标人的一系列期望；（2）感知者基于自身的期望而对对方采取某种行为；（3）目标人解释感知者行为的意义，并基于这种解释而对感知者的行为做出某种回应。感知者的行为被赋予怎样的意义，将从根本上决定目标人后续的发展。通过解释，目标人知道"他人怎么看待我的？""'我'在他人眼里是什么样的人？"有时候目标人不接受并且努力改变感知者对他的看法，但经常出现的情况是，目标人会逐渐认可由感知者行为所传达的评价的正确性，并继续按照这种评价行动。在电影《哪吒之魔童降世》中，当哪吒喊出"我命由我不由天"时，无数观众的心被点燃了。一个人需要怎样的环境支持、需要克服多大的障碍才能冲破偏见，确立"我是谁"，找到自我的价值感！

十一、体像（Body image）

体像，又称为躯体意象，是用来描述与个体对自己躯体知觉有关的现象的总称。

个体的体像心理状态一般可以分为三种类型：（1）体像正常；（2）身体意象失调；（3）体像障碍。

体像障碍（body dysmorphic disorder，BDD），或称为躯体变形障碍，又被翻译为体像畸形症。该词来源于 100 多年前莫尔塞利（Morselli）使用的"畸形恐怖症"（dysmorphobia）。体像障碍患者客观上身体外部不存在缺陷或仅有轻微缺陷，但是，他们想象出缺陷存在或将轻微缺陷夸大，并由此产生心理失调。生活中大部分人可能对自己外貌中的某些部分会不满意，比如，小眼睛、不够挺拔的鼻子、薄嘴唇、不对称的脸。虽然我们的长相有些瑕疵或不完美，但不影响我们的生活。然而，体像障碍患者每天都会受困于长相的缺陷或自己臆想出的缺陷，过分担心自己的外表和躯体意象，反复照镜子检查、反复梳洗确认、反复求医……这是一种持久的自我意识障碍，属于强迫症谱系心理疾病，患者常伴有明显的抑郁、焦虑、社交恐惧症等。

> 小丽，女，15 岁，初三学生。小丽自幼聪明漂亮，因在歌舞剧中扮演过天鹅常被人称为"小天鹅"。初二时，母亲无意中说了一句，"你没以前漂亮了"。从此，她每天老照镜子，感觉自己头发稀疏了、皮肤变黑了、牙齿不齐了、脸变丑了、双腿不像以前那么修长了、连骨头都有些移位了。因为担心别人注意到她的"缺陷"，小丽拒绝上学、回避社交情境，连知心朋友都没有了。她要求母亲带她去医院诊治，皮肤科、口腔科、骨科、整形外科等都检查了一遍，未发现异常，但是小丽就是不相信……

对于小丽这类体像障碍患者来说，小瑕疵意味着大问题，经常导致抑郁、焦虑、恐惧等严重的情绪痛苦，影响到正常的社会生活、工作、学习和其他日常活动。

身体意象失调，又称负面身体自我（（negative physical self，NPS）或身体不满意（body dissatisfaction，BD），主要指个体对身体的消极认知、消极情感体验和相应的消极行为调控（王玉慧等，2016）。它偏离了正常的身体意象，与积极身体意象相对立，不同于临床上的体像障碍，是轻微—中等程度的认知、评价失调。

　　小陈，女，20 岁，在校大二学生。刚入大学时，她体重 60 公斤（身高 165cm），身材圆润。上一学期偶然间听见室友说她胖，便暗下决心一定让自己瘦下来。从此，她开始控制饮食，减少荤菜和主食的摄入量，食量也明显减少，并经常用手指刺激咽部自我催吐，同时，她还加大了运动量。半年下来，小陈的体重降至 45 公斤，还依然觉得自己偏胖，仍旧需要继续控制体重。目前她出现一些身心不适：头晕、乏力、月经紊乱、精神萎靡、情绪低落等。

萨内蒂（Zanetti）等人认为，身体意象失调可以表现在生理（比如，神经性厌食症）、心理（比如，焦虑情绪）或行为（比如，过度运动、节食）三方面。本案例中的小陈表现出了身体意象失调的症状。

近年来，随着人们对减肥问题研究的深入，研究者发现，由于人们对自己的体像不满并且很看重自己的体像，使得减肥盛行。从发生率看，国内外研究普遍发现身体意象障碍更多发生在女性身上。卡什（Cash）在一项研究中发现，82% 的男性与 93% 的女性很注意自己的外表，女性想要模特那样有吸引力的、苗条的完美身材，男性想要少脂肪多肌肉以及 V 字形上身的运动员般的威武体型。研究表明，我国女大学生对体型判断正确率低，多数判断具有超重或肥胖倾向，74% 女大学生有减肥意象（高德顺等，2002），而女生的肥胖超重率小于10%（尹小俭等，2007）。大多数女性认为自己超重，并希望自己能比现实身材更苗条。然而，男性对理想身体的追求更复杂。汤普森（Thompson）曾指出，男性的身体意象障碍存在两极结构，一定程度的瘦或胖都能导致他们对身体不满意。社会文化对女性的审美标准一致偏向"苗条"的体形，而对男性的要求是，不能太胖，太胖了显得臃肿，也不能太瘦，太瘦了缺乏男子气概。所以，男子希望增加体重的目的不是增加脂肪，而是使肌肉变得更发达。

在呈现形式上身体意象失调可以涉及身体整体，也可以涉及身体的各个部分（比如，身高、相貌、体型、肤色等）。身体意象失调产生的消极影响主要体现在四个方面：一是对整体自我的影响。身体意象失调会导致个体自我否定、低自尊和低自我价值感（Feragen & Stock, 2016）。二是对社会生活的影响。已有研究表明，身体意象失调个体生活满意度低，人际关系烦恼，有社交回避的倾向（Maphis，Martz，Bergman，Curtin & Webb，2013）。三是对情绪体验的影响。身体意象失调者的情绪多以抑郁、焦虑和恐惧等负面体验为主（Gillen，2015）。四是对身体管理的影响。身体意象失调是各种饮食失调和药物滥用等行为的预测指标（Valls，Bonvin & Chabrol，2013），失调者存在过度节食、过度进食、厌食、服用泻药或类固醇等一系列不健康行为。

身体意象失调是如何形成的？可以从外部和内部两条线路分析。从外部看，社会文化理论认为，社会文化崇尚"颜值"以及苛刻、单一的审美标准，经由父母、同伴、大众传媒等媒介，对个体施加巨大的外貌压力，导致其过分关注身体而产生身体不满。女权主义者认为，女性通过社会学习，将外表吸引力与个体各方面的成功密切结合，认为外表是自我价值感的唯一来源，将身体外表等同于全部自尊，使其面临极大地自我客体化的风险。从内部看，信息加工理论认为，现实生活中不断引发和增强由个人内在自我图式所聚集的认知偏见，是导致身体意象失调的根本原因。

前面介绍过库利的"镜像自我"理论，可以用该理论整合以上两条路线。

库利指出，有两类群体对个体"镜像自我"形成发生作用：一是初级群体，主要指以亲密的、面对面的联接和交往为特点的群体，比如，家庭、朋友或伴侣等；二是次级群体，主要指规模较大的、非面对面的、以非情感性依赖为主的群体或团体（Kjeld，2012）。比如，公司、社交网络群体等。个体"镜像自我"的形成经历三个阶段：一是想象自己在他人眼中的形象，二是想象他人对自己长相的评价，三是个体因想象中的评价和判断带来的情绪体验。比如，我们想象在他人眼里是有吸引力了，他人认为我们很漂亮，会激起我们的骄傲情绪。

金奇（Kinch）整合了上述思想，提出了反射性评价模型。具体包含三个成分：一是他人对我们的真实评价，二是我们对这些评价的知觉，三是我们的自我评价。从这个模型可以看出，他人的真实评价作为自我评价的最初来源，对自我建构具有非常关键的作用。也就是说，代表了社会文化的价值观和审美标准的初级群体和次级群体，它们所传递的评价信息，对自我形成是一个必经环节。

比如，作为初级群体的父母，由于他们无意中对孩子在体型、体重、身高和饮食上的负性评论，孩子敏锐地觉察到了父母对其外貌的不满及消极评价，这便构成孩子建构身体意象的最初来源。初级群体中的同伴在导致个体身体意象失调时，也扮演了重要作用。研究表明，被同伴嘲笑外貌的经历越多、越严重，个体的身体不满意度会越高，身体意象越消极（Michael et al.，2014）。

再比如，作为次级群体的社交网络飞速发展，个体更有可能受多面"镜子"的照映，更容易导致身体意象失调。社交网络的广泛使用，给个体提供了更广阔的自我呈现空间，而且个体还拥有广泛的受众。他把自拍上传后，随之而来是网络群体对照片的赞与否，评论的褒与贬，反映了网络群体对个体外貌放大化的关注和评价。可以从两个方面分析社交网络使用导致身体意象失调的原因：一是自我客体化的风险增强（Ma & Smith，2015）。个体从他人视角不断审视和评价自己的外貌，将身体物化，导致自我客体化。研究表明，自我客体化的女性表现出更为消极的身体意象，以身体羞耻（body shame）、进食障碍（eating disorder）和性功能障碍等症状表现出来（Tiggemann & Andrew，2012）。二是自我概念混乱或不清晰（Valkenburg & Peter，2011）。根据埃里克森（Erikson）的心理发展理论，青春期的主要任务是建立自我同一性，进行自我概念的整合，否则会出现同一性混乱。但是，网络的广泛使用使人们塑造出多种可能自我，并使人格碎片化，个体面临自我概念无法整合的风险，导致自我概念混乱。研究表明，频繁使用网络的个体，其自我概念的清晰度水平较低（Israelashvili，Kim&Bukobza，2012），而自我概念清晰度越低则越可能产生消极的身体意象，导致对身体形象的不满意。可能的原因是，对外貌有低清晰度自我认识的个体，本身无法确认自己的长相，因此更加容易受外界评论和反馈的影响，更加容易进行"完美长相"的内化和认同，参与上行社会比较。而比较结果受挫，使个体对身体自我的评价变得非常消极（Arroyo，2014）。

一旦初级群体和次级群体所发出的真实评价，使人们关于自我外貌的看法慢慢成形，这些成形的看法将在大脑中生成一个有关外貌的"自我图式"。"图式"影响着人们对新信息的选择和解释，影响到个体的知觉评价方式。国内一项关于"大学生负面身体自我认知加工偏好"（陈红等，2008）的研究正说明了这一点。研究者对负面身体自我学生进行阈下启动效应研究发现，有身体意象失调的被试对身体有关的信息非常敏感。比如，持有胖的身体"自我图式"的人对和"胖"字有关的消极词（比如，臃肿、大腹便便）、积极词（比如，胖嘟嘟、丰满）以及有"肥"字但没有胖意思的词（比如，肥料、肥皂）均存在选择性注意加工偏好。所以，同样的真实评价经过个体不同外貌"自我图式"的主观内部加工后，会产生千差万别的自我评价。

若个体在成长过程中，遭受到初级群体和次级群体的真实评价多是消极的，将形成消极的"身体自我图式"，会带着"黑色眼睛"知觉外部的真实评价，产生知觉偏差。这种知觉偏差体现在三个方面：一是对社会标准的知觉偏差。一项针对正常女大学群体做的研究（周璠、石岩，2014）表明，女大学生主观感知的体重标准与男性所欣赏的体重标准之间的差异达到显著性水平，她们认为他人在感知自己的体质指数（BMI）时，会以很高的标准和要求来衡量，会认为自己胖。对社会标准的知觉偏差，会使个体对身体的现实自我、应该自我和理想自我之间的差距增大，导致自我意象失调。二是对不一致评价的知觉偏差。自我意象失调的个体容易将中性评价知觉为消极评价，将模糊刺激解释为"胖"。而且，他们倾向于知觉与负面身体图式一致的消极评价，而忽视与负面身体图式不一致的积极评价。然而，积极反馈是提升个体身体自我的重要因素。否认和无视积极反馈，只会让他们陷入无法逃离的对身体的自我否定中。三是与人格特质相联系的知觉偏差。比如，身体意象失调者把"肥胖"和"懒惰""不自律""马虎大意""没上进心"等消极人格特质联系在一起。当听到这些人格特质时，会把这些人格评价与自己的身体意象自动连接，认为是他人嫌自己太胖。因此，在生活中他们沉迷不悟受困于外貌之中。

一旦个体形成消极的"身体自我图式"，那么，他们脑海中想象的评价就大多以负面和威胁的内容为主，他们担心和恐惧评价本身，时常处于恐惧和焦虑的负面情绪中。由于个体对体型过胖等存在负面知觉，这将引发更大的身体关注度，使他们采取不恰当的行为策略来应对。大多数身体意象失调者首选的策略是回避那些突出身材外貌的场合和事件，比如，回避游泳、购买衣服、在公共场合吃东西、参与社交活动等。同时，他们还采用节食、催吐、服用泻药和减肥药等消极行为来控制体重。

通过以上阐述，我们对身体意象失调的影响因素、形成过程及其症状表现有了更清晰的了解。如何增加父母的意识程度，使其充分认识到他们的消极评价对子女所引发的链式危害；如何引导青少年个体整合外界多面镜子"碎片化"的照映；如何让身体意象失调者积极投身社会活动，转移对自身的关注，缓解知觉评价的偏差和想象评价的恐惧等，这些都是值得进一步分析探讨的问题。

十二、自我偏差

当我们在某件事上犯了错误，我们会特别懊恼，会反复回想这事，并会因此感到尴尬和不安，担心别人对我们的糟糕表现耿耿于怀。事实上，也许人家早就忘记这事了。

我们过分在意自己，涉及下面两种心理学效应：焦点效应和透明度错觉。

1. 焦点效应（spotlight effect）

焦点效应指人们在自我观察时，会高估自己的突出程度，把自己看成某一情景的中心，并且高估别人对自己的注意度。这是一种自我认知偏差现象。

生活中，你哪天穿了一件漂亮的新衣服，会认为很多人在关注你；看同学聚会的集体合影时，你会在第一时间找出自己，并且很注意自己照片中的形象；在与朋友聊天时，你会有意无意、很自然地把话题转移到自己身上来……，这些都是焦点效应的表现。心理学家克利福德（Clifford）曾在英国《每日邮报》发表过一篇研究，他说道："我们总是倾向于假定别人正在注视着自己，即使可能事实并非如此。"

1999 年，肯尼斯·萨维斯基（Kenneth Savitsky）和托马斯·吉洛维奇（Thomas Gilovich）在期刊上发表"焦点效应"的实验，证实了"人们总认为自己是一切的中心，是所有情境的焦点"。实验中，他们要求被试穿上印有过气歌星头像的 T 恤，走进已有 5 人的房间。研究人员让被试判断有多少人会注意到他身上这件有点糗的 T 恤。结果发现，被试觉得有 5 成以上的人注意到他的 T 恤，实际上，针对其他 5 人的调查，却只有 1 成约 23% 的人看清楚 T 恤上的图案。研究者由此推论：人们太在乎和自己有关的事物，以为别人的目光都聚焦在自己身上，这就是"焦点效应"。

在物种进化过程中，那些有利于个体解决生存和繁衍问题的特征得以遗传下来，因为这些特征具有适应性。也就是说，物种普遍所有的"心理器官"或心理过程方面被认为是进化形成的对以前环境的适应（Jerome Hbarkow，1998）。像许多其他的心理学现象一样，焦点效应不是缺陷导致的，只是有时候它是过时的生物路线。

我们的祖先是群居动物，每个个体都具有从属于某个群体或者维持社会关系的需要，确保得到他人的认可。如果他们犯了错，就会被群体成员排斥或拒绝，被群体驱逐。群居生活比独居生活更有利于祖先们的生存和繁衍，如果被驱赶会面临死亡的危险，所以，任何能避免被群体排斥的心理和行为反应都保留了下来。因此，他们就像生活在聚光灯下被周围人注视，促使他们对自己的言行保持警觉和敏感，维持良好形象。

但是，社会发展到今天，情况已经发生了变化，这种机制有时会带来不利影响。一方面，网络和社交媒体的确放大了每一个行为和事件——无论是它们是积极还是消极的。另一方面，"焦点效应"使我们倾向于高估我们的行为、外貌和情感在他人眼中的显著性，严重可以导致社交恐惧。但是，当今人类不再是群居生活，我们不需要时刻保持高度紧张，更不用担心小错误会带着致命危害。

假想观众效应（imaginary audience）是和焦点效应有同样意义的一个概念，最初由艾尔金德（Elkind）在 1967 年提出，用于对青少年的研究。随着研究的不断深入和扩展，学者们发现，在成年人中同样存在假想观众的现象（刘建榕、吴双）。

有研究者认为，假想观众是青少年在分离—个体化过程早期出现的一种独特的心理特点，是一种缓解其分离焦虑的防御机制。这一信念使青少年在与父母分离的过程中，想象出一些观众，相信其他人对自己是关注的，感受到自己是被重视的，有助于他们脱离父母建立一些家庭之外的关系，同时又不会感到过度的分离焦虑。

他们非常关注自己的相貌、仪表、形象，认为其他人也像他一样关注自己的一切。在心理上，他们凭空制造出了假想的观众。他们感觉每天都像是生活在一个大舞台上，随时随地都会受到别人的赞扬、批评、嘲讽等。这样的信念导致了他们对自我意识的过分强调、对他人想法的过度关注以及对现实和想象情境中他人反应的预期。假想观众使得青少年们必须时刻保持警觉以避免做出任何可能导致尴尬、嘲笑或拒绝的行为。格外在意自己留给别人印象的倾向会"让多数青少年活在被评价的不安以及被赞美的等待中"，"他们的不安焦虑往往过量，以至于在真实的面对面互动情境中，他们反而会显得局促，甚至退缩、自卑"。

研究表明，高假想观众者在意自己在群体中的价值，渴望在群体中显得重要；而低假想观众者不太在意自我留给他人的形象以及他人对自我的评价（郭非、雷雳，2006）。在人际交往中，高假想观众者往往表现得更加自卑。一项研究指出，假想观众与社会焦虑存在正相关，高假想观众个体容易感到社会焦虑，在社会互动中表现得比较消极，不易保持自我的独立性（Vartanian，1997）。

生活中，我们可以满足每个人"想让自己成为焦点"的心理，让别人多成为焦点，多聊对方感兴趣的话题，拉近双方交际的心理距离，提升人际交往的能力。同时，要意识到，很多时候我们并没有自认为的那么重要，是全场的焦点，因此，在社交场合舒适自然地表现自己就好。

2. 透明度错觉（illusion of transparency）

透明度错觉，即人们认为自己隐藏的情绪一旦外露，就会被别人发现的错觉，实际上别人根本看不出来。

前面介绍了焦点效应，我们很在意留给他人的印象，倾向于高估他人对我们的关注程度。不仅停留在他人对我们的外貌、服饰或行为的关注上，还会延伸到关注我们的愤怒、厌恶、焦虑情绪，以及关注我们说谎和做作。也就是说，当我们产生这些情绪或行为时，我们会误认为自己接近"透明"——当然，不是指物理上的透明，而是会倾向于认为任何情绪都会被发现、任何谎言都会显得不自然。这种现象就是透明度错觉。

一项在2003年所做的实验说明了透明度错觉（Savitsky & Gilovich，2003）。实验中，实验者邀请40名康奈尔大学的学生，两人一组做实验，分别轮流扮演演讲者和观察者。然后让他们各自对自己和他人的紧张程度从0到10做出评估，

0 表示一点也不紧张，10 表示非常紧张。结果发现，作为演讲者时，被试对自己的紧张程度评价平均为 6.65；作为观察者时，对搭档的紧张程度评价平均为 5.25。而且，这一差异达到了统计上的显著性。实验结果说明人们高估自己所表现出的紧张程度。

其实，他人并没有你想象中那样注意你！

3. 虚假一致性效应（false consensus effect）和虚假独特性效应（false unique-ness effect）

研究表明，为了保护自我形象，人们乐于把成功归为自我的才能，却将失败归为诸如"运气不佳""问题本身无解"等外部因素。这种自我服务归因偏见（self-serving attributions bias）现象在生活中俯拾即是，比如，群体成员会高估自己为共同工作所做的贡献，夫妻间会为谁干家务更多而吵得不可开交，球场上运动员接发球出界后把球拍使劲扔一边，似乎这一糟糕的结果是球拍导致的。

为了进一步增强自我形象，在观点方面，人们常常高估或夸大自己的信念、判断及行为的普遍性，这种倾向称为虚假一致性效应。

当人们在认知他人时，总喜欢把自己的特性强加在他人身上，假定自己与他人是相同的。例如，对某一群体存在偏见的人更可能认为别人也对这一群体存有偏见，疑心重的人认为他人疑心也重，自己喜欢某项活动认为他人也喜欢，对别人撒谎后会认为其他人也是不诚实的。用《欢乐颂》中曲筱筱的一句话总结，那就是："砍柴的以为皇帝都挑金扁担。"

心理学家罗斯（Ross，1977）通过实验证实了虚假一致性效应。研究者在 80 名参加实验的大学生被试中征求意见，问他们是否愿意背着一块大牌子在校园里走动 30 分钟。研究者告诉被试，他们可以从这个过程中学到"一些有用的东西"，作为激发他们参加活动的动机。当然，他们可以拒绝。然后，要求被试估计与自己回答相同的人的百分比。实验结果发现，有 48 名大学生同意背牌子在校园内走动，他们中有 62% 的人认为其他人也乐意这么做；而那些不同意这么做的被试认为有 67% 的学生也会拒绝这一请求。

虚假一致性效应为什么会发生呢？

可以从两个方面来分析，一是因为我们的归纳性结论来自一个有限的样本，而样本中包含我们自己。当缺少其他参考信息时，大多数人会通过"投射"作用，用自己的经验推及他人，认为自己身上存在的心理行为特征在他人身上也同样存在。二是我们偏爱与我们态度或行为相似的人交往，于是倾向于认为我们的立场就是大多数人的立场。处于大众之中时，自己即是正确的。

虚假独特性效应具有同样功效，也能满足自我形象。

在能力方面，当我们干得不错或者获得成功时，我们把自己的才智和品德看成是超乎寻常的，这就是虚假独特性效应。

在政治观点上，虚假一致性效应使我们倾向于认为自己是大群体的一部分，我们的观点代表了社会主流；而在诸如音乐偏好、穿衣品位等方面，虚假独特性效应使我们倾向于认为自己是小群体的一员，并为自己独特的音乐鉴赏能力、审美能力赞叹不已。我们认为自己犯的错误是相对普遍的，而自己的优点却是非同寻常的，以便获得更好的自我感觉。

第二章　认知非理性思维或信念

在学习本节内容之前，我们先来听一个小故事。

　　从前，有一个皇帝，一天他做了个奇怪的梦，梦中高山倒塌了，河水干涸了，花儿凋谢了。皇后说：糟了，山倒了预示江山不保，水干了预示民心涣散，花谢了预示好景不长啊！皇帝听闻后一病不起。有个大臣询问皇帝因何事病倒，当知道原因后对皇帝说：这是个绝佳的好梦啊！好兆头！高山倒塌意味着天下太平，河水干涸意味着真龙现身，花儿凋谢是要结果实了。皇帝听完后心情舒畅，没几天病就痊愈了。

大家领悟到这则小故事蕴含的道理了吗？是的，以积极或消极的方式评价解释同一件事，带来的结果截然不同！

第一节　理性和非理性思维概述

认知治疗家们认为，情绪和行为的产生依赖于个体对情境所做出的评价，并认为这些评价受个体的信念、假设、思维方式等认知因素的影响。因此，要改变适应不良的情绪和行为就必须首先对原来的认知过程及这一过程中产生的认知观念加以改变。

人类大脑的思维或认知能力超越了所有其他种类的生物体，它的出现是生物链进化史上一个巨大的飞跃。思维属于认识的高级阶段，是更复杂、更高级的认识过程。通过分析、综合、比较、抽象、概括和具体化等思维过程，人能够认识客观事物共同的、本质的特征和内在联系，并且运用抽象和概括出的概念、原理、理论等解决现实生活中的实际问题。

但是，在不同的社会文化中，我们常常看到一些迷信思维或认知观念。比如，中国人非常相信"谐音梗"这一说，数字 6 寓意"顺"，数字 8 寓意"发"，所以，带数字 6 和 8 的电话号码、车牌号码、门牌号码或楼房都能卖个好价钱；相反，数字 4 谐音"死"，数字 14 谐音"要死"，都被认为不吉利。而且，人们会经常避开那些有争议的数字。西方人最忌讳的数字是 13，不管什么与 13 有关都会被认为不好、不吉利。因此，西方人千方百计避免与"13"接触。比如，英国的剧场很难找到 13 排和 13 座，法国的剧场 12 排和 14 排之间通常是人行通道。

那么，与人类的理性背道而驰的迷信思维和认知观念为何存在？它们是否具有进化意义呢？

当遭遇地震、飓风、洪水或瘟疫等灾难时，人们会感到孤立无助，接受迷信观念的可能性会增加！因为，当生命岌岌可危时，"奇迹将会发生"的神奇信念会给人带来活下去的希望！或许，日常生活中毫无根据的迷信思维或超自然信念就经进化设计用来应对不可控的灾祸，帮助个体生存下来的。

在现实生活中，有严重精神疾病的患者的信念或思维表现出"妄想"症状，他们持有一种非理性的、缺乏事实依据的错误信念或思维，并且，对此坚信不疑，旁人无法通过判断、推理和经验去改变他。比如，焦虑症患者坚信：如果他登上飞机，飞机就会坠毁，如果他驾车过桥，桥便会倒塌；患有躯体变形障碍的漂亮女性坚信自己的牙齿前凸明显，相貌丑陋；强迫症患者每次上完洗手间必须冲厕 8 次，否则，他认定一定会有可怕的事情发生……

精神分裂症患者的关系妄想、躁狂患者的夸大妄想或抑郁症患者的虚无妄想等，这些思维和观念让人感到不可思议、难以置信，它们是非理性信念的极端表现形式，而正常人的思维和观念也并非完全理性，而是处于理性—非理性连续体上的某一位置！试想一下，当你出门时碰到黑猫横过马路，你感觉怎样？你似乎会预感办事将不顺？这就是非理性的思维和观念在作祟。

理性思维和非理性思维在人类身上普遍存在。我们的大脑似乎天生就会产生和隐藏错误的思维！

人的思维和情绪及行为是同时出现，相伴而生的，某个情境通过思维的认知评价后产生情绪和行为。因此，一个人出现非适应性的或非功能性的情绪或行为问题，往往是受不正确的、扭曲的认知影响而产生的。也就是说，情绪和行为问题是非理性思维或认知的产物。如果更改或修正扭曲的、非理性的认知，那么便可以矫正情绪和行为问题。

下文我们介绍两种有影响力的认知理论，帮助大家认识非理性思维，重建理性的认知结构，过幸福快乐的人生。

第二节　理性情绪行为疗法

20 世纪 50 年代，美国著名心理学家阿尔伯特·埃利斯（Albert Ellis）创立了理性情绪行为疗法（Rational Emotive Behaviour Therapy，REBT）。埃利斯认为，人生来就有不同程度的理性和非理性思维或信念。理性思维指那些有益的、合乎逻辑的，符合社会现实的思维，而非理性思维指那些无用的、不合逻辑的，与社会现实不符的思维。非理性思维是人类痛苦和心理机能障碍产生的主要原因。

人是知、情、意的结合体，许多适应不良大多是由这三方面相互作用的结果。然而个体的不良反应大多是通过情绪和行为表露出来的，故心理治疗法多偏向情绪疏通和行为矫正，忽视了认知因素的探讨。而埃利斯的理性情绪行为疗法即从当事人的认知过程中的偏差着手。

理性情绪行为疗法的核心理论是 ABC 理论。埃利斯认为，人的情绪和行为并不是由诱发事件本身引起的，而是由当事人对该事件的解释和评价所引起的。他引用希腊哲学家爱比克泰德（Epictetus）所说："人不是被事情本身困扰，而是被他们关于事件的看法所困扰。"强调不合理认知的重要作用。在 ABC 理论模型中，A（activating events）指诱发事件，B（beliefs）指个体对诱发事件所持有的信念，即他对事件的看法、解释和评价；C（consequences）指相应的情绪及行为反应等后果。不难看出，在 ABC 理论中，造成情绪和行为问题的直接原因是当事人对诱发事件所持的信念。

假如你参加一个宴会，别人把你介绍给张先生。在整个短暂的交流过程中，张先生从不看你，他的目光始终越过你的肩膀，往屋里另一个方向看。在这种情境下，你的情绪反应可能是很生气。你告诉自己："这人真没礼貌，故意不拿正眼瞧我，太瞧不起人、侮辱人了！"即使在同一情境下，你的情绪反应也可能不同。如果你对自己说："张先生真害羞啊，看着我说话他可能会感到很不自在。"这时，你便会对张先生产生一种关切、怜悯的情绪。可见，想法引起了情绪，并且在同一情境中对同一件事持有不同的想法和解释会导致不同的情绪反应。

非理性想法与个人的心理适应良好与否有着极其密切的关系。埃利斯指出，当一个人有非理性想法时，常常感到抑郁、焦虑、羞愧、罪恶、无价值感等，产生情绪困扰。人们要想拥有健康的心理、理性和谐的生活，就要用理性的思维或观念取代旧的非理性的思维或观念。那么，首先我们要了解什么是非理性的思维。埃利斯在 1962 年根据个人的临床经验，总结出了西方社会生活中具有普遍意义的 11 种非理性信念。

（1）我们绝对需要获得周围环境尤其是生活中每一位重要人物的喜爱或赞许。

这种思维或观念实际上是个假象，是不可能实现的事。因为我们不可能得到所有人的认同。如果个体坚持这一信念，就可能在生活中靠委曲求全取悦他人获得欣赏，但是，千辛万苦换来的结果必定会使他感到失望和受挫。

（2）个人是否有价值，完全在于他是否是个全能的人，即在人生中每个环节和方面都能有所成就。

这也是永远无法达到的目标，因为世界上根本没有十全十美的人。一个人在一方面具有优势，在另一方面却可能落后于人。而且，人无法保证在每一件事上都能成功。若他坚持这种信念，就会因为目标无法实现比不上他人而徒自悲伤。

（3）有些人是卑劣、可憎的，所以应该对他们施加严厉的谴责和惩罚。

世上无绝对区分对错、好坏的标准，也没有完美的人。每个人都可能犯错，但仅凭谴责和惩罚于事无补。因此，不应因人们偶然犯错就将其视为"卑劣、可憎的坏人"，对他们产生极端的排斥和歧视。

（4）如果事情非己所愿，便认为很糟糕。

人生没有坦途，人不可能永远成功，在生活、学习和事业上遇到挫折是很自然的。所以，一旦遭受挫折就感到很可怕、很糟糕，将会导致情绪困扰，进一步使事情恶化。

（5）人的不快是由外在环境原因造成的，人无法控制和改变自己的悲伤和情绪困扰。

外界环境会对个人产生一定的影响，但实际上并不像自己想象的那样可怕和严重。如果个体能认识到情绪困扰中包含了自身对外部事件的知觉、评价及信念等因素的作用，那么，外在力量产生的影响就可能变得可以控制和改变。

（6）时常担心危险或灾难性事件的发生。

人们对危险和灾难性事件有一定的心理准备是正确的，但是过分忧虑则是非理性的。因为这样只会夸大危险发生的可能性，使人丧失客观评价及有效面对危险的能力。而且，这种杞人忧天式的思维或观念只会让生活变得沉重，缺乏生机，导致整日忧心忡忡、焦虑不安。

（7）人生道路上充满艰难困苦，人的责任和压力太重，因此要设法逃避现实。

逃避现实中的问题虽然可以暂时缓和矛盾，但是，问题始终存在而没有得到解决，时间一长，可能导致问题恶化或者连锁性地产生其他问题，使原有问题更加难以解决，最终导致更严重的情绪困扰。

（8）人应该依赖别人，而且需要依赖一个比自己强的人，这样才能生活得好些。

虽然生活中在某些方面我们需要依赖别人，但过分夸大这种依赖的必要性就可能使自我失去独立性，失去学习能力，产生不安全感，导致更大的依赖。

（9）人的行为受到过去经验的影响，只要一件事情对人们产生了影响，这种影响就会持续一辈子。

人过去的经验、已经发生的事实铸造了个人的历史，的确无法改变。但是，个人对过去发生事件的看法却是可以改变的，人们仍然可以控制和改变自己现在和将来的生活。

（10）人应该十分投入地关心他人，并为他人的问题而伤心、难过。

关心他人，富有同情心，这是有爱心的表现。但是，如果过分投入他人的事情而忽视自己的问题，会导致自己情绪失衡，使自己的问题变得糟糕，最终没有能力帮助别人。

（11）对于人生中任何一个问题，都应有正确的、完美的解决方法，如果找不到，就会很糟糕。

任何问题都寻求完美的解决办法是不可能的事。如果人们坚持这么做，只会让自己感到失望和沮丧。

埃利斯所提出的非理性想法较多，因此许多学者将其进行概括和简化。有学者将非理性想法分为三大类（Digiusepper，1975；Harris，1976），另一些学者将其分成了六类（McMullin&Casey，1975）。韦斯勒（Wessler，1982）较为全面的总结出不合理信念的三个主要特征，分别是：

（1）绝对化要求（demandingness）

绝对化要求是指个体从自己的主观愿望出发，认为某事必定会发生或不会发生的信念，是以绝对的形式对需求之物的僵硬表达。这种信念通常与"必须""应该"等字眼联系在一起。比如，"我必须成功""周围的人必须对我好""我应该得到周围所有人的喜欢"等。

客观事物的发生、发展不以人的主观意志为转移，而绝对化要求无视现实，强求客观现实服从主观愿望。所有，当两者相悖时，个体就会感到难以接受、难以适应，从而极易陷入情绪行为困扰之中。比如，有人认为"朋友就应该守约"，遇到朋友因事失约就感到愤愤不平。

REBT 理论认为，尽管我们希望那些非常不好的事情不要发生，但是没有理由说这些事情绝对不该发生，而且它们确实有可能发生。因此，我们要努力接受现实，在可能的情况下改变状况，在不可能改变时学会接纳。

（2）过分概括化（overgeneralization）

这是一种以偏概全、以一概十的不合理信念的表现形式。以一件或几件事的结果来评价整个人，评价整个人的价值，这就好像仅仅从一本书的封面就判断整本书的好坏。人们在评价自己和他人时，都可能出现过分概括化。比如，家长怒斥孩子："这点小事你都办不好，我看你这辈子没啥出息！"学生因为偶尔考试没考好，就认为自己是"废物""一无是处""前途渺茫"。

过分概括化指向他人时，当他人稍有失误或差错，就认为对方是无能的或恶意的，一味责备他人甚至产生敌意和愤怒等情绪，导致人际关系恶化；过分概括化指向自己时，常常会产生自责自罪、自暴自弃的心理以及抑郁、焦虑等情绪。

按照埃利斯的观点，以一件事的成败来评价整个人是一种理智上的法西斯主义。一个人的价值不能以他是否聪明、是否取得成就来评价，人的价值就在于他具有人性。因为世界上没有任何人可以达到完美无缺的境地，所以我们需要"评价人的行为而不要评价整体的人"。

（3）糟糕至极（awfulizing）

糟糕至极是一种认为如果一件不好的事发生了将是很可怕、很糟糕的，是一种灾难性的想法。这种想法会导致个体陷入极为负性的情绪体验，如极端自责、焦虑、抑郁和羞耻等，甚至在恶性循环中难以自拔，产生极端恶性的行为。例如：如果我的演示不成功，那就糟透了；如果我这次考试不及格，所有人都会知道我笨，我会辍学，拿不到学位了！

这是一种不合理的想法，因为没有任何事情可以定义为百分之百糟糕透了，任何一件事，都有可能比之更坏的情形发生。糟糕至极常常与绝对化要求相联系一起出现，当人们绝对化要求中所认为的那些"必须"和"应该"的事物并未像他们所想的那样发生时，他们会感到无法接受现实，认为事情糟糕到极点。

在人们不合理的信念中，往往都能找到上述三种特征。每一个人或多或少都会有不合理的信念和思维，而那些具有严重情绪障碍的个人，他们所具有不合理思维的倾向更为明显。

理性思维产生合理的想法和信念，非理性思维催生不合理的想法和信念。

那些不合理的思维或信念持续时间越长，就越有可能发展成根深蒂固的终身习惯，导致难以治疗的心理障碍。但是，一旦你给不合理的信念贴上标签并加以剖析，你就能剥夺了它的部分力量。所以，我们每个人都要对自己的情绪和行为负责，应当努力认清自己的不合理的信念，并用新的信念取代原来的信念，这就是辩论 D（disputing），这是一个用合理的信念驳斥、对抗不合理信念的过程。如果挑战成功，便会带来有效的治疗效果 E（effect），使个体在认知、情绪和行为上均出现良性改变。

总的来说，REBT 治疗的主要方法，是通过识别、质疑、争论和攻击非理性信念，用理性信念代替非理性信念，从而改变个体对诱发事件的情绪和行为反应，重建对自己的信心，使个体从问题状态向健康状态转变，更好地实现生活目标！ABCDE 模型见图 2.1。

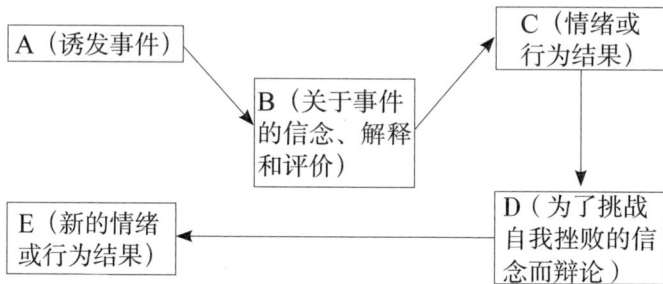

图 2.1　ABCDE 模型

在生活中，我们要有意识地分析并识别自己所存在的不合理信念，认识到它们的危害性，并通过与不合理信念辩论，从而放弃不合理的信念并建立新的合理信念，达到减轻或消除不良情绪和行为反应的目的。

下图是一个采用 REBT 理论治疗大学生考试焦虑的心理自助案例（见图2.2）。

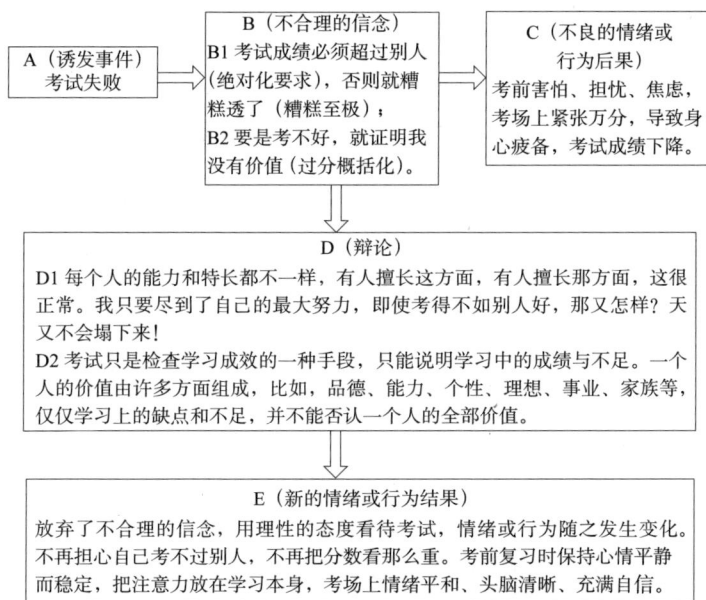

图 2.2　采用 REBT 理论治疗大学生考试焦虑的心理自助案例

第三节　情绪障碍的认知模型

20 世纪 60 年代中期，美国临床心理学家贝克（Beck）根据对抑郁症的临床观察和前人对情绪的认知研究提出了情绪障碍的认知模型。基本理论是：若要了解情绪困扰的本质，必须把焦点放在个人对于引发困扰的事件的反应或想法上（DeRubeis & Beck，1988）。

信念是一种认知。贝克认为，根据信念的概括程度由高到低不同，把人的信念分为三个层次：核心信念、中间信念和自动思维（见图 2.3）。可以把三者的关系看作喷泉的不同部分，地面以下的是核心信念——跨越不同事件，具有一致性；喷泉的水柱是中间信念——涉及价值判断，水花是自动思维——体现在无数个具体情境中。

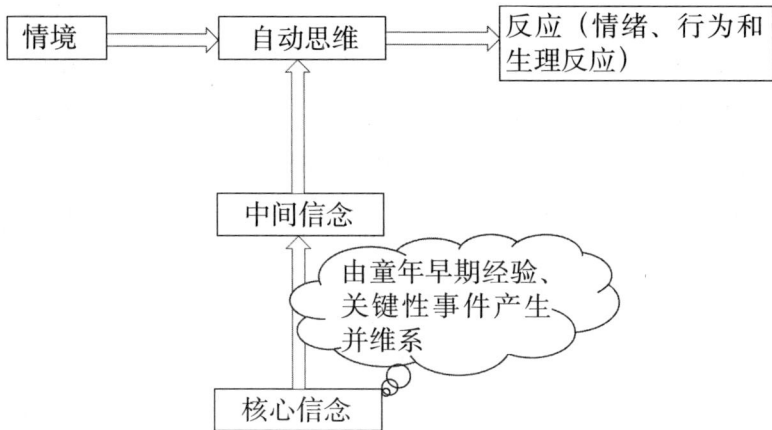

图 2.3　认知模式图

一、自动思维（automatic thought）

自动思维是最浅层的认知，是人们在面对特殊情境时所产生的具体观念，产生不同的情绪、行为和生理反应，它是自动的、具体的。比如，考试时，面对一道不会做的题目，很多人第一想法是"这题真是太难了"，这就是自动思维。

自动思维没有好坏，只有适应和不适应之分，不适应就是歪曲的思维或负性自动思维。比如，在教授的某一节课堂上，他并未请你发言，你感觉很不快。在这种情境下，你的自动思维告诉自己：教授认为我很笨，不能提供有价值的观点。但实际情况可能是：尽管教授想让所有人都加入谈论，但是因为时间紧迫就没有让你发言，或者教授已经知道了你的观点。可以看出，以自我轻视、自我挫败的方式扭曲客观事实会让人产生情绪困扰。

负性自动思维具有如下特征：思维或想法不是深思熟虑、周密推理的结果，它们的产生相当迅速而简单，似乎是自动涌现在脑中；它的内容消极，常和不愉快的、不良情绪相联系；它随时间、地点有变化，能为意识所察觉，具有认知过程的特征，为临床表现的一部分；它们貌似真实，因为它由潜在功能失调性假设或图式派生而来；它们存在于意识的边缘，稍纵即逝；它们存在时间短，但力量很大，并且不能由自己意愿选择或排除；它们蕴含认知曲解，但是它们如此可信、熟悉和习惯化，使人很少去检验其有效性，不加批判地信以为真，不认识它们才是情绪痛苦的原因。

负性自动思维出现的频率与抑郁程度成正相关，且对抑郁有较高的预测性。一项以大学生为被试所做的研究（陈树林等，2000）表明，负性自动思维和歪曲的认知是抑郁障碍发生的最直接原因，而应激源通过这些认知因素起作用。而且，负性自动思维也与其他心理因素相关。研究表明（黄车白等，2001），抑郁、强迫、焦虑、人际关系敏感等这些常见的精神症状与负性自动思维关系密切。

认知疗法认为，有心理障碍的人常常会把中性甚至是积极的情境加以曲解，因而他们的自动思维是有偏差的。认知曲解（conitive distortion）指认知中存在错误的、不合理的、片面的或偏执的成分，如"人际关系好等于被周围所有人喜欢""一个人的价值取决于别人如何看待他""我是个失败者"。下面列举人们在处理信息时常见的认知曲解的类型：

1. 两极性思维（dichotomous thinking，又称非黑即白、非此即彼）

两极性思维指思考或解释时采用全或无（all-or-nothing）的方式，或者用"不是……就是……"的方式极端地分类。这种二分法的思维只用"好"或"坏"看待事物，而不是将事物看作一个连续体。例如，没有全面成功就意味着失败。

2. 任意推论（arbitrary inference）

任意推论指在缺乏事实根据或没有充足证据便草草地任意下结论，是把想象当成现实。例如，有位学生发现导师好几次上课都没叫他回答问题，目光也没有正视他，他便认为是自己上次说了不该说的话让导师对他有意见。"他对我不理不睬，肯定不再喜欢我了。"由此，学生感到忧虑和愤恨。

3. 选择性概括（selective abstraction）

选择性概括是指仅根据整个事件中的部分细节就形成结论，忽略了其他信息，也不顾整个背景的重要性。例如，作为一名心理咨询师，你也许会以自己的错误及弱点来评估自己的价值，而不是以自己的成功来评判自己。

4. 过度概括（overgeneralization）

过度概括是指从已发生的一件事情引申出整个事物的一般规律，引申到整个人生价值的结论。例如，你曾在咨询一位青少年时碰到困难，便下结论说自己对青少年咨询不擅长，或者下结论说自己没有能力帮助任何人。

5. 夸大和贬低（magnification and minimization）

夸大和贬低是指夸大自己的失误、缺陷的重要性，而贬低自己的成绩或优点。例如，你在拍照时手抖了一下，照片拍坏了，就觉得别人要把自己看成无用的人；认为在咨询中即使很小的错误都可能对来访者造成危机，甚至导致对方的心理伤害。这是一种过度引申。

6. 贴标签和贴错标签（labeling and mislabeling）

贴标签和贴错标签是指根据过去的不完美或过失来决定自己真正的身份认同，是在错误的基础上对自己贴的标签，是对自己的消极观点的来源。例如，"我是一个失败者""我是一个不受欢迎的人"。

7. 个性化（personalization）

个性化是指个体在没有根据的情况下，将外在事件与自己发生关联的倾向，将一切不幸、事故或别人生病均归因于自己的过失，引咎自责。例如，他人对我粗暴无礼都是因为我做错了事；如果当事人第二次咨询未到，就认为是自己第一次咨询不力所致。

8. 灾难化思维（catastrophic thinking）

灾难化思维是指想象消极事件的最坏结果，将事件的后果灾难化，而不考虑其他可能的结局。例如，如果我考试失败，我的人生将全毁掉！

9. 情绪推理（emotional reasoning）

认为自己的消极情绪必然反映了事物的真实情况，合乎现实。例如，"我觉得像一个失败者，所以，我就是一个失败的人""我感到内疚，说明我一定做了不好的事"。

10. 度人之心（mind reading）

即使没有充分依据，也坚信自己懂得别人的心思。例如，"他在想我不懂这项计划中的重点"，"他认为我是一个失败者"。

二、核心信念（core belief）

核心信念是关于某人自己、他人及世界最核心的观念，是信念的最根本环节，也常常被称之为"图式"。它们是整体的、根深蒂固的、绝对的和过于概括化的。一般本人不能清晰表达，但自己却认为这些信念是绝对真实和正确的——世界"本来就这样"（Beck，1987）。

贝克认为，人们从童年期开始通过生活经验建立起来的认知结构或图式，是一种比较稳定的心理特征，形成了人们对自己、他人和世界的假设，用于对信息过滤、区分、评估和编码，指导对新信息的知觉、对旧信息的回忆以及借助图式进行判断与推理，支配和评估行为。图式形成之后相当稳固，通常不予表达，在其后的生活中继续得到修改和补充。

根据以往经验和有组织的知识构成的图式，决定了个体的信息加工，使人们倾向于选择和图式一致的信息，忽略与图式无关或不一致的信息，并依据图式理解现实、做出判断和预测事件的后果。例如，某人持有消极的自我图式——"我不擅长演讲"，那么，即使在一次演讲中，观众对他报以热烈鼓掌，他也不相信自己取得了成功。图式会排斥与它不符的经验，拒绝承认经验，否认经验的真实性。

图式往往产生于童年时期，由儿童与重要他人之间一系列互动和经验发展起来。个体根据以往对事物获得的经验，在遇到类似的或相关的新事物、新情境时，就倾向于以旧经验为架构去辨认、应对新事物、新情境。婴幼儿把他们的经验整合成熟悉的方式来感知世界，到两三岁时，儿童开始发展语言能力，由此他们开始组合自己的经验且找出其中的意义。例如：学习到"狗咬人"或"狗不是友善的"从而避开或接触一条不认识的狗。他们也从周围人那里学习规则，学到"男孩不能哭"因而抑制自己的泪水。孩子所建立的规则和信念并不见得是真实的，但是他们没有足够的心智可以改变自己的想法。个体成年以后，在生活的多个领域发展了具有可塑性的规则和信念，成功应对外部世界。

但是，因创伤而产生的绝对信念会保持其顽固性。如果早年生活让我们深信某些信念是真实的，那么成年后则难以改变它们。例如，即便应该对家暴事件负责的是成人而不是孩子，许多童年受身体虐待的个体仍然会坚信"我不值得、我是糟糕的"。因为相信"因为我是坏小孩，所以应该受到惩罚"比相信"家里的成年人失去控制或卑鄙"更能让他心生希望，相信"成人是好的"才能保有安全感。为了能发挥适应性功能，人们需要以连贯的方式组织他们的经历（Rosen，1988），因此，受虐待个体因创伤产生的消极自我图式僵化地保存下来。

核心信念帮助年幼个体定义所处情境，但是，有时用这些信念来理解成人经验是不合适的。作为成人，我们成了核心信念的囚徒，我们把这些信念当成百分之百的真实，产生了相应的思想、感受和行动。

核心信念是有关自身的、他人的或世界的一些特殊看法。例如，"其他人会伤害我""人都很虚伪""这个世界是残酷的"。

关于自身的负面核心信念可以划分为无能类和不可爱类两个范畴。类似这样的表达："我软弱""我失控""我无能""我不能胜任""我不起作用""我不被尊敬"……这些信念体现了自身的无能；而"我不可爱""我被人嫌弃""我不受欢迎""我是多余的""我没有价值""我必定被拒绝或被抛弃"……这些信念体现了自身的不可爱。

这两类核心信念有时难以区分。例如，"我不够好"，究竟是认为自己没有取得成就，无法受人尊敬（无能类），还是其他人不喜欢他（不可爱类），需要进一步甄别。

三、中间信念（intermediate belief）

在自动思维和核心信念之间存在中间信念。中间信念是一种比自动思维更深刻、更不易被觉察，影响力更大的思维；但是，中间信念仍然比核心信念更具有延展性、更为具体，它是核心信念在某个领域的行为方案和指南。

中间信念有三种形式：规则、态度和假设。规则是个体在成长过程中所习得的社会认可的行为准则，表现为"应该"和"必须"。态度体现个体对事物的评价和理解。假设与规则紧密相连，由规则推论而出，通常表现为"如果……那么……"等形式。

个体在形成自己独特的图式时会采用不同的假设，那些僵硬的、极端的、消极的功能性失调假设表现为功能性失调态度，会带来消极的情绪和行为后果。例如，"必须把所有事情都做成功"才是"一个有价值的人"，这种假设可能导致个体高质量的行为操作，但也造成了他对失败和挫折过度敏感，一旦受挫则会产生消极情绪反应。

功能失调性态度主要有以下几类：1. 脆弱性，比如，"一个人请求他人的帮助是软弱的表现"。2. 吸引／排斥，比如，"得不到另一个人的爱，我就不会幸福"。3. 完美主义，比如，"一个人必须聪明、漂亮、富有，否则很难高兴起来"。4. 强制性，比如，用"应该""必须"等言语要求自己或他人。5. 寻求赞许，比如，"为了幸福，我需要别人赞美"。6. 依赖性，比如，"假如我没有人可以依靠，一定会感到悲哀"。7. 自主性，比如，"我的心情是由一些我无法驾驭的因素左右"。8. 认知哲学，比如，"在追求目标过程中遇到了障碍，人肯定会感到厌烦"。

贝克把功能失调性假设进一步归为成就、接纳和控制三类。成就类指个体想要成功、想要高标准的操作；接纳类指个体想要被人喜欢、被人爱；控制类指个体想要左右事物的发展变化，成为强者等。

功能失调性态度可为日后某种严峻的生活事件所启动，假设一旦启动，就会产生大量的"负性自动想法"，进而出现情绪行为问题。一项研究采用多元回归分析考察大学生功能失调性态度、负性生活事件在预测抑郁症状中的作用（Klocek et.,1997），结果显示，同经历较少生活事件的大学生相比，高水平功能失调性态度的大学生在遭遇较多生活事件后，与更高水平的抑郁症状有关。研究者（苏巧荣，2006）对首发抑郁症青少年患者的功能失调性态度状况进行研究，结果表明，青少年抑郁症患者存在功能失调性态度，并认为功能失调性态度可能是青少年抑郁患者的易感素质。因此，识别和改变功能失调性态度在抑郁的早期识别和治疗中起到重要作用。

下面，我们结合两个案例分析贝克认知模式中的三种表现。

案例一：小兰从小在重男轻女的家庭环境中长大，形成了"我没有价值"这一核心信念，"男性是我的竞争对手"，"我必须努力奋斗"，"如果我不优秀，别人就会看不起我"等中间信念。在和男友的交往中，如果两人发生争吵，她很容易产生"他瞧不起我"，"他不爱我"等自动思维。

例如，和男友分开一整天，她没有收到对方任何信息或电话，因此感到失落、难过和生气。产生这些情绪的自动思维是"连一个关心的私信都没有，他一点也不在乎我，我对他来说可有可无"，藏在自动思维后面的中间信念是"如果他真的爱我，就应该关心我，就应该知道我需要什么"，"被人忽略是很可怕的"，其核心信念是"我没有价值"，"我根本不重要"。所以，在两人的关系当中，她需要时刻确认自己对男友的重要性，只有这样才能感觉到被爱。

案例二：小王小时候受到父母过多贬低和批评，父母总是拿他和别人进行比较。他形成"我不够好、不够聪明、不值得被爱"，"他人都是严厉的、指责性的"等消极核心信念。在平时的生活中，他发现：当他表现好、考出好成绩时，爸爸会特别高兴、妈妈的贬低和责骂会少一些、老师也会更喜欢他。因此，他发展出一系列中间信念，比如，"失败太可怕了"（对失败的态度）、"我必须努力避免失败"（给自己设定的规则）、"如果失败了，我就是一个没有价值的人"、"只有考第一，只有表现得最好，别人才会喜欢我"（假设）。中间信念指导他的行为：表现好，成绩好。行为带来的结果又强化了他的中间信念。所以，在生活中他一旦考试没考好或者遭遇挫折，就会产生负性自动思维"我真没用""我真是一个失败者"。而且，他可能会回避竞争情境，因为竞争可能带来失败。

四、改变思维方式、重获快乐

每个人的头脑中都包含了大量类似的核心信念和中间信念，它们彼此紧密相连，共同决定和操控着我们的自动思维，而自动思维则直接影响我们的情绪和行为。那么，要真正改变我们的生活，获得快乐，可以按照以下步骤去做：

1. 确定诱发情境

在日常生活中，对于没有经过专门心理训练的人来说，我们往往意识到的是情绪而不是思维。但是，情绪是经思维评价后对情境的反应。那么，当我们体验到某种情绪时，首先要确定诱发情境。诱发情境可能是：无关事件，如在一次论文中得到低分；思维流，如想到还未完成学校作业；某个记忆，如想起上次考试失败了；某种意象，如教授皱眉、不认同的表情；某种情感，如注意到自己烦躁不安；某个行为，如坐着发呆；某段生理或心理经历，如注意到自己心跳加速或思维缓慢。

2. 习惯性地捕捉和评估负性自动思维

情绪是紧随自动思维产生的，不同思维就产生不同的情绪体验，所以，伤心焦虑等负性情绪是发现负性思维的信号灯。只要进入情绪，就能发现负性自动思维。而且，在生活中，我们一旦出现行动回避的区域，也能找到负性自动思维。找到负性自动思维以后，根据前述的认知偏差评估自动思维的真实性和有用性。

3. 观察并矫正中间信念

一般来说，负性自动思维下面潜藏着功能性失调假设，那么，找到我们的消极假设并矫正它们。比如，变旧的中间信念"如果我请求帮助，就是软弱的标志"为"当我需要时我请求帮助，显示我有很好的解决问题的能力"；变"我应该能在任何我尝试的事情上胜过别人"为"除非我在那个领域特别有天赋，我本来就不能一直表现杰出"。

4. 识别并挑战核心信念

核心信念一般以"我不可爱""我没用""我不受人尊重"等方式表达。核心信念是一种观念，虽然人们强烈相信它，甚至"感觉"它是真实的，但实际上它不一定是真实的。作为一个观念，它能够被测试。因此，找到核心信念后，通过现实中的例子或行为实验挑战核心信念，意识到核心信念并不准确，并尝试改变这些信念。

第三章　认知情绪

　　求助者，小王，女，大一学生。主诉：我从小到大一直是出类拔萃的学生，学业和课外活动都能很好完成，深受师长宠爱、同学羡慕。步入大学后，我发现自己并不像之前认为的那般优秀，似乎周围同学都比我强。他们精通很多事情，做任何事都一副万事俱备的样子，而且凡事特别有主见，总能侃侃而谈。而我自己多年来一直活在父母和老师的安排下，几乎没有自己独立的思想，也不善于交流。慢慢地我开始否定自己，失去信心，人也变得敏感、胆怯，担心出洋相，很多事都不敢尝试……我把焦虑和不知所措藏在心底，告诉自己："一切都在我的脑海里，我可以克服它。"我不愿意承认自己有问题，不愿意面对内心真实的感受。但是，老师，我真感到特别孤独、疲惫，压力和焦虑简直让我不堪重负！我上课无法集中注意力，成绩大幅度下滑……而且因为敏感，我的人际关系也出现了问题……应该没有人会像我这样吧？老师，我该怎么办啊？

　　大学生活开启人生新的篇章，环境变化使同学们没有了昔日的荣耀和光环，从"佼佼者"沦为新集体中很普通的一员。因此，心理优势的丧失和今昔对比的强烈反差导致很多大学生像案例中的小王一样产生失落感，情绪变得敏感、自卑、焦虑，影响到生活和学习的方方面面。

　　最近一项研究表明：大学生活第一年是焦虑发作或恶化的高风险时期。大学生的焦虑、抑郁和压力水平在大学入学第一学期稳步上升，并在整个第二学期持续升高。美国大学健康协会（American College Health Association）最近进行的一项调查发现：在过去 12 个月里，25.9% 和 31.9% 的大学生感到焦虑和有压力，约 16.9% 的学生感到抑郁，63.2% 的学生感到非常孤独。

上大学是一件激动人心的事！你有机会独自生活、享受自由；结交新朋友、发展新友谊，拓展社交网络；参加丰富多彩的社团活动，规划自己未来的职业道路……。然而，与家人分开、与室友集体生活、独自管理生活和学业以及发展独立的身份认同，这些变化相应带来了新的挑战和压力。因此，大学期间各种消极和负面的情绪日趋增多，继而衍生出各种心理健康问题，这毫不奇怪。

心理健康是现代社会高素质人才的必备条件之一，而衡量心理健康的一个核心指标就是情绪健康。情绪是个体行为的重要驱动力，会影响到个体的认知水平、人格形成、行为抉择以及人际关系的处理等。因此，大学生要正确识别自我的情绪状态、正确感受他人的情绪，学会合理表达情绪和调控情绪，完善自我，形成健康人格。

第一节　情绪概述

一、什么是情绪

在日常生活中，我们经常使用情绪这个词，大多也能正确理解该词的意思。但是，关于情绪一词的精确定义，心理学家和哲学家已经争辩了一百多年，而且，若干心理学文献中对情绪一词的理解和看法也是众说纷纭。

牛津英语大字典这样解释情绪："心灵、感觉或感情的激动或骚动，泛指任何激动或兴奋的心理状态。"在我国古代汉语中一般只用"情"字，到了南北朝以后，才出现了"情绪"一词。"绪，丝端也"（《说文》）。端即头，绪即丝线的头，所以，情绪表示情感复杂多样如丝有绪。情绪的形式有数百种，它们之间又有无数的混合变化和细微差别，因此，情绪是一个复杂的概念。

情绪（emotion）是指人类对各种认知对象的内心感受或态度，是以主体的需要和愿望等倾向为中介的一种心理活动。认知对象包括自己所处的自然环境或社会环境，自己的生活、工作、学习，他人的言行等。需要和愿望是情绪产生的重要基础，凡是使主体的需要和愿望获得满足的事物，便能引起肯定的情绪，比如愉快、喜悦、开心等；相反，便会引起负性的情绪，比如不满、苦闷、憎恨等。

情绪这一概念既可以用于人类，也可以用于动物，情绪和生理性需要联系在一起，是情境性的、不稳定的、短暂的，比如狂喜、愤怒、恐惧等；情感（feeling）只适用于人类，情感和人的高级社会性需要联系在一起，是稳定而持久的，比如自尊心、责任感、荣誉感等。情绪是情感的外在表现，情感是情绪的本质内容。通常所说的感情（affection）既包括情绪，也包括情感。

情绪是婴儿先天具有的反应能力，又是其情感社会化的开端。婴儿出生时即展现出惊奇、伤心、厌恶、微笑、兴趣等基本情绪，但是，初生婴儿的情绪基本上都是生理性的、本能的反应，是一种生物—社会现象。情绪分化理论（K.M.Bridges，1936）认为：新生儿只有一种弥散性的兴奋或激动，是一种杂乱无章的未分化的反应，包括由强烈刺激引发的不协调的内脏和肌肉反应；随后，通过成熟与学习，各种不同性质的情绪才渐渐分化出来。

个体发展过程中，情绪反应出现在先，情感体验发生在后。比如，在母子交往中，母亲哺乳带来婴儿食欲满足的愉悦情绪；母亲爱抚婴儿让他体验到欢快、享受的情绪；母亲总能敏感察觉婴儿的需要并帮助他满足，这时，一种积极的、充满深情的情感联系——依恋——便产生了。而且，已经形成的情感通常需要具体的情绪表现出来。比如，爱国主义情感需要在具体情境下通过情绪表现出来，可以表现为对祖国大好河山的热爱、对中国崛起的自豪、对敌人的憎恨。当个体体验到这些情绪时，他就体验着爱国主义情感。

二、情绪的组成部分

情绪的组成体现在三个层面：身体层面的生理唤醒、认知层面的主观体验和表达层面的外部表现。这三个层面共同构成了一个完整的情绪体验过程。比如，当你体验快乐和愉悦时，你的心跳平缓、嘴角上扬；当你体验焦虑时，你的心率和呼吸加快、嘴唇发干、身体颤抖。

（一）生理唤醒（physiological arousal）

生理唤醒是指机体总的生理性激活的不同状态或不同程度，是由感觉兴奋性水平、腺和激素水平以及肌肉的准备性所决定的一种生理和心理活动的准备状态。

内外刺激作用于有机体的感受器（视觉、听觉、嗅觉等），产生神经冲动，冲动沿传入神经进入延脑后，沿着两条神经通路进行。一条是特异性通路：冲动沿着延髓背侧、中脑、间脑到达大脑皮层特定区域，产生特定的感觉（视觉、听觉、嗅觉等）；另一条是非特异性通路：冲动沿着延髓腹侧、延髓、中脑、间脑的脑干网状结构，弥散性地投射到大脑皮层广大区域，引起皮层下所经部位及皮层的兴奋状态，称为唤醒。

唤醒有三种表现形式：脑电唤醒、行为唤醒和植物性唤醒。三者可以同时存在，也可以单独存在。

按频率高低，脑电一般可分为四种波型，分别是 δ 波（Delta）、θ 波（Theta）、a 波（Alpha）和 β 波（Beta）。当大脑皮层神经元的活动趋向步调一致时，出现低频高幅慢波，称为同步化。比如，a 波（8 ～ 14Hz）是一种同步化波，人在清醒放松状态下容易出现。当大脑皮层神经元步调不一致时，出现高频低幅快波，称为去同步化。比如，a 波阻断后出现的 β 波是一种去同步化波。正常人在清醒、接受外界信息时出现较慢的 β 波（15 ～ 20Hz），人在体验高兴、焦虑、激动等强烈情绪，或在计算和思考问题时，容易出现较快的 β 波（21 ～ 25Hz）。人在沉闷、无聊、情绪低落、心不在焉或打瞌睡的状态容易出现 θ 波（3 ～ 7Hz）。θ 波也与我们体验和感受深层和原始情绪有关，因此过多的 θ 波活动可能会使人们容易出现抑郁症。人在完全进入深睡时会出现 δ 波（0.5 ～ 3Hz），这时呼吸深入、心跳变慢、血压和体温下降。γ 波（Gamma）是神经科学领域中较新的研究发现，因此对其功能的探讨也在不断发展中。研究发现，精神障碍和学习障碍个体的 γ 波活性往往低于平均水平。而且，研究表明，积极情绪引发左半球更多的脑电活动，而消极情绪引发右半球更多的脑电活动。

行为唤醒是指非麻醉动物唤醒时伴随的行为变化。也就是指非麻醉的正常状态下，动物在不同情绪下的行为反应。

植物性唤醒是指较高水平刺激时植物性神经系统的活动。植物性神经系统又称自主神经系统，主要分布在内脏、心血管和腺体。根据其功能，它主要分为交感神经和副交感神经，两者具有颉颃的作用。交感神经兴奋时，人体表现出瞳孔扩大、口干舌燥、容易出汗、心跳加速、呼吸短促、内脏消化系统血液供血减少、胃肠蠕动减弱等特点；副交感神经兴奋时，人体处于一个平静状态，表现为瞳孔缩小、呼吸深慢、心率减慢、消化增强等特点。

人类不像汽车可以处于完全"熄火"的状态，正常活着的人他的"发动机"就永远处于工作状态，即便是深睡，在大脑和肌肉中仍然存在着生物电。人的唤醒水平总是在极低的唤醒水平（深睡）到极高的唤醒水平（疯狂）这条连续线上变化。随着唤醒水平升高，有机体会在心率、呼吸频率及出汗量等生理唤醒方面发生变化。

情绪引起生理唤醒发生变化这一生理机制可以通过多导（道）生理扫描仪（测谎仪）在司法系统中加以应用。其工作原理是通过向测试对象呈现与刑事案件相关的特定刺激，诱导其出现生理反应，将其与中性事件引发的生理反应（生理基线水平）进行比较，判断测试对象是否在撒谎。收集的测量指标包括心脏活动、呼吸、血压、皮肤电、脑电等。如果测试对象在回答问题时撒谎了则会产生紧张情绪，这种紧张通过呼吸、脉搏、皮肤电等异常变化体现出来。比如，撒谎导致紧张引起交感神经兴奋，出现呼吸急促、血压升高，机体出汗使皮肤电阻下降，皮肤电压升高。而呼吸、血压等一系列生理变化通常主要受自主神经系统制约，不受大脑意识控制，被试如果说谎就能被发现。

（二）主观体验（subject experience）

情绪的主观体验是指个体对自己不同情绪状态的自我感受。每种情绪都有其主观体验，构成了情绪的心理内容。

情绪分为基本情绪和复合情绪。基本情绪是人和一些动物先天共用的、不学而能的，在机体生命发展的早期就已经出现，其发生机制有共同的原型或模式。俗话说，"人有七情六欲"，其中，"七情"就是对人类基本情绪的分类。我国古代名著《礼记·礼运》将情绪分为七种类型：喜、怒、哀、惧、爱、恶和欲，并且提出了"七者弗学而能"的观点。20 世纪 70 年代，心理学家保罗·艾克曼（Paul Ekman）将基本情绪分为六种：快乐、悲伤、厌恶、恐惧、惊讶和愤怒，他认为这些情绪在所有人类文化中都普遍存在。后来，艾克曼扩展了基本情绪列表，加入诸如骄傲、羞耻、尴尬、兴奋等情绪。情绪可以被结合起来形成不同的感觉，就像颜色可以被混合来创造其他颜色一样。心理学家罗伯特·普拉切克（Robert Plutchik）提出了"情绪轮盘"（wheel of emotions）理论，它的工作原理类似于色轮。根据该理论，基本情绪就像积木一样，混合组成了复杂的复合情绪。例如，喜悦和信任等基本情感可以结合起来产生爱。

　　任何情绪都伴随着一系列的生理变化，即生理唤醒状态，这种状态会增强情绪体验。最近研究表明，情绪反应在性质上并无两样，人们能区分出高低不同的生理唤醒状态，但无法辨别出究竟是哪一种类型的情绪。沙赫特（Schachter，1962）的情绪归因理论认为，生理唤醒、认知和情境三者共同对情绪起作用，其中，认知尤为重要。生理唤醒本来是一种未分化的模式，人们对同一生理唤醒可以作不同的认知归因，标记为不同的情绪，这就取决于人们可能得到的有关情境的信息。

　　沙赫特和辛格（Schachter & Singer，1962）通过实验证明了情绪归因理论。研究者们给被试注射一种药物，并告诉他们这是一种复合维生素，目的是测定这种新药对视力的影响。但是，实际上给被试注射的是肾上腺素。被试分为三组，主试向三组被试解释的药物效应各不相同。对正确告知组被试说，"药物将使你心跳加快、血压升高、手发抖和脸发热"（正是注射肾上腺素的反应）；对错误告知组被试说，"药物将使你感到身上轻度发痒，手脚有点发麻"（和注射肾上腺素的反应完全不同）；对无告知组被试则不给予任何说明。注射药物后，让三组被试分别进入两种预先安排的实验情境：愉快的情境（受过训练的实验助手和被试一起唱歌、跳舞）和惹人发怒的情境（强行要求被试回答一些烦琐的问题，并吹毛求疵、横加指责）。实验后，主试询问被试当时的主观情绪体验。

　　研究结果发现：不管哪种情境下，正确告知组被试的反应不易受情境影响，错误告知组被试的反应最易受情境影响，无告知组被试的反应则介于上述两组之间。

　　究其原因，正确告知组被试已经具有说明自身生理唤醒的信息，便不再去寻找情境中的线索。所以，他们的情绪不易受情境影响。错误告知组被试因对其生理唤醒不能作出恰当说明，便会转向周围情境以寻求某些说明的线索，由情境提供的线索来判断自己的情绪状态，所以，在愉快的情境中感到快乐，在惹人发怒的情境中感到愤怒，他们的情绪易受情境影响。无告知组被试没有从主试那里获取有关生理唤醒的信息，完全按自己的评价做出反应。

　　从实验中我们可以看出：注射肾上腺素虽然激起了被试典型的生理唤醒状态，但它单独作用不能引起人的情绪；同样，情境因素也不能单独决定人的情绪，认知因素对人情绪的产生起着决定性作用。情绪状态是认知因素、生理唤醒和环境因素在大脑皮层整合的结果。

　　有时候人们会对自己的感受做出错误推论，这个过程被称为唤醒的错误归因（misattribution of arousal）。"吊桥效应"展示了这种心理学现象。

　　吊桥效应是指当一个人提心吊胆地过吊桥时，会不由自主地感受到一些生理反应，比如，心跳加快、呼吸急促、手心出汗。如果这时候，他碰巧遇见另一个人，那么会错误地把感受到生理反应归因为对方使他心动和喜欢，"我因他（她）而心跳"，故而对对方滋生出爱情的情愫。

　　你或许听过这样的恋爱小技巧：初次约会时可以安排一些惊险刺激的活动，比如，玩过山车或看恐怖电影，让对方对你产生心动的感觉，快速爱上你。生活中或文学作品中常见这样的桥段：英雄救美人，美人最后爱上救她的英雄，成就一段佳话。它们的原理都是"吊桥效应"。

（三）外部表现

　　在情绪和情感发生时，总是伴随着某种外部表现，也就是可以观察到某些行为特征，被称为表情（expression）。表情分为面部表情、姿态表情和语调表情。

1. 面部表情

　　面孔是传递情绪性信息的重要载体。面部表情是指通过额眉区、眼－脸区、鼻颊－口唇区的肌肉运动变化的不同组合表现各种情绪状态。

　　人的眼睛最善于传情，不同的眼神表达不同的情绪和情感。艺术家在描写人物特征时，向来都十分重视通过眼神来表达人的内心情感，刻画人物性格。比如，高兴时"眉开眼笑"、悲伤时"两眼无光"、气愤时"怒目而视"、恐惧时"目瞪口呆"、狂妄自大时"目空一切"。再比如，眼神慈祥的人和蔼安详、眼神犀利的人思维缜密、眼神凶狠的人让人不寒而栗。

眼睛传达情绪时，视线和目光接触都非常重要。

视线向下有一种俯视感，表达权威和优越；视线向上有一种仰视感，表达服从和任人摆布；视线水平表达客观和理智。

目光接触的意义因文化背景不同而有很大的不同，好莱坞电影常常从一对男女目光接触开始来描写恋爱。当与人谈话时，目光接触表示感兴趣，而中断目光接触或缺少目光接触会让人觉得你对他不感兴趣。但是，当一个人向他人传达坏消息时，可能会避免目光接触。而且，当人们觉得自己处于困境时，也不希望成为注视的焦点。有时候，目光接触可用做"威胁"的手段，老师们经常使用它。

额头、眉毛、鼻子、口部肌肉等的变化也是表现情绪情感的重要线索。例如，狼狈窘迫时"攒眉蹙额"、发愁时"愁眉苦脸"、高兴时"眉飞色舞"、讥笑和蔑视时"嗤之以鼻"、傲慢时"鼻孔朝天"、憎恨时"咬牙切齿"、紧张时"张口结舌"。

面部表情模式能精确地表达不同性质的情绪，是鉴别情绪的主要指标。比如，人高兴时，额眉平展、眼睛含笑眯成两道弯、两颊上提、嘴唇朝外朝上扩展、嘴角上翘。人惊讶时，眼睛睁大、瞳孔放大、眉毛和上眼皮上扬，嘴巴张大。

人脸两边的面部表情是不一样的，和右脸的表情相比，左脸的表情更明显多变，较为自然。这是因大脑两半球交互对侧控制脸部肌肉所致。对一般人而言，人的左脑更倾向于理性控制，而右脑更倾向于感性控制，所以，当人们产生内心反应时，无论怎样都阻止不了大脑对人类的影响。所以，在面对面谈话时，我们可以多观察对方左脸的表情，能更准确地鉴别他的真实情绪。

"微笑"究竟是在表达高兴、愉悦的情绪呢，还是说仅仅是一种沟通性的动作？情绪表达观点认为，表情反映的是表达者的内部情绪状态，面部表情与情绪体验一致（Ekman，Izard，Tomkins）。行为生态学的观点认为，面部表情是在特定情境中为交流表达者的社会动机逐渐进化而来的社会信号，面部表情独立于真实的情绪感受。比如，微笑是合群的信号、悲伤是寻求帮助和支持的信号。一项研究（Kraut &Johnston，1979）验证了微笑的两种含义。研究发现，打保龄球的人在做社会接触，如看他的朋友时，会微笑；而在逃避社会接触，如看地面时，不会微笑。据此，研究者认为微笑并不全代表快乐。他们还发现，打保龄球的人在全倒（spare 或 strike）后有 30% 的时间在微笑，其他时候有 23% 的时间在微笑。可见，微笑既是社会互动中的一种沟通手段，也是表达快乐的实际信号。所以，在社会生活中，我们要善用微笑的价值。

达尔文在 1872 年发表了《人类和动物的情绪》一书。他经过 33 年观察并收集了大量资料，通过观察婴儿和儿童、各种文化下的成人、精神病患者，以及诸如猿、狗等动物的情感表达，提出表情是动物和人类进化过程中适应性的动作遗迹，有极大的生存价值。比如，猫遭遇攻击时，它会愤怒，张大嘴露出锋利的牙齿、耳朵后倒、脊背高高拱起、全身毛发竖立，出现尖锐的鸣叫。猫的表情夸张凶狠，起到威吓攻击者的作用，增加了生存的机会。达尔文认为，表情具有跨文化特性，面部表情在任何地方都表达着同样的情绪状态，这种表情的共同性对人类非常重要，我们可以读懂他人的情绪，可以向他人表达自己的情绪，从而控制他人的行为。

当代一些研究为达尔文的观点提供了有力的理论支持。研究者以美国、巴西、智利、阿根廷和日本被试为研究对象，给他们呈现 30 张不同情绪（愉快、愤怒、恐惧等）面孔的照片，要求他们辨认每张照片的情绪，发现他们在辨识面部情绪上具有高度的一致性。研究说明，在世界范围内面部表情具有跨文化的特点。

而且，面部表情的种类（愉快 / 愤怒 / 中性）对人们表情辨别反应时存在影响。人类在进化过程中为了获得生存机会，视觉系统对环境中存在的潜在威胁性信息探测更快、加工更有效。已经有大量研究证明，愤怒面孔能够比高兴面孔得到更快更有效的加工。

但是，面部表情的普遍性观点受到一些心理学家和人类学家的反对，他们认为面部表情是由文化决定的（Mead，1975），表情有文化差异性。在不同文化中，相同的面部表情可能有不同的含义。比如，在中国文化中，微笑并不总是幸福的信号，可以是为了保持愉快的外表以掩盖不允许被呈现出来的情感（Klineberg，1938）。再比如，伸舌头在一些文化中表示惊讶，而在另一些文化中表示轻蔑。不同的文化对情绪表达形成了不同的适应性规范，规定了情绪什么时候和怎样被表达，个体在社会化过程中习得了这些情绪"表达规则"（display rule），表情自然就具有文化的独特性。

那么，组成情绪的三部分主观的情绪体验、生理唤醒和外部的表情有什么关系呢？

达尔文认为，情绪体验和表情紧密联系在一起，情绪性的表达和神经系统的反应具有双向作用。在一个被操纵的表情和姿势中，不管有没有情绪性事件发生，都可以提供外周反馈，影响与情绪有关的生理过程。美国心理学家詹姆斯（James）认为，情绪性刺激引起生理反应，进一步产生情绪体验，即情绪是对身体变化的知觉。他有句名言"因为哭，所以愁；因为笑，所以开心；因为发抖，所以害怕"。如果没有身体上的反应和感知，情绪只不过是一种冷酷的理性判断。詹姆斯的理论受到其他心理学家的批评，一直没有被广泛接受。但心理学家莱尔德（Laird）通过实验为詹姆斯的理论提供了依据，他认为，情绪行为（表情）和身体变化（生理唤醒）是一个进化的、自动的系统，它们提供了产生情绪的线索。比如，当个体遇到难过的事情时，身体开始起变化，皱眉、撇嘴、内脏收紧，到达一定程度就会流泪，个体就感到悲伤。

面部表情的反馈假说（Tomkin，Izard，Zajonc）认为，面孔不仅表达情绪，而且还改变或诱发情绪体验，情绪体验部分由面部表情所决定。与情绪状态一致的表情会加强相应的情绪体验，与情绪状态不一致的表情会削弱相应的情绪体验。比如，如果你处于悲伤中，那么，越皱眉噘嘴你越感到悲伤，此时，如果你嘴角上扬呈现快乐的面孔，就会使你不那么悲伤了。而且，表情不仅能调节已发生的情绪状态，还能诱发相应的情绪体验。在一项研究中要求被试听一系列中性声调的声音时收缩面部肌肉，产生恐惧、生气、厌恶、悲伤的面部表情，然后对他们的情绪感受进行评价。研究发现，与面部表情相匹配的情绪被评价为感受强度最高，表明面部表情可以生成相应的情绪感受。

这些理论研究启示我们：许多心理问题或疾病的治疗也许并非仅仅依靠心理咨询和治疗的理论来实现，由于身心一体的特征，改变身体的运动方式也可能促进减轻症状，达到改善心理健康状况的目的。比如，可以让抑郁个体有意识地保持打开、开阔的身体姿势，展现阳光般的微笑、以充满活力的方式行动，以此来诱发积极情绪、调节消极情绪。

2. 姿态表情

姿态表情是通过面部以外的身体动作变化模式表现的各种情绪状态，包括手势和身体表情。舞蹈和哑剧就是靠演员有意识地用面部表情和姿态表情来表达角色的思想和情感变化的艺术表现形式。

头、手和脚是表达情绪的主要身体部位。

近十几年来以来，有许多以身体语言（Body language）为主题的畅销书籍指出：只要观察他人的身体移动姿势，就能正确推测他人的思想和情绪。

昂首挺胸表达自信与自豪，摇头晃脑表达自得其乐或自以为是，点头哈腰表达顺从与谦恭，垂头丧气表达沮丧。不停搓手表达烦躁不安，双手一摊表达无奈，双手外推表达拒绝，握紧拳头表达愤怒。正襟危坐可知其紧张或恭顺，坐立不安可知其烦躁，手舞足蹈可知其欢乐，手忙脚乱可知其慌张，捶胸顿足可知其悔恨懊恼，全身战栗又冒虚汗可知其心虚害怕。脚步轻盈显示心情愉快，脚步沉重显示处境不佳，脚步迟缓显示心事重重，脚步铿锵有力显示勇敢与坚强。

大家要注意，姿态表情受不同文化的影响较大，不同民族之间或者同一民族的不同群体之间，姿态表情存在着巨大的差异。在交际的时候，不能随便使用自己文化背景下的身体语言，否则会产生始料不及的不良后果。

比如，ok手势，在中国、美国表达"完全可以""好极了"，而在法国表达"零"或者没有价值。食指与中指叉开，拇指与无名指和小指对接的手势在中国和美国表示胜利或和平，而在英国，如果掌心向内做这种手势表示奚落或嘲笑对方，特别是带有上下快速移动手指的动作时。竖起大拇指在许多文化中表示夸赞，但在希腊却有侮辱他人的意思。

研究表明，面部是言语信息最好的传递者，双手表达的情绪也占据很重要的地位，腿和脚最容易暴露个体内心的真实情绪。原因可能是在日常生活中，人们更多注意学习和控制面部表情，而对腿和脚的运动很少控制。

3. 语调表情

语调表情通过辅助语言和类语言来表达情绪状态。辅助语言体现了人们讲话时在语音（音高、音强、音长、音色）、语调（腔调、语气、停顿）、语速（音节的长短及连接的松紧）等方面的变化。比如，高兴时语速快、语调高昂、声音抑扬顿挫、清晰有力，悲伤时声音低沉、语调缓慢、语言断断续续，愤怒时语调增强等。类语言由无固定意义的发音组成，比如，呻吟、咳嗽、叹息、喊叫、哭泣。叹息表示无奈和失望、喊叫表示愤怒或激动……。

美国心理学家艾帕尔·梅拉比提出：信息的效果 = 55% 身体语言 +38% 声调 +7% 说话内容，93% 的信息效果是由非言语线索产生的。这说明，一句话的含义常常不是取决于其字面意义，而是取决于它的弦外之音。比如，用较低音调、肯定语气说"真棒"时，表示由衷赞赏；用升高的音调，语气抑扬说"真棒 ǎi"就完全变成了讥讽和幸灾乐祸。

当言语信息和非言语信息传递的意义不一致时，我们应该主要通过身体语言和语调等非语言信息进行判断，而不仅仅通过语言本身。比如，当一个人说"太可怕了"时，他的眼神轻松，神情淡定，语调坚定，身体放松，那么很大程度上他可能并不害怕。

研究发现（Depaulo，1982），鉴别他人是否说谎最可靠的线索是声调。稚嫩的说谎者说谎时显得慌乱，他们低头或躲避他人的视线。而老练的说谎者会有意识地控制自己的行为，他们不脸红、不低头，还能伪装出真诚的眼神和他人的对视。但是，说谎时说谎者升高的声调却不自觉地泄露了他言不由衷的谎言。

所以，怎么说比说什么更重要。

总的来说，表情既能表达情绪，又具有一定的信号意义。这种信号能使人们即便在语言不相通的情况下，凭借表情也可以交流。

但是，在日常生活互动中，一些无意识动作暴露了我们的思想和情感，不利于人际沟通。比如，眼睛左顾右盼，不断看向窗外，表达"你真没完没了"；

打呵欠、伸懒腰、手一直在转笔，表达"真是无聊啊，我对你说的不感兴趣"；双手交叉抱在胸前，脚无节奏地敲着地面，表达"我不想听你说下去了"。

那么，如何有效运用非语言表达增进人际沟通呢？

可以按照 SOLER 模式来表现自己，增加别人对我们的接纳性。S（squarely）：表示"坐（或站）要面对别人"。O（open）：表示"姿势要自然开放"。L（lean）：表示"身体微微前倾"。E（Eyes）：表示"目光接触"。R（relaxed）：表示"放松"。当我们采用 SOLER 模式表现自己时，是在表达"我很尊重你，对你所说很感兴趣，我的内心是接纳你的，你请随便"。

三、情绪状态的分类

情绪状态划分来源于情绪维度理论（dimensional model of emotion）。情绪维度是指情绪所固有的某些特征。罗素（Russell，2003）认为核心情绪（core affect）在大脑中是连续的，由愉悦（pleasure）（愉悦—不愉悦）和唤醒（arousal）（激活—失活）两个维度混合而成。愉悦维度又称为效价（valence），在积极的愉悦和消极的非愉悦之间变化；唤醒则是在平静和兴奋之间变化。比如，高唤醒愉悦的情绪状态——兴奋、得意，高唤醒不愉悦的情绪状态——紧张、恐惧、厌恶，低唤醒愉悦的情绪状态——镇定、宁静、满足，低唤醒不愉悦的情绪状态——悲伤、沮丧、疲倦。这些不同的情绪都具有进化适应意义，比如，兴奋有助于机体集中注意于想要的物体或目标，执着地追求它们；恐惧或厌恶将窄化（narrow）注意焦点，有助于机体评估并回避令人恐惧或厌恶的物体或情境；宁静将扩展（broaden）注意焦点，有助于机体整合更广阔的环境线索，促进探索，可能会产生富有创造性的成果；悲伤将使人更加关注外部世界的新信息，会使人的思维变得更具体、更注重事实，形成极具说服力的内容。

除了上述情绪维度的两维分类外，还有三维或四维分类。

三维分类，比如，心理学开山鼻祖冯特（Wundt）认为情绪维度分愉快—不愉快、激动—平静、紧张—松弛；施洛伯格（Schloberg）认为情绪维度分愉快—不愉快、注意—拒绝和激活水平；普拉切克（Plutchic）提出，情绪具有强度、相似性和两极性三个维度。

四维分类，比如，伊扎德（Izard）认为情绪有愉快度、紧张度、激动度、确信度等四个维度。我国学者黄希庭认为，就情绪体验的性质而言，情绪分可从强度、紧张度、快感度和复杂度进行分析。

我们进一步理解黄希庭老师关于情绪体验的观点。

情绪体验的强度可以在由弱到强的不同等级上变化。例如，喜，从适意、愉快、兴奋到狂喜变化；哀，从难过、伤心、悲伤到哀痛变化；怒，从不满、恼怒、大怒到暴怒变化；惧，从胆怯、惧怕、惊恐到惊骇变化。情绪体验的强度越大，自我卷入的程度就越深。

情绪体验的紧张度可以表示神经生理的激活水平，可以表现为四肢与躯干的肌肉紧张（从紧张到放松），还可以表现为认知和行为上的紧张。在重大考试、比赛、重要任务之前，人们都可以体验到紧张情绪。

情绪体验的快感度体现了快乐或不快乐程度上的差异。快乐、满足、骄傲等情绪体验是明显快乐的，而悲伤、恐惧、羞耻等情绪体验是明显不快乐的，怜悯、惊讶等情绪体验在快感度上则模棱两可。

各种情绪的复杂程度不一样。比如，爱包含快乐和柔情，恨包含愤怒和厌恶。有时，情绪的成分非常复杂，很难用语言来描述它，我们常会说"五味杂陈""百感交集"。

按照情绪发生的速度、强度和持续时间不同，可将情绪状态分为心境、激情和应激三种。

（一）心境（mood）

心境是一种微弱而持久的、具有弥散性的情绪状态，也即平常说的心情。

心境与激情不同，它比较微弱，有时候人们觉察不出来。心境持续时间较长，少则几天、几月，长则数年。比如，恶劣心境障碍是以持久的心境低落状态为主的轻度抑郁，病程至少持续两年。心境受主客观两方面因素所影响。在客观方面，事件对个体来说具有重大意义则引起心境持续时间就越长。比如，收到心仪大学的录取通知书，时隔一个多月仍然有着淡淡的喜悦。在主观方面，个体的个性特征影响心境的持续时间，比如，对于性格内向的人来说，负性事件所引起的心境持续时间较长，他们更容易对此耿耿于怀、郁郁寡欢。心境具有弥散性是指心境是一种非定向的情绪体验。当人处于某种心境时，它并不是对某一事物的特定体验，而是以同样的情绪状态对待周围的一切事物。"感时花溅泪，恨别鸟惊心"表达了外物（花、鸟）随着个体心境的不同而呈现不同的意义。当人心境状态良好时，会对许多事物产生欢乐的情绪，甚至感到花草树木都在对他点头微笑，正所谓"人逢喜事精神爽"；当人心境状态不佳时，会感到雾惨云愁、蜡烛垂泪。

生活中的顺境和逆境、工作学习上的成败、人际关系的好坏、个人健康状况、时令节气及环境变化等，这些都可能引起某种心境。

心境会影响到人的感知、记忆和思维，对人的生活、工作、学习和健康等都有很大的影响。积极的心境让人朝气蓬勃、精神抖擞、感知敏锐、思维活跃、人际和谐，工作效率提高，有益于健康；而消极的心境让人意志消沉、萎靡不振、感知麻木、思维迟钝、人际紧张，工作效率降低，损害健康。形成和保持良好的心境是顺利完成各种活动的共同要求。因此，大学生要善于调节和控制自己的心境。

（二）激情（intense emotion）

激情是一种爆发式的、强烈而短暂的情绪状态。人们常常用"疾风骤雨"来形象地描述激情现象。狂喜、暴怒、绝望、惊恐等，都是激情的表现。

激情通常是由对个人有重大意义的事件引起，往往带有指向性和较明显的外部行为表现。不同的生活事件会引起不同的激情。比如，得知买彩票中大奖时的狂喜，手舞足蹈、眉开眼笑、一蹦三尺、声音高亢，范进中举后的表现也属于此类；听到噩耗时的悲痛，号啕大哭、捶胸顿足、昏厥倒地；被人恶意中伤时的暴怒，面红耳赤、怒发冲冠、拍案而起、暴跳如雷。

激情既具有积极影响又具有消极影响。一方面，激情可以激发个体内心的能量，成为正确行动的巨大动力。例如，战士在战场上冲锋陷阵、所向披靡、一往无前；科学家在探索中废寝忘食、浑然忘我；运动员在报效祖国的激情鼓舞下敢拼敢抢，勇夺金牌。另一方面，激情有很大的冲动性和破坏性。激情状态下人往往出现"意识狭窄"现象，即认识活动的范围缩小，理智分析能力受到抑制，自我控制能力减弱，甚至做出一些鲁莽的行为或动作。比如，2006年世界杯法国对战意大利的最后决赛局，法国足球巨星齐达内因对方言语顶撞，冲动之下公然头顶意大利球员马特拉齐，被红牌罚下。使法国队在原本形势大好的情形下失去优势，将大力神杯拱手让给意大利队。这样的结局给齐达内辉煌的职业生涯蒙上了阴影，也让球迷们扼腕痛惜。比如，医学上有一种阵发型暴怒障碍叫作"路怒症"。"路怒"（road rage）是形容在交通阻塞情况下，开车压力与挫折所导致的愤怒情绪，多重的怒火爆发出来，猛烈程度叫人大感意外。障碍发作者经常会口出威胁、动粗甚至毁损他人财物。再比如，一些犯罪行为属于激情犯罪，罪犯在强烈激情的推动下，实施了爆发性的、冲动性的犯罪行为，如杀人、毁物、纵火等，最终酿成大错。

所以，我们要多发挥激情的积极作用，并适当控制激情，防止因激情状态导致行为失控造成不良后果。

（三）应激（stress，又称紧张、压力）

大学时期是学校和社会的过渡阶段，象牙塔的学子们面临着学习、就业、人际关系、经济以及环境适应等压力。樊富珉等人研究表明，71.3%的大学生在学习和生活中承受着很大的或较大的心理压力，70.9%的大学生对压力缺乏正确认识。

1. 应激概述

加拿大著名学者、压力研究大师汉斯·薛利（Hans Selye）曾感叹："压力，就像相对论一样，是一个广为人知但却很少有人彻底了解的科学概念。"

那么，究竟什么是应激或压力呢？

应激一词原本是物理学概念在工业上的运用，指某种外力作用于物体产生的反应变化。20世纪30年代，汉斯·薛利将应激一词引入生理学领域，认为人和动物在经历和体验某种过度情境时产生的那种心理和生理的过程称之为应激。

应激是心理学研究中的一个热点问题。有关应激的概念和意义，不同的学者从不同的角度给出了各自的界定。其中，比较一致的看法认为，应激是个体面临或觉察（认知、评价）到环境变化（应激源）对机体有威胁或挑战时做出的适应和应对的过程。

应激包含三种主要成分：应激性刺激、对威胁的知觉评价和应激反应。

应激由应激性刺激引起。应激性刺激（stressor，又称应激源、压力源、紧张源）是指任何造成对于真实或想象的危险做出压力反应的内外环境刺激。应激源可以是机械性的（如，受伤）、物理性的（如，过热或过冷）、化学性的（如，毒物）、生物性的（如，急性感染）、心理性的（如，惊恐、焦虑、精神过度紧张）以及社会文化方面的（如，性别焦虑症患者遭遇社会文化压力）。

当前，随着经济社会飞速发展，人们内心承受的各种压力不断增加。"白加黑""5+2""996"，加班加点、夙兴夜寐的工作模式和压力让一些人喘不过气；孩子要教育、老人要照顾，房贷要还，生活压力让一些人疲于应付。不少人觉得自己变成了一只"高压锅"，"压力山大"成为人们口中的高频词。人们感受到的生活压力来自日常烦恼和生活改变两方面。日常烦恼通常由日常琐事所引起，比如，健康烦恼、时间压力烦恼、环境烦恼、工作烦恼、未来安全烦恼等。生活改变是指日常生活秩序上发生的重要变化（尤其是消极的生活改变），比如，结婚或离婚、就业或失业、重大考试成功或失败、移民、破产等。压力影响着人们的健康，研究表明，烦恼和生活改变对诸如心脏病、癌症甚至运动损伤等健康问题都有一定的预测作用。

弗伦奇（French）认为，个体和环境要求之间缺乏适应是导致应激的主要原因。缺乏适应是一个两极性的问题，一端是环境要求超过了个体的实际能力，个体在力所不能及的情况下面对所要解决的问题，应激状态便出现；另一端是环境要求远未对个体构成压力，要求和能力之间不一致，需求得不到满足也会产生压力。实际上，当人们在面对应激刺激或情境时，把它知觉或评价为具有威胁性，可能造成伤害或挫折，那么，该刺激或情境便可诱发应激。

应激反应（stress reaction）包括生理性反应和心理性反应两方面。

人体在面对内在威胁（比如，细菌的入侵）或外在威胁（比如，对手的挑战）时会出现机体代谢增加、腺体分泌增加等生理变化，以此提高机体对应激的适应。

汉斯·薛利在对实验室的老鼠进行研究时发现了应激反应。他使用一般适应性综合征（general adaptation syndrome，简称 GAS）来描述身体对压力性刺激所做出的反应。一般适应性综合征分为三个阶段：

（1）阶段一：警觉阶段（alarm reaction）

当人或动物觉察到威胁，就必须调动机体全部能量为紧急事件和重大变故做好防御性准备。应激反应可以激活两个主要的生理通路，即自主神经系统和下丘脑—垂体—肾上腺轴。自主神经系统中交感神经兴奋，提高心率和血压，将血液从消化系统转移到骨骼肌（战斗或逃跑），排汗量增加。下丘脑兴奋，肾上腺髓质释放大量肾上腺素和去甲肾上腺素，激素进入血液，帮助自主神经系统活动和提高血糖水平，身体中抵御感染的免疫细胞（白细胞）也被激活。所有这些变化，提高了机体应付应激刺激的能力。

当压力强烈或延长时，会引起全身肌肉紧张、头痛、胃痛以及其他一些"不适"症状。这一阶段，很难将压力症状和感冒症状区分开来。因为各种压力事件引起的警觉反应会产生同样的身体症状，差别是相对细微的。据文献估计，约 75% ～ 90% 的疾病与应激机制的激活有关，特别是心血管疾病、神经精神病、胃肠疾病和内分泌疾病等高发病率的疾病与应激密切相关。

（2）阶段二：抗拒阶段（resistance）

在这一阶段，出现肾上腺皮质萎缩、淋巴结恢复原状、内分泌增加等生理变化。身体能量被充分调动，对压力的抵抗处于高水平，然而这种抵抗是以消耗能量为代价的。如果遇到新的压力，机体对压力变得敏感，抗拒阶段的适应能力将大为降低，结果导致衰竭阶段提前出现；如果压力强度未减，个体的内分泌储备最终将被耗尽，精疲力竭进入第三个阶段。

（3）阶段三：衰竭（exhaustion）

如果压力继续存在，持续的抵抗会使机体出现衰竭，从而降低对压力和感染的抵抗力。如果个体长期处于严重的身心压力条件下，将会导致疾病或者死亡。

应激的心理性反应体现在行为、认知和情绪等方面。

在行为反应上，应激聚集和动员能量，引起有机体力量增强、耐力提高。

而且，动物和人类研究表明，应激能引起攻击行为。研究发现，反复受挫或被征服的雄性金仓鼠在成熟期会形成攻击行为，特别是在面对比自己弱小的动物时攻击频率会增加。对人类的研究发现，早年生活应激可以导致今后出现暴力或反社会行为，受虐待儿童易于产生反社会的攻击行为。研究还发现，长期应激暴露会造成个体更强的进食欲望和更多的情绪性进食（Groesz et al.,2012）。急性应激条件下，个体的咀嚼频率增加也刺激了进食量和能量摄入的增加（Born et al.,2010）。

在认知和情绪上，包括积极的和消极的反应。压力不足可能会导致抑郁，让人感到无聊和沮丧；压力过度会使人警觉程度提高，注意范围缩小，提取和分析内部和外部信息出现困难，思维的灵活性、认知能力降低，自我概念不清，产生急躁、愤怒、焦虑和忧郁等负性情绪反应。但是，我们常听说"压力就是动力"之类激励人心的话，并非所有的压力都是负面的。适度的压力产生积极的心理反应，适度的皮层唤醒和情绪唤起，注意力集中、思维敏捷，使有机体能正确认知和评价外界输入信息、选择恰当的应对策略。压力让人情绪振奋，给生活增添期待和兴奋，压力迫使我们采取行动，最后期限、竞争、挫折等都会给生活增添了深度和丰富性。

2. 应激应对（coping）

生活中很多时候，由于人们事先预计到可能发生的威胁，提前采取了某些措施，成功避免危机事件的发生。比如，学生预计到考试会很难，就提前开始预习；刚刚丧偶的老人估计假期会很孤单，就提前计划和朋友一起旅行。这些都被学者称为"预先应对"。应对可以让个体在内外部刺激引起的心理紧张面前保持心理平衡、适应环境，我们可以进一步给"应对"下定义：应对是个体为了处理被自己评价为超出自己能力资源范围的特定内外环境要求而做出的不断变化的认知和行为努力。

美国杰出的心理学家拉扎鲁斯（Lazarus）是应激理论的现代代表人物之一，他在20世纪60年代提出了压力与应对模式。

拉扎鲁斯认为，如果个体认为内外环境的刺激（压力源或压力源）超过自身的应对能力及应对资源（生理、心理和情感资源）时，也就是内外需求与机体应对能力和应对资源不匹配而破坏了个体的内稳态，就会产生压力。

压力源作用于个体后，是否会产生压力，主要取决于认知评估和应对两个重要过程。

压力不是个体对一个静止事件的一次性应激反应，而是这个人持续与事件交互作用，并不断自我调整的过程。"交互"是在人们对现实情况的"认知评估"（cognitive appraisal）指引下实现的。认知评估是指个体觉察到情境对自身是否有影响的认知过程，包含了初级评估、次级评估及重新评估三种方式。

初级评估是个体对刺激事件及潜在危害程度的初次评价，即个体确定刺激事件与自己是否有利害关系及关系程度的最初评价。可以评价为无关的、有益的和有压力的三种。被评价为无关的或有益的生活事件一般不需要很高的应对技巧。被评价为有压力的生活事件可能有三种情况：伤害性或损失性、威胁性和挑战性。诸如离婚、亲人去世、高考失利等对人的身心健康有较大损害的事件往往被评价为具有伤害性。当某一事件或任务所要求的能力超过个人的应对能力时，这一事件或任务被评价为具有威胁性，比如，社交恐惧症的个体把盯着别人的眼睛讲话视为威胁性任务。威胁性评价和伤害性评价的区别在于，威胁性评价是预感伤害性事件将要发生，然而实际上该事件没有发生。当某一事件被评价为冒险性的，含有兴奋、期待、焦虑和不安等成分，则评价为具有挑战性。初级评估涉及的问题包括"发生了什么事情"，"这件事与我有关吗"，"这件事对我不利吗"等等。

次级评估是指个体对自己的应对方式、应对能力、应对资源的评价，评估自身应对应激事件的有效程度。所涉及的问题包括"我有能力应对这件事吗"，"我能不能请人别人帮助"，"有谁可以帮助我"，"我可以采取哪些行动"等等。次级评价后如果认为结果有利，会产生放松、高兴、满足等正性情绪；如果评价为伤害或威胁的结果，则出现焦虑、恐惧、愤怒等情绪。

重新评估实际上是一种反馈性行为，是对自己情绪和行为反应的有效性和适宜性进行评价。如果认为自己的情绪和行为反应无效或不适宜，个体会重新对刺激进行次级评估甚至初级评估，并调整自己的情绪和行为反应。重新评估并不都有效，有时候会加重压力。

对压力的应激反应部分取决于人们对事件的认知评估。不同的个体会对事件是否具有威胁会产生不同的解读，比如，同样面对考试，有人把它当作对自己知识掌握情况的检验，将之视为挑战，而避免失败动机强的个体会把考试结果与自尊联系起来，将之视为威胁。而且，即使是同一个人，身心状态不同，也可能会对同样情况是否具有压力感而产生不同看法。所以，认知评估非常重要，就像拉扎鲁斯指出"有效化解压力的关键在于对压力的积极评价"。

拉扎鲁斯等人对成人、大学生、青少年等群体在面临不同情境（重大生活事件或日常生活事件）下做出的应对方式进行了大量研究，发现应对策略可以按以问题为中心和以情绪为中心的方式进行分类，每一类又分别包括有效或无效两种。以问题为中心的应对方式关注应激源本身，而以情绪为中心的应对方式关注焦虑等情绪反应。

两类应对方式在减轻焦虑的效果上如何？是否有些应对方式比另一些应对方式效果更佳？研究表明，应对方式的效果可能因问题的性质不同而变化，而且两种应对方式各有优势，经常在一起使用。

以情绪为中心的应对方式适合于调节由不可控的应激源（比如，丧亲、车祸、地震等）引起的情绪体验。有效的情绪调节方式包括建立支持性的人际关系（比如，寻求朋友的帮助或和专业的心理咨询师谈论感受）、寻求有意义的精神支持（比如，投身于工作学习）、宣泄情绪、认知重建或认知再评价（比如，只想好的一面、与那些更糟糕的情况进行比较等）、以幽默的方式看待应激、放松训练、运动等；无效的情绪调节方式包括建立破坏性的人际关系、寻求没有意义的精神支持、长期否认、无效的幻想、过分看重应激、沉迷于成瘾行为（比如，抽烟、酗酒及药物使用等）、敌对行为等。

以问题为中心的应对方式更适合应对可控的应激，比如，重大考试、面试、演讲等，它是以减少应激性情境的需求或增加应对资源为目的的应对。有效的问题解决方式包括承担责任、寻找正确的信息、寻求值得信赖的意见（比如，和有类似经历的人讨论或向懂得比自己多的人寻求帮助）、建立一个切实可行的行动计划和方案、立即采取行动、对解决问题保持乐观自信的态度；无效的问题解决方式包括推诿自己的责任、寻找错误的信息、寻求不专业的意见、建立不切实际的行动计划和方案、无限期拖延行动、对解决问题持悲观自我挫败的态度。

无论采取以上哪种应对方式，在一些情况下，当个体需要时间来调整个人资源时，"回避"策略可能是合适的，这时个体试图不去想这个恼人的问题，假装问题并不存在，暂时把注意力转移到与应激无关的活动和人身上，也就是"眼不见心不烦"，使个体暂时从心理上逃离困难。比如，和室友发生矛盾后暂时离开宿舍，等待手术前听音乐，在冗长的队伍中排队付款时和周围人轻松聊天等。但是，把回避作为长期应对策略对解决问题是无效的。逃避现实的"鸵鸟心态"只会让问题更复杂、更难解决。

肖计划参照国内外有关"应对"的理论，结合中国文化背景编制了应对方式问卷（Copying style questionnaire，CSQ）。该问卷包含 62 个条目，包括解决问题、自责、求助、幻想、退避、合理化等 6 个分量表。

研究发现，个体使用的应对方式一般都在一种以上，甚至在同一应激事件上有些人使用的应对方式是多种多样的。但是，每个人的应对行为类型仍然具有一定的倾向性，不同的应对方式可以反映个体心理发展成熟的程度，六种应对方式在个体身上有不同的组合形式，可以组合为成熟型、不成熟型和混合型三种。

"解决问题—求助"属于成熟型，在面对应激源时，这类人常能采用"解决问题""求助"等成熟的应对方式，而较少使用"退避""自责""幻想"等不成熟的应对方式，他们具有成熟稳定的人格特征和行为方式。"退避—自责"属于不成熟型，在面对困难和挫折时，这类人常采用"退避""自责""幻想"等应对方式，较少采用积极"解决问题"的应对方式，他们具有神经症性人格特点，情绪和行为均不稳定。"合理化"属于混合型，这类人集成熟与不成熟的应对方式于一体，具有两面性的人格特点和行为上的矛盾心态。

研究者认为，应激应对方式是决定生活事件是否影响健康的决定性因素。较多使用"解决问题"这种有效的应对方式有利于大学生的心理健康，而且他们的人际关系也较好；而较多使用"自责""幻想"等消极被动的应对方式不利于大学生的心理健康，这些大学生还会出现抑郁、焦虑和强迫症状。研究表明，

14.7%的大学生面临困扰时采取退避、自责、幻想等不成熟的应对方式，更有甚者产生自杀意念（薛朝霞等，2005）。所以，应对方式是影响大学生心理健康的一个重要因素。

应对方式或应对策略是适应的重要组成部分，但是，应对资源也非常重要，觉察到自己拥有足够水平的应对资源的个体更少感觉有压力。一方面，他们倾向于把需求看作是挑战而不是令人不愉快的应激源；另一方面，当个体变得有压力时，应对资源可以降低或减少处理需求的成本。

应对资源是指个体在面对应激事件时所拥有的或所能支配的东西。应对资源可以分为三类：生理资源、心理资源和社会资源。生理资源指个体的身体健康。心理资源可以分为三个方面：一是问题解决能力；二是个性特质，比如，韧性、自信、自尊、同一感、乐观悲观等；三是控制感。高控制感往往与成功应对、较好的调节和适应等联系在一起。社会资源分为两方面：一是经济地位，二是社会支持，包括情绪支持（比如，爱、关心、尊重、接受等）、物质支持（比如，金钱、住房、食物等）和信息支持（比如，建议、信息、反馈等）。

研究发现，在高压力状态下，如果个体缺乏社会支持和良好的应对方式，则身心损害的危险度可达43.3%，为普通人群危险度的两倍（Andrews G et al, 1978）。在大学期间，如果应激源出现，而没有良好的应对方式和社会支持进行缓冲或缓解，那么，应激源将加大对大学生身心健康的危害。

世界卫生组织经过调查显示截至2014年底，健康人仅占人群总数的5%，被确诊患有各种疾病的占人群总数的20%，处于健康与疾病之间的亚健康状态约占人群总数的75%。亚健康的表现多种多样，常伴有食欲不振、头痛、失眠多梦、心绪不宁、精神萎靡、记忆力减退、注意力不集中、疲劳、健忘、胃肠道疾病、高血压、易感冒等症状，医学检查不出器质性病变。这是一种"自感不爽，检查无病"的中间状态。

过度压力是诱发亚健康高发的一个重要原因。过度压力对健康有四大危害：一是急慢性应激直接损害胃肠系统引起应激性溃疡，使心率增快、血压升高、加速血管硬化，损害心血管系统，引起心血管事件发生（比如，冠心病、心力衰竭等）；二是引发脑应激疲劳和认知功能下降；三是破坏生物钟，影响睡眠质量；四是使免疫功能下降，使恶性肿瘤和感染机会增加。

图 3.1 概括出了应激和适应全过程。结合应激概述和应激应对的内容，我们需要认清和正视应激源、合理认知、借助应对资源积极应对压力。当压力源不在或不完全在我们的掌控下时，控制我们对压力的反应要比试图改变压力状况更重要。当压力下的情绪反应干扰了正常生活或造成巨大心理痛苦时，我们需要采取行动调整情绪应对压力！适应压力，过健康的生活！

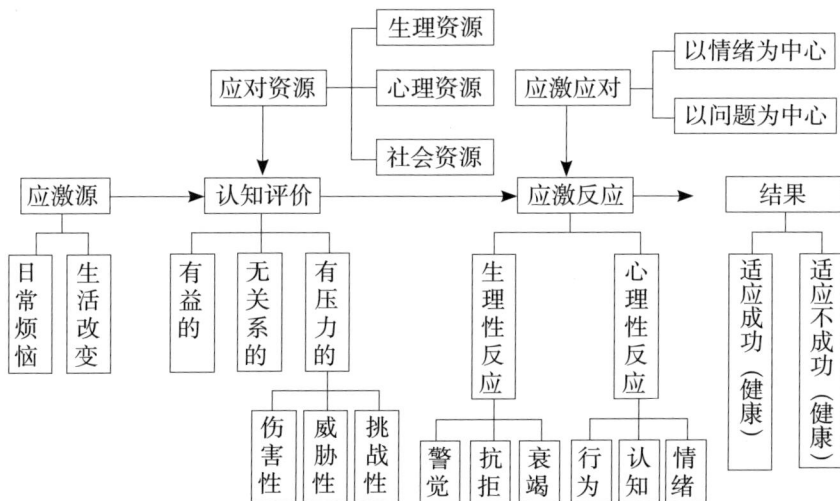

图 3.1 应激和适应全过程

第二节 情绪技能

在你的成长过程中，有谁教你去认识和管理情绪吗？当它们出现时识别它们，并借助它们为你的行为导航吗？对于许多成年人来说，答案是否定的！你经常独自一人在那些令人困惑的情绪灌木丛中行走，靠自觉自悟开辟出一条荆棘之路。

加州大学圣巴巴拉分校（University of California-Santa Barbara）社会学家、情感教育的支持者托马斯·希里夫（Thomas Scheff）说，许多西方社会认为情绪是一种放纵或分散注意力的行为。社会化过程教导我们忽视或掩盖自己的情绪，不去倾听它们。

在生活中，我常听人们说"我对什么事都不在乎，很淡定"！遇到问题他们不关注情绪，忽视掉所有情绪唤起，装出无所谓的样子。他们摆脱真实的但不受人欢迎的情绪，无中生有地编造或假装一种更好的情绪，把情绪当"礼帽"一样随意穿戴。这种转化一开始看上去或许非常不错，但最终会导致情绪行为紊乱！

未被看到、未被承认及未被解决的情绪，会导致我们焦虑、争吵甚至发生更糟的情况，那些难以用语言表达的内在真实会通过情绪再现出来，从而影响我们的生活。情绪不是坏的或者令人恐慌的，而是我们的心智在尽力自我治疗。情绪是本我（id）的代言人，它们是绝对真实的，但常常是不受欢迎的重要信息的承载者。不能接近情绪本体或压抑情绪，可能会变异成其他现象，比如强迫性冲动、上瘾症、恐惧症等。

大家或许听说过一种叫作"阳光型抑郁"的精神障碍。患者活力四射，显得兴高采烈、积极乐观，总是保持一张"好脸相"，而且他们的社会功能一般都很高。实际上，他们兴高采烈发出"光芒"是在取悦他人，得到他们所需要的反应，他们不愿意显露自己内在的痛苦状态，不能全然真实地体验和表达自己的感受。希里夫（Scheff）说，将一种情绪隐藏在另一种情绪背后的做法非常危险。他发现，尤其是男性，倾向于把羞耻感隐藏在愤怒、攻击，更甚是暴力之下。

情绪可以给我们提供关于世界有价值的信息，帮助我们与自己的感受、体验相联系，将意图转化为行动，指导我们在重要的事情上做出明智的决定。

因此，许多研究人员认为，情绪技能在教育中的重要性应该与语文、数学、历史和科学等同等重要，学校教育有必要给学生提供一些情感指导方面的基础知识，教会学生处理情绪的技巧，帮助他们获得驾驭内心风景的能力——能在每时每刻的情绪起伏波动上乘风破浪，而不是被抛来抛去。

然而，实际的情况是，很多人缺乏情绪技能，缺乏对情绪的知觉、理解、表达、调节和控制。更有甚者，在临床门诊中发现了一类情感症状——述情障碍（Alexithymia）或情感难言症。述情障碍（Alexithymia）一词来源于希腊文

Alexis 与 Thymos，前者指"no words"，后者指"emotion"，这是二十年来人们对一些心身疾病患者治疗中发现的一组特殊的心理症状。述情障碍患者抱怨自己各种各样的躯体疾病，他们常难以分区躯体感受和情绪状态，这种状况在各种应激事件的影响下导致不恰当的疾病行为，并与某些疾病的预后和治疗有关。而且，他们缺乏识别他人情绪的能力，不能用语言描述自己的情感，不能用语言恰当表达内心的态度、感受、希望和动力。由于他们的情感功能和内心体验受限，因此常常表现出姿态僵硬、面部表情缺乏、人际关系淡漠、僵化、刻板和保守。

研究者认为，述情障碍是情感认知、加工和调节过程的一种损害，而这种损害作为一种潜在的危险因素，使个体易患上物质滥用、惊恐发作、躯体形式障碍、进食障碍、创伤后应激障碍等疾病，并降低其临床疗效（Taylor，1997）。

述情障碍可能是一种长期的人格模式，可以分为原发性和继发性两种。原发性述情障碍与基因成分有关，大脑新皮层和边缘系统缺乏联系会导致情绪表达不畅；继发性述情障碍被认为是儿童早期经历创伤性生活事件的一个伴随性结果，比如遭受忽视、虐待、非支持性的社会环境等。

研究表明，述情障碍不仅伴随心理疾病患者，而且它作为一种人格特征在普通人群中也很常见，约有 10% 左右的普通人存在述情障碍特征。这种特征对大学生的心理健康有一定的影响。杨文辉等（2007）的研究表明，述情障碍对大学生生活质量具有广泛而显著的损害作用。在以大学新生（王法鑫等，2006）和医学学生（任玉明，2007）为被试的两项研究都表明，述情障碍与心理健康存在密切的关系。研究显示，个性中缺乏描述情感的能力，认识和区别情绪和躯体感受的能力下降，以及缺乏幻想和想象力是影响心理健康的重要因素（王法鑫等，2006）。

情感 / 情绪调节是达到成熟认知水平的发展和控制冲动的基础。那么，除了生物和遗传因素外，个体的情绪调节能力如何受到成长环境的影响？如何发展出后天的情绪技能，改善和提高我们的情绪调节能力呢？

一、母婴互动——"镜映"促进情绪调节

情绪调节是自我发展的基础，依恋关系是情绪学习最早发生的学校。当个体还是婴儿的时候，没有能力产生安全感，需要依恋对象帮助他应对困难的情绪，进行情绪管理或情绪调节。婴儿的心理命运——拥有安全感或者缺乏安全感，很大程度依赖于最初的依恋关系能否有效地帮助他调节情绪。

婴儿的情感被母亲（或主要照顾者）解码、中介或调节，然后他才变得越来越能进行自我调节。如果母亲与婴儿内在状态的不断变化相协调，能促进安全型依恋；如果母亲在情感上难以接近，或者没有足够的调整和能力来调节交流中的暂时中断，又或以愤怒和敌意对孩子的唤起做出反应，那么，将会导致孩子在唤起时体验到虐待或遗弃，产生不安全的内部工作模式（internal working model）和依恋。

母亲（或主要照顾者）是所有神经生物学系统的"隐藏"调节器，导致大脑的情绪调节、认知发展和社会化自我形成。这种情绪调节是靠母亲的右脑和孩子的右脑接触实现的。我们知道，大脑右半球首先发育，并在个体生命的第一年半中占主导地位，这时个体形成内部工作模型；随后边缘系统中杏仁核的调节增加，并与眶额区域和大脑更高阶功能相联系，个体情绪调节能力进一步发展；最后，随着语言的发展，两个半脑协同工作，但左脑成为干预情绪的主导半球。

依恋关系如何为婴儿的情绪体验留出空间，帮助他表征情绪并有效调节情绪呢？

根据肖尔（Schore）的观点，母亲（或主要照看者）与婴儿进行情感交流，其作用如同婴儿心理生物性体验的外部调节器，影响着婴儿体验所依赖的神经系统（experience-dependent nervous system）的发展。这种情感交流对前额皮层中的皮质边缘系统的成熟有着促进作用。因此，依恋风格和情感调节二者是紧密联系在一起的。

加拿大心理学家布里奇斯（Bridges，1932）的情绪分化理论指出：新生儿的情绪只是一种弥散性的兴奋或激动，是一种杂乱无章的未分化的反应，是强

烈刺激引起的内脏和肌肉反应。日常生活中，我们经常把情绪、情感、感受、体验等词语不加区别混淆使用。但是在神经科学看来，"情绪"并不一定是"感觉到的体验"，而是指那些大脑皮层下的、意识无法觉知到的，通常是基于躯体体验（内脏、血管、肌肉等）的那些变化。比如，心跳加速，手心出汗、发凉、潮乎乎的……是焦虑情绪的躯体验现；发抖、手脚冰凉、心悸、呼吸困难……是恐惧情绪的躯体体验。换句话说，情绪本身就是一种躯体体验或变化。

婴儿通过"社交生物反馈"的方式，逐步将自己不随意的表达与母亲的反应联系在一起。最初，他只是身体上感受着（躯体体验上变化），可能不"知道"自己感受到什么（情绪），不知道情绪的意义；随着母婴互动，婴儿在他人了解自己的过程中，逐渐了解了自己。

母亲（也可以是其他主要照看者）调谐性"镜映"婴儿的情绪体验是形成安全型依恋的关键。在安全的依恋关系中，母亲对婴儿进行调谐性反应，帮助他们赋予躯体体验以情绪意义并有效调节婴儿的情绪，帮助他们缓解痛苦情绪，并放大积极情绪。在这样的母婴互动中，婴儿把体验记录为一种本能的内脏感觉——和他人联结是放松、愉悦和舒适的；同时，婴儿还记录了关于"自我"的感觉——全方位表达自己的躯体和情绪需求是被接纳的——"我是好的"。

科胡特（Kohut）提出"镜映自体客体"（the mirroring self object）的概念。婴儿早期没有发展出自我意识，他需要一面镜子来对自身状态进行确认。"Gleam in his mother's eye"，母亲的眼睛就是第一面镜子，孩子从母亲的眼睛中看到了自己。如果这面镜子蕴含着喜悦、欣赏、肯定等情绪，孩子感受到自身是有价值的、被接纳的、被尊重的，"我是好的"这种自我意识萌芽或自我感成为奠定人格的底层基调。

如何理解镜映呢？

"镜映"是母亲对婴儿表现出的内在状态的共情、反射和表达。"镜"指镜子，"映"指反照，借由镜子照射而显出，婴儿通过妈妈的脸照见自己，看清自己。在母婴互动中，母亲识别和详细解读婴儿的情感或动机状态，给婴儿的情绪体验提供"脚手架"，他们才可以在调节自身情绪经验时获得帮助（Lyons-Ruth，1999）。

婴儿感受到自己的主观经验在另一个人那里引起了相应的身心反应，他悲伤妈妈就难过，他喜悦妈妈就雀跃，他愤怒妈妈也有点牙痒痒、替他打抱不平……有心理学家把这种心有灵犀的"镜映"比喻成在精神层面上有人替自己伸了一次懒腰。母婴互动中一次次的"镜映"满足了婴儿正常发展所需的被镜映的渴望，使他的心理发展顺利进行。

请大家回忆，当我们还是孩子时考了一个非常棒的分数，是不是特别希望第一时间和爸爸妈妈分享？当我们兴高采烈地告诉他们这事时，他们的反应是怎样的？

一种父母给我们"泼冷水"，他们会说："不要骄傲，这没啥大不了，你得再接再厉！"当我们表现出兴奋、开心、健康的夸大时，父母否认了这种情感的存在，而给它贴上了贬低的标签"骄傲"。因为他们深信"虚心使人进步，傲娇使人落后"。听到父母的反馈，你有什么感觉？你会不会觉得这的确不是什么值得炫耀的事，大大削弱了你想要分享的愿望，而且"被看到、被肯定、被认可"的需要受到了挫伤，自我价值感没有获得满足，自卑深深扎根在你内心深处！

另一种父母会开心和崇拜地说："看到你那么高兴，我真替你开心。你是怎么做到的？"父母看到并肯定了孩子情感表达的存在（看到你那么高兴），并以孩子为中心进行回应（我真替你开心），而且强化了孩子获得成功体验的过程（你是怎么做到的）。父母对孩子恰当的反应，尊重了孩子的内在感受，帮助孩子维持自尊、自我肯定以及健康的抱负。

再看下面一则案例，分析妈妈的两种做法将给孩子的心理发展带来怎样截然不同的影响！

糟糕的事情发生了——孩子把颜料罐打翻在她正在创作的画上，而且这幅画她已经画了很长时间——孩子放声大哭。一种做法：妈妈跑过来安抚孩子，温柔地告诉她："有时会发生这样的事，真是让人'难过'！你想不想我们再试一遍？"这位妈妈肯定了孩子的情绪体验，并带领孩子再次投入到作画中。她的做法隐含地表达"所发生的事情并非天塌下来般严重"，而且她对"打翻颜料罐"这事保持一种开放的心态，决定不去追究。她尊重了孩子的体验，还通过行动传递出"挫败和失望的内心状态"是可以被克服的！另一种做法：妈妈冲过来，怒气冲冲地对孩子说："看你干了些什么，我要赶快把这些清理干净。你这个'坏孩子'快回到你的房间去！"妈妈在对这件事件的回应上表现出一种责难的态度，剥夺了孩子处理情绪体验的机会。更重要的是，她制造出一种决定性归因：传递给孩子这样的信念——因为她"坏"所以糟糕事情的发生了。这样，孩子形成"我是坏的"的自我感。

从上述生活中的实际案例，我们不难看出，母亲调谐性"镜映"婴儿的情绪体验是何等重要！

调谐性"镜映"首先涉及母亲根据实际情况的变化对婴儿共情。

共情（empathy），又称同感理解、同理心、共感等，指个体能体认他人的内心世界，并能恰当地将这种体认表达给对方的态度和能力。

母亲如何有能力做到对婴儿共情呢？

神经科学家们在研究中发现了镜像神经元（Minor neurons，MNs），这类神经元使我们有能力"穿上他人的鞋子"对他人进行"设身处地"和"感同身受"的共情性即时反应，这是我们了解他人的神经基础。

1996年，意大利帕尔玛大学的里佐拉蒂（Rizzolatti）采用单细胞记录法进行认知科学研究，在观察恒河猴大脑时他发现了镜像神经元。当恒河猴看到实验员抓食物时，它们的大脑前运动皮质腹侧神经元就像它们自己抓取食物一样被激活。也就是说，某些神经元在个体执行某个指向目标的动作时兴奋，并且在观察他人在执行类似动作时也会兴奋，里佐拉蒂等人称这类神经元为镜像神经元。研究者还发现，镜像神经元不仅能在观察者的大脑映射他人的动作，也能映射他人的声音、情绪或意图等。

当然，婴儿也能够（在身体上）体验母亲的情绪，因为在面对面游戏中，婴儿面部肌肉组织中同样的肌肉被激活了（镜映）。母婴互动是双向的，但双向并不意味着完全等同。因为母亲拥有更多的能力，她拥有更广泛的反应方式来自我调节和回应并帮助婴儿，所以，这种双向关系是不对称的。

婴儿天生具有的本领之一就是被人脸所吸引，尤其重视眼睛对眼睛的凝视。这使他能和母亲相处和沟通，是习得社会关系的基础。而且，人类行为面对面的互动将持续处于显著地位，终其一生成为社会沟通的重要方面。例如，研究表明，抑郁患者的自杀倾向能够通过精神科医生在访谈时的面部表情来预测，她在和那些有重复自杀的患者的访谈中出现更多皱眉、更多整体的面部活动以及更多的头部偏向（Heller，Haynal，1997）。精神科医生无意识深度镜映企图重复自杀患者的抑郁和绝望，通过面部姿态在沟通回应。

总之，镜像神经元为个体理解他人心智提供了重要的生物学基础，也为母亲有能力共情婴儿的情绪提供了可能性。

调谐性的镜映具有两个特征："随机应变"和"做出标识"。

随机应变，指母亲准确镜映了婴儿的情绪，母亲的面部表情、肢体动作、语音高低或语速快慢等都与婴儿的情绪变化一致。这样，母亲情绪的表达成为婴儿对自己情绪最初表征的基础。为了让镜映能支持婴儿的情绪表征框架，母亲不是在展现她自身的情绪，而是对婴儿内在状态的觉察，是在镜映婴儿自身的情绪体验，那么，母亲就必须以"假装"或"好像"的方式展现自己的情绪，这种镜映形式的特征就是"标识"（Fonagy et al, 2002a，Gergely &Wastson,1996）。比如，对情绪夸张的、缓慢的，或者是部分的表达；对混合情绪的表达，同时或连续的结合，焦躁不安中混合进一些与之相反的情绪；或者配合一些行为线索，增加抬高眉毛、张大嘴巴等面部表情来吸引婴儿注意（Gergely，2007）。

母亲调谐性的镜映——"对婴儿显露出来的内在状态产生共情，予以反思，并帮其表达"——就"将婴儿的自我送还给婴儿"！婴儿在母亲这面镜子中看到自己的形象——一个有欲望、信念、感受和意图姿态的人，而且，母亲镜映时"做出标识"，让婴儿觉知"他的心智是属于他自己的"。

如果镜映过程缺乏随因反应（太多属于母亲的情绪成分）或不能做出标识（太多属于孩子的情绪成分），都是有问题的镜映。如果这样，婴儿没有办法通过母婴互动的方式发展出分离性（separateness），心理发展就可能出现偏差。

镜映过程缺乏随因反应，也就是镜映不准确。例如，婴儿兴奋时咬乳头，母亲却镜映为攻击，她可能会说："哦，你今天真是一只愤怒的小野兽！"这种不匹配的镜映被内化到一定程度，就可能产生不相容的内在体验，并造成碎片化的自我感知（Fonagy et al, 2002a）。"非随机应变"的镜映会导致内在空虚的感受，以及虚假自我（false-self）这个主题上的各种变体。个体内在现实和外在反应二者的联系被切断，婴儿会使用"假装"模式。因此，经常暴露在非随机应变的镜映中的儿童，容易发展成自恋性的病例，其中想象的自大感成为空虚自我的一剂止痛药。

镜映过程缺乏标识，"母亲的脸，这面镜子只能看，但无法照见自己"，可能会将婴儿压垮。例如，当婴儿遇到挫折生气哭闹时，母亲不是用一个标识性的表情去帮助婴儿应对，而是直接对婴儿感到生气并表达她自己的愤怒。那么，婴儿感受到了母亲的愤怒，体验到自己的情绪具有感染性并变得更加危险，因为他的痛苦引起了母亲同样的情绪反应。他的体验常常看起来和他对外界的体验相匹配，而且似乎没有其他出路。如果婴儿一再暴露在没有标识的镜映下会强化"心理等同"模式，使他遭受创伤，这是造成边缘性病理的起因。

在调谐性的镜映过程中（见图 3.2），尤其当婴儿面对困难情绪——淹没性（overwhelming）和不稳定的情绪时，母亲需要充当一个结构性的、容纳的和共情的角色。她容纳婴儿不能忍受的情绪，以共情的方式对婴儿的情绪做出调谐性的反应——随机应变和做出标识，并帮助他们应对——放大、强化正性情绪，抑或，提供安全保护，减弱负性情绪。而且，情绪是以沟通为目的的（即社会情绪），通过镜映婴儿的情绪，母亲赏识和认可了他的沟通意图，鼓励他参与社会互动。在母婴互动中，婴儿发现情绪作为自己的心理状态而存在，情绪是可以被辨识的、是可以与他人分享的，从而塑造了婴儿持续一生的情感调节能力，也为冲动控制奠定了基础。

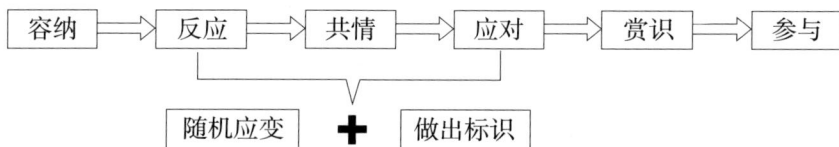

```
┌──────┐    ┌──────┐    ┌──────┐    ┌──────┐    ┌──────┐    ┌──────┐
│ 容纳 │ ⟹  │ 反应 │ ⟹  │ 共情 │ ⟹  │ 应对 │ ⟹  │ 赏识 │ ⟹  │ 参与 │
└──────┘    └──────┘    └──────┘    └──────┘    └──────┘    └──────┘
                │                       │
                └───────────┐   ┌───────┘
          ┌──────────┐      │   │      ┌──────────┐
          │ 随机应变 │  ✚   │   │   +  │ 做出标识 │
          └──────────┘              └──────────┘
```

图 3.2　调谐性的镜映过程

二、掌握情绪技能，提高情商

在生活中，你可能碰到一些人，他们学术上才华横溢，但生活中却很失败，人际关系屡屡受挫、社交无能。所以，正如研究表明，一个人成功与否的关键不取决于天资如何，而取决于性格和情感因素。

天资一般用智商（Intelligence Quotient，IQ）来表示，与之相对应是情商（EQ）。情商（Emotional Quotient，EQ），又称情绪或情感商数。这一术语最早由美国耶鲁大学的彼得·沙洛维（Peter Salovey）教授和新罕布什尔大学的约翰·梅耶（John Mayer）教授正式提出。美国《纽约时报》专栏作家戈尔曼（Goleman）出版了《情感智商》一书，把情感智商这一学术研究成果以非常通俗的方式介绍给大众，并迅速被大众接受。戈尔曼在其书中声称情感智商包括五种能力：认识自身情绪的能力、妥善管理情绪的能力、自我激励的能力、认识他人情绪的能力以及人际关系的管理能力。

戈尔曼提及的五种能力像日常所强调的自知、自控、热情、坚持、社交技巧等心理品质，这些非智力方面的品质构成了我们能抓住幸福的生活智慧。的确，要想在生活中获得成功，仅靠智商是不够的。智商能帮助你顺利进入理想的大学，但情商是一种软技能（soft skills），能帮助你控制考试焦虑、管理自己的冲动、激励自己实现人生规划、缔结和谐的人际关系等。

你是一个高 EQ 的人吗？你能准确知觉和理解自己的情绪吗？你能控制好自己的情绪吗？你能认知他人的情绪，并能管理好人际关系吗？你能从挫折和失败中总结教训，保持自我激励，以乐观和自信的态度面对生活吗？

要知觉、理解和控制情绪，就需要我们与不断变化的情绪体验时时刻刻保持联系，这是理解情绪如何影响思想和行为的关键。

请阅读以下问题，谈谈你的体验：

1. 你是否体验过那种流动的感觉，你的体验每时每刻都在发生变化，你不断与一种又一种情绪相遇？

2. 伴随不同的情绪状态，你是否体验到不同的身体症状，比如，一阵胃疼、脖子酸疼、肌肉紧张或笨拙、强烈的饮食欲望，或其他身体感觉？

3. 你是否体验过不同的情绪，比如愤怒、悲伤、恐惧和快乐，每一种情绪都表现在细微的面部表情中？

4. 你能感受到强烈的情绪变化吗，强烈到足以吸引你自己和他人的注意？

5. 你会注意自己的情绪吗？它们会影响你做决定吗？

如果你不熟悉以上体验，那么，你可能已经"拒绝"或"关闭"了你的情绪。为了情绪健康，你必须重新连接你的核心情绪，接纳它们，并对它们感到舒适。

当一种情绪困扰你、抓住你时，我们要把身体作为探索情绪的切入点，把情绪转化成对身体感受的体验，所以，我们首先要调谐身体体验，学会把身体语言翻译成语言学的情绪语言，这样就在理智和非理智之间搭建了桥梁。比如，当我们发现自己口干舌燥、手心出汗、心跳加速时，这些身体体验或症状可能是焦虑的迹象。"命名它，驯服它（name it to tame it）"，但是，不要仅停留在定义或命名情绪上，还需要理解情绪的潜在主题，确定主题可以帮助情绪被看到、被理解和被满足（be seen and understood and met）。比如，愤怒的潜在主题——遭受不公平或不公正；沮丧的潜在主题——通往目标的道路受阻或受挫；焦虑的潜在主题——面临不确定的潜在威胁；羞耻的潜在主题——未能达到自我理想；厌恶的潜在主题——生物体准备好避免危险或有毒的东西。理解了情绪背后的潜在主题，我们就能以健康的方式表达情绪和调节情绪。

根据情绪智力的创始人之一约翰·梅耶的理论，心理学家肯德拉·切里（Kendra Cherry）对情绪技能做出如下解释（见图3.3），我们可以按照这个程序管理程序。

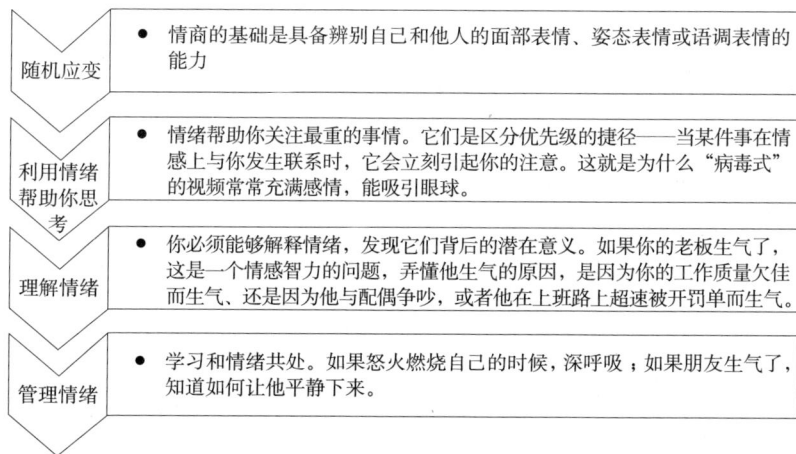

随机应变	● 情商的基础是具备辨别自己和他人的面部表情、姿态表情或语调表情的能力
利用情绪帮助你思考	● 情绪帮助你关注最重的事情。它们是区分优先级的捷径——当某件事在情感上与你发生联系时，它会立刻引起你的注意。这就是为什么"病毒式"的视频常常充满感情，能吸引眼球。
理解情绪	● 你必须能够解释情绪，发现它们背后的潜在意义。如果你的老板生气了，这是一个情感智力的问题，弄懂他生气的原因，是因为你的工作质量欠佳而生气、还是因为他与配偶争吵，或者他在上班路上超速被开罚单而生气。
管理情绪	● 学习和情绪共处。如果怒火燃烧自己的时候，深呼吸；如果朋友生气了，知道如何让他平静下来。

图3.3　情绪技能流程图

第三节　读懂情绪的语言

生活中很多时候我们做的选择、采取的行动，以及所拥有的感知觉都受到特定时刻我们体验到的情绪所影响，那时，我们似乎成了情绪的囚徒。

但是，请记住：情绪不会自引麻烦，它们仅仅带来能量和信息。

一切情绪都是真实的，所有情绪都在言说绝对的真相！那些非理性的、被困的或者是一再出现的重复的情绪都在告诉我们一些信息——或许是过去的创伤、一段遗失的记忆、还是对特殊刺激的严重反应。

一切情绪都是真实的，但并不意味着一切情绪都是"对的"，或者说你应该完全听命于它们！比如，有时情绪想让你把某人猛揍一顿；有时情绪又将你拖入地狱，让你强烈憎恶自己。因此，我们不能像无脑的傻瓜一样追随它们。

所以，要想获得自由，我们需要欢迎情绪之流，读懂情绪的语言。

下面，我们重点分析对大学生的学习和生活产生重要影响的情绪。

一、焦虑

（一）焦虑概述

焦虑是心理学和精神卫生领域研究最多的一种普遍存在的情绪。美国精神病联合会于 1994 年将焦虑定义为"由紧张的烦躁不安或身体症状所伴随的对未来危险和不幸的忧虑预期"（Ohman，2000）。钱铭怡在《变态心理学》一书中，将焦虑解释为"一种内心紧张不安、预感到似乎将要发生某种不利情况而又难以应付的不愉快情绪"。朱智贤在他主编的《心理学大辞典》中，将焦虑定义为"个体由于不能达到目标或不能克服障碍，致使自尊心和自信心受挫，或使失败感和内疚感增加，形成一种紧张不安、带有恐惧的情绪状态"。从以上定义，我们可以知道，焦虑是一种主观、预期性的感受，且伴随着身体、心理的症状。

焦虑是人受到威胁和处于危险的负性情境时的消极适应现象，是使人从正常、平静和安全中分离出来的一种负性状态，是一种支持逃避或回避的习得性驱力，是心理病理学的动力性关键现象。

人在遇到危险和威胁时会产生焦虑和恐惧情绪，出现退缩或逃避的体验和行为，但两者存在一些差别。

恐惧是生物进化中形成的单一的基本情绪，而焦虑则是社会化复合情绪，是恐惧以及其他多种情绪的结合，比如愤怒、羞愧、内疚等情绪与焦虑同时发生。恐惧是由某个具体的恐惧刺激所引起，所以，恐惧被称为"后刺激"现象；而焦虑是对威胁刺激的预期，常常是"前刺激"现象。恐惧具有信号意义，向个体"通报"外界情境将要带来危险或威胁，驱使个体采取应对策略或行动，特别是逃避或回避行为，以躲避当前的处境。然而，当应对失败，危险或威胁长期存在或程度加重，个体无力应对时，信号意义不再是"通报"，而变成个体无法驾驭的负担，这时，恐惧就转化为焦虑情绪。因此，遭遇危险和威胁时，个体未遇到任何限制，恐惧情绪会支持他采用回避或逃避行为。焦虑可以被看作是"未解决的恐惧""对恐惧的恐惧"，或者说，是随着对威胁的知觉和恐惧而转化为适应不良的唤醒状态（Epstein，1972）。

焦虑是人们遇到某些挑战、困难或危险时出现的一种正常的情绪反应。每个个体都体验过焦虑情绪，只是焦虑的程度和对象不一样。考试、演讲、面试、房贷等重要事件都可能让我们体验到焦虑，事件一旦处理完，焦虑情绪就会随之消失。

焦虑除了表现在情绪方面外，在认知、身体以及行为反应方面都有所表现。

情绪上：紧张不安、担忧、忧心忡忡、惶恐、烦躁、易怒、易激惹；

认知上：威胁、对不确定性的夸张、过度担心、注意力不集中、记忆力下降、思维僵化；

身体上：心慌、心悸、胸闷、手抖、出汗，甚至便秘或者腹泻，失眠、早醒、食欲减退等；

行为上：坐立不安、搓手顿足，出现回避或逃避行为。

焦虑是压力带来的结果，是压力的衍生物。因此，有人认为焦虑是"心理警告的信号"。适度的焦虑使大脑和整个机体处于恰当的唤醒水平或兴奋水平，机体保持充沛的体力，注意力集中、反应迅速、判断准确、思维敏捷，有助于个体提高工作效率。

弗洛伊德对焦虑的研究做出了重要贡献，他将焦虑分为三种：现实焦虑、神经症性焦虑和道德焦虑。其中，现实焦虑是对外界真实存在的危险的知觉，神经质性焦虑起源于意识不到的内心冲突或强烈的非理性恐惧，道德焦虑是自我意识到来自超我中"良心"的惩罚所体验到的焦虑。弗洛伊德对于焦虑的分类区别了具有适应意义的正常焦虑和病理性焦虑，为焦虑的临床诊断提供了依据。

病理性焦虑和正常焦虑情绪反应不同：第一，在焦虑的指向性上，病理性焦虑是没有明确对象和内容的焦急、紧张和恐惧，总是担心未来某些威胁即将来临，但又说清究竟存在何种威胁或危险；而正常的焦虑有明显的诱因，比如考试焦虑，感受到焦虑是因为有考试这个诱因存在。第二，在焦虑的严重程度上，病理性焦虑的严重程度与现实处境不相符，反应过度。比如，经检查某人患轻微的消化道炎症，但是他表现得非常紧张和惊慌，担心健康，害怕患癌。第三，在焦虑与事件的相关性上，病理性焦虑在诱发焦虑的事件去除后，症状仍然存在，它持续时间很长，几周、几月甚至数年迁延难愈；而正常焦虑持续时间短，常常随着压力的缓解而消失。第四、在伴随症状上，正常焦虑仅有焦虑不安的情绪，而病理性焦虑除了焦虑的心理反应，还伴有口干、心悸、出汗、失眠等明显的躯体症状。

简而言之，病理性焦虑是一种无根据的惊慌和紧张，心理上体验为泛化的、无固定目标的担心惊恐，生理上伴有警觉增高的躯体症状。

生活中，面对同样的压力，为什么每个人的焦虑反应和程度不一样呢？而且，有些人还会夸大生活中的危险，表现出对威胁性刺激的注意偏向？我们可以试着从特质焦虑和状态焦虑的角度解释这一问题。

研究者把焦虑分为特质焦虑（trait anxiety）和状态焦虑（state anxiety）（Spielberger，1972,1983）。其中，特质焦虑属于一般性的焦虑（general anxiety）（Alpert&Harber，1960），指个体所呈现出稳定而持久的焦虑倾向，是一种长期性的情绪状态，并非由外在环境所引起，即在客观上可能没有威胁存在，但是个体主观上则感受到威胁且焦虑不安。特质焦虑是相对稳定的个体差异，体现在个体将环境刺激知觉为危险或威胁时具有不同的倾向，以及以状态焦虑对威胁做出反应的不同倾向。状态焦虑是指在某个特定时刻或某个特殊场景所引发的情绪状态，它的强度、紧张度和两极性随着时间和情境而发生变化，伴随自主神经活动的唤醒与激活，并会随着威胁情境的消失而降低状态焦虑的强度。状态焦虑属于一种特殊性的焦虑（specific anxiety）（Alpert&Harber，1960），例如，考试焦虑、竞赛焦虑等。

有人把特质焦虑和状态焦虑的关系比作"势能和动能"的关系，一般而言，和低特质焦虑个体相比，高特质焦虑个体在大多数情境或场合下更倾向于将环境知觉为威胁性情境，并以高状态焦虑做出行为反应。

除了特质焦虑这一人格因素以外，还有哪些因素容易促使个体在压力情境下进入焦虑状态？也就是说，焦虑个体具有哪些易感性？

易感性（vulnerability），是指一组促使心理障碍发生的诱因或素质，包括基因和生物因素，还包括认知及人际关系等心理因素。

焦虑的"易感性—应激模型"认为，特定的素质因素（包括生理的和心理的）被特定环境因素激活，使个体发展成病理性焦虑的风险增加。当缺乏适当的应激事件时，这些易感因素保持潜隐状态，此时个体未受影响；易感因素一旦被激活，个体会出现多种反应，比如，采用逃避倾向的应对策略、持续性的负性情感，并使个体处于准备和唤醒状态等。易感因素可能通过导致个体选择更具威胁性的环境和维持对应激的反应状态，直接或间接地影响个体的应激经历。

焦虑的易感因素包括生理和心理两方面，下面主要从心理因素方面讨论。

1. 焦虑的生理易感因素

（1）基因因素。

（2）神经、内分泌因素：5-羟色胺（5-HT）、去甲肾上腺素（NE）、Y-氨基丁酸（GABA）等水平异常。

（3）特异性的自主神经活动模式（HPA）。

2. 焦虑的心理易感因素

（1）人格因素

引起焦虑的人格因素主要涉及神经质、行为抑制、负性情感和焦虑感受性。

无论对儿童、青少年还是成人来说，神经质都常被看作焦虑发展中的影响因素。在神经质维度上得分高的个体，更容易出现抑郁、焦虑、愤怒等负性情绪，也更频繁遭遇不幸。究其原因，可能是神经质个体缺乏情绪调节能力及克服障碍的能力，容易遭受更多高水平的应激。

行为抑制的个体差异在婴儿发展的早期已经存在，并且相对稳定。婴儿期他们表现出易唤醒、痛苦、胆小、羞怯；儿童期表现为谨慎、内向、不愿意接受新鲜事物。研究发现，行为抑制的儿童患多种焦虑障碍、逃避障碍和后期惊恐障碍的发病率较高。

高负性情感的个体典型为主观痛苦、忧虑、紧张、担心。负性情感被认为是多种心理病理学障碍形成的因素，最显著的是焦虑和心境障碍。

焦虑感受性是指对焦虑相关的躯体感觉的恐惧，这些感觉被认为由主观产生，并具有危害身体、社交和心理的性质。比如，有心悸经历的人可能会把它看作能危及心脏的发作，结果导致焦虑增加。而且，有这些观念的个体当心悸症状出现时，将非常焦虑，并试图躲避这些场所或情境，又会加重症状。

（2）认知因素

引起焦虑的认知因素主要涉及认知曲解、不可控和不可预测的非理性信念及隐性认知风格。

将应激事件当作威胁，可以诱发焦虑和恐惧。焦虑个体倾向于将模糊的、意义不明确的刺激解释为威胁性线索。一些研究还表明，焦虑的产生和维持与不同形式的认知偏差有关。比如，对自身成就的消极评价（Edelmann，1985）、对自身能力与成就的低期望（Maddux,Norton&Leary，1988）、对自身行为反应能力存在疑惑（Edolman，1985）及社会互动中消极的自我描述（Hoimbra et al.,1990）。

焦虑个体的认知特点还具有非理性的信念，他们往往将社交的成败看作自身内部因素或周围世界中一些绝对的、强制的、不可控的因素决定。个体在早期经验中获得的对不可控和不可预测的认知在焦虑障碍的发展中起着关键的作用。早期个体经历的不可控刺激的经验，将导致他产生低自我控制感和低自我效能感，导致随后的焦虑和抑郁。习得性无助实验就是一个很好的例证。

隐性认知风格（looming cognitive style/looming maladaptive style）是一种普遍的跨情境地评价危险的认知倾向，并随着危险的增加而恶化。具有这种思维方式的人们在生活中常常将事件或情境中的威胁因素动态想象成在快速增长，同时还在向自己飞速靠近的存在（Yeo, Hong,& Riskind，2020）。具有隐性认知风格的个体过高地评价情境性和偶然性的潜在威胁，可能存在适应潜在威胁的困难，表现出警觉和焦虑增加，有时间紧迫感且迫切需要采取行动，过度使用逃避的认知或行为策略。在对大学生的调查中发现，隐性认知风格与创伤后应激障碍、强迫障碍、广泛性焦虑障碍、特定恐惧障碍及社交焦虑症状相关。

（3）人际因素

引起焦虑的人际因素主要涉及教养风格、依恋关系。

多项研究结果表明，教养方式对儿童焦虑症状或焦虑障碍中变异的解释率最高可达 18%，就具体的教养方式而言，过度控制、冷漠拒绝的预测效应最为突出的。父母的过度控制可能削弱了孩子的可控制感和可预测感。过度控制的父母避免使孩子暴露在诱发焦虑的情境中，因此，减少了他们消除焦虑的机会。另外，父母负性—拒绝的教养方式也会促使焦虑产生及恶化。

大量的研究表明，早期的依恋关系与后来心理障碍的发生之间存在关键性的联系。鲍尔比认为，早期依恋关系的破裂可能会导致负性自我和有效情绪调节方式的缺乏。如果婴儿遭受拒绝、漠视或父母给予的关爱表现不一致、不可预测，婴儿会无所适从，表现出回避或焦虑。

综合以上内容，我们可以绘制出焦虑影响因素模型图（见图 3.4）。

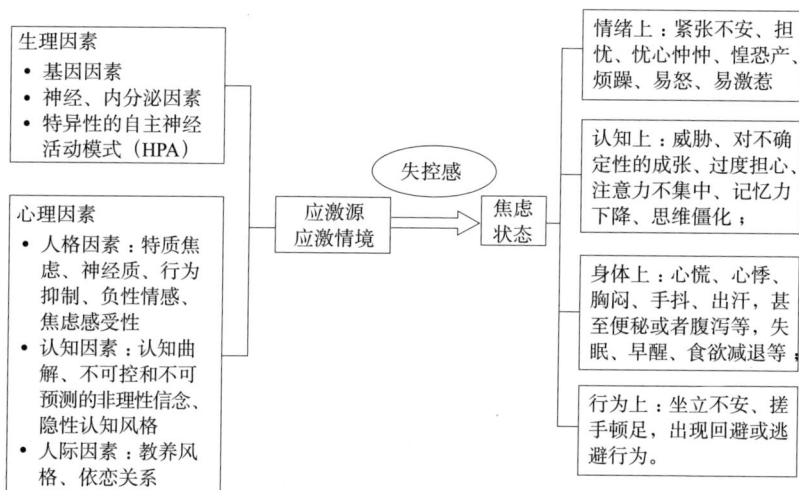

图 3.4　焦虑影响因素模型图

(二) 考试焦虑

　　求助者，小魏，男，大四学生。主述：刚开始准备考研时，我还感觉信心满满。但是，随着考试时间临近，我常常感到焦虑和紧张，觉得好多知识点都没复习到，离自己的目标越来越远。特别是最近一个月，焦虑感更加严重了。我晚上入睡困难，睡眠不好。经常明明感觉很困，可躺床上却睡不着，心里总不踏实，老想考研的事，担心考不上。又担心休息不好影响第二天的学习效率，害怕形成恶性循环，于是强迫自己快点睡着，可越想睡越睡不着，结果就失眠了。而且，我食欲变差了，以前我的胃口挺好的，现在感觉吃啥都没滋味。总是烦躁，无法静心，无法集中注意力学习，书也看不进去，感觉脑子不好使，记忆力下降得厉害，昨天刚背过的内容今天就不记得了……从小我就害怕考试，每次重要考试我都比其他同学紧张，考试那几天我会肠胃不适、拉肚子，高考前我还得过胃溃疡……老师，我现在无法复习了，睡觉也睡不着，还担心要是在考场上大脑一片空白、思维混乱，那该怎么办啊？……

考试是大学生学习和生活中重要的组成部分，是衡量学生知识掌握程度的重要手段，考试成绩的好坏直接影响到学生的评优资格，甚至毕业和就业。因此，即便是久经考场的大学生，存在考试焦虑的人也比比皆是。考试焦虑（test anxiety）是焦虑的一种特殊形式。就像案例中小魏一样，遭遇考试焦虑是学生群体常常必须要面对的事情。

　　自从费林（Fenling）在 1914 年提出考试焦虑以来，很多学者相继从不同方面给考试焦虑下定义。斯皮尔伯格（Spielberger，1976,1995a）认为考试焦虑是指评价情境中个体对广泛的担忧、心理无序、紧张、心理唤醒的反应，考试焦虑是与具体情境相联系的焦虑。萨拉森（Sarason，1990）从考试焦虑发生的角度提出考试焦虑是学生在评价情境中，易于产生威胁性的知觉，低的自我效能感，自我贬低的认知，预期的失败归因以及更强烈的情绪反应和唤醒。也就是说，当个人的智力、动机、社会能力和学习能力不符合考试情境的要求时，就会诱发考试焦虑行为。中国学者黄鹤、钟俊（2009）等人认为，考试焦虑指在应试情境激发下，受个体认知能力、已有经验、人格特征及其他身心因素所影响和制约，以担忧和害怕为基本特征，并伴有防御和逃避行为的一种心理状态，这种焦虑表现成为影响考试成绩的问题。

面对考试有一定的焦虑是正常的，我们要辩证看待考试焦虑，它是一把双刃剑，适度的考试焦虑对考试成绩具有正向促进作用，但高水平的考试焦虑往往与较低的考试成绩相联系，两者是负相关关系。

有人把焦虑比喻为"智力的影子"，认为焦虑可以激发甚至提高我们在智力、体力活动上的绩效，如果没有焦虑，我们可能什么也做不成。那么，适度焦虑如何激发我们的工作效率呢？我们可以用耶克斯—多德森定律（Yerkes-Dodson law）解释。

耶克斯－多德森定律（又称倒 U 理论）（见图 3.5）表明，为了更好完成一项任务，比如考试、表演或竞赛活动，最佳的唤醒水平是必要的。个人表现会随着生理或精神上的唤醒（压力）增加而提高，然而，唤醒程度超过最佳水平时，个体感到焦虑和混乱，压力过大会导致表现水平下降。

而且，研究还发现，不同的任务需要不同程度的唤醒水平才能获得最佳表现，曲线的形状会根据任务的复杂性和熟悉程度发生变化。例如，困难或不熟悉的任务需要较低的唤醒水平来集中注意力；相比之下，在那些需要耐力或毅力的任务中，需要激发和增加动机，更高的唤醒水平有助于任务完成。

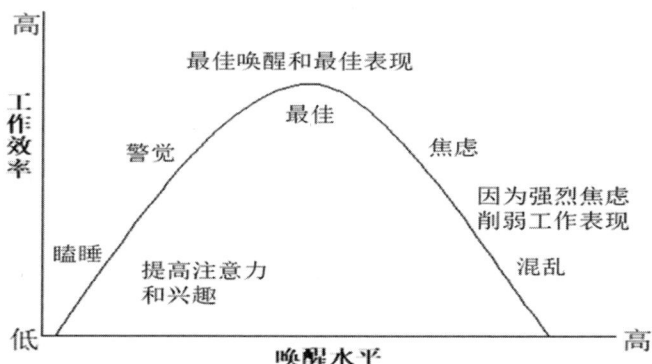

图 3.5　耶克斯－多德森定律

研究者（Rana，2000）指出，如果考试焦虑并没有使学生变得太紧张，它可能是一个重要的考试动力源，但是，高焦虑确实会阻碍学生检索信息的能力，降低学生的思考能力，使学生专注于其情绪状态而不是考试准备。像案例中的小魏一样，考前焦虑就已经使他无法将注意力保持在学习上。而且，在考试过程中，高考试焦虑或许会使大脑过度抑制一片空白，造成"意识范围狭窄"——思维迟缓，平时完全可以做对的题目却找不到答题思路，回忆能力下降，大脑拒绝识别和回忆考前很容易提取的材料，尽管那些材料我们记得非常牢固，甚至可能会陷入高度恐慌的情绪，导致无法继续答题，这就是平常说的"晕场"；又或者高考试焦虑会使大脑过度兴奋思绪万千，无法集中注意力，因为大脑正试图回忆所学的一切。因此，所有这些高焦虑反应都会妨碍我们在考试中取得好成绩。

高考试焦虑影响学生的学习和复习效率，影响学生应有水平的发挥，打击学生的自信心。高考试焦虑长期存在会影响学生的心血管系统功能，导致血压升高、心律不齐等症状，会使消化系统功能紊乱，出现食欲不振、胃脘胀痛、腹泻等症状；还会引起失眠，诱发各类疾病。高考试焦虑如果转化为慢性焦虑，对学生的身心健康威胁则更大。

为什么学生会出现考试焦虑呢？我们可以用"想赢怕输"心理分析。学生们夸大了考试结果和考试分数的重要性，一心想赢；但是，他们又怕输，"输"代表耻辱，"输"说明自己不好，因为，他们把考试分数和个人价值联系起来。因此，他们背负沉重的心理包袱，担心考砸了被别人看不起，担心对不起父母、担心没有前途……对失败的恐惧和对失败的负面评价对考试结果产生了负面影响，影响了学生们的发挥。

以下是一些应对考试焦虑的技巧，希望对你有所帮助。

1. 改变对考试的不合理认知，不要把考试成绩看得太重。

2. 认知准备、熟悉考试材料。

3. 劳逸结合，科学用脑，不用用功过度。一旦你熟悉了考试材料，就不要为了焦虑而焦虑。

4. 考试前避免摄入咖啡因。

5. 慢下来。当你的大脑在飞速运转时，使用呼吸技巧来帮助你。

6. 不要期望你知道所有的答案。

7. 先回答最容易的问题。

8. 仔细阅读问题。

9. 要有耐心。当答案没有立即出现在脑海中时，保持放松。

10. 避免分心。

11. 使用有帮助的自我谈话和想象。

12. 不要看表。

13. 以稳定、高效的速度答题。

14. 在完成你上一答题之前，不要让你的大脑开始处理下一个问题。

15. 忽略你身边的同学。无论他们答题速度有多快都和你不相干。

16. 忽略那些比你先完成的同学。

17. 保持专注。不要让你的思想游荡或担忧。

18. 忽视焦虑的身体症状。它们不会干扰你的表现。

19. 创造考试结果的不同脚本——"若是……又怎么样呢"，并在状况到来之前作最好的自我准备。

20. 如果有必要，考前寻求心理咨询老师的帮助。

二、恐惧

（一）恐惧概述

恐惧是一种强大而原始的人类情绪，恐惧提醒我们危险的存在，是生物体为了及时躲避危险而进化出的能力，对我们的生存至关重要。我们通常称它为本能天性、普通常识、信鸽或守护天使。

人在面对外部危险时（不管是真实的：比如，前方路上有条蟒蛇，还是我们自己认为的：走夜路时，感到被人尾随），会出现所谓的"战斗—逃跑—僵住反应（Fight, Flight or Freeze Response）"（简称 3F 反应，逃避反应）。遇到危险时，眼睛大睁、瞳孔放大，更多的光线进入眼部，大脑可以获得更多的信息；肌肉紧张、毛发竖立、全身起鸡皮疙瘩、不寒而栗；心率、呼吸和血糖水平增加；消化、免疫系统关闭；思维变得更加警觉，大脑专注于确定威胁的来源……人们有更多力气去战斗或逃跑。僵住（或吓呆）也有进化意义，很多动物会在遇到天敌时装死，给自己片刻停顿，来考虑安全的选择。而且，这是最安全的姿势，如果它逃跑，那么会将捕食者的注意力吸引到自己身上而被追赶；如果它战斗，那么它将会受重伤或被杀死。所以，动物通过僵住不动来增加生存的机会。所有这些"恐惧"状态下的生理反应有助于确保人们准备好有效应对环境中的威胁，在危险的环境中生存下来。

在几百万年漫长的进化过程中，人类及其祖先们在很多方面都面临着潜在的致命威胁，比如，被猛兽攻击、遭受风暴等极端天气以及生存环境中的其他危险因素，这些危险因素使我们的反应系统进化出对特定危险的高灵敏度。而且，对危险事物的恐惧感已进化成一种倾向，并在基因中留下印记，形成拟定好的恐惧。

英国生物学家查尔斯·达尔文（Charles Darwin）曾去参观英国动物园的爬虫馆。他站在饲养毒蛇的玻璃门外，当毒蛇猛冲过来的时候，他试图保持冷静，但是，每一次他都惊恐地往后逃开！他在日记中写道："在对从未经历过的危险的想象面前，我的意志和理性都虚弱无力。"达尔文从未有过被毒蛇咬伤的经历，但他对毒蛇的反应却好像他曾处于那样的危险中，这是一种伴随进化而来的恐惧感。

恐惧——这套本能的报警系统——能帮助我们识别危险，并使我们的身体做好反应，增加了我们在危险中生存下来的机会。这套报警系统应该在真正危险存在时才发送信号，但是，如果它过于警觉、担忧和恐惧，高度聚焦于危险的处境，那么，在选择和判断上就会偏离理性，出现负面情绪。

焦虑概述部分介绍过焦虑和恐惧的区别：人在遇到危险和威胁时会产生焦虑和恐惧情绪，危险和威胁长期存在，恐惧就转化为焦虑，因此，焦虑可以被看作是"未解决的恐惧"或"对恐惧的恐惧"。所以，焦虑和恐惧都是皮层下恐惧系统的表现形式。对危险的焦虑或恐惧反应都是正常的、有用的。但是，当这些情绪反应是持续的、重复发生的、错位的和弥漫的，干扰我们去实现自己意识层面的愿望的能力时，我们就需要关注它们并求助心理咨询师了。

病理性的恐惧是如何发生的？考虑到大脑的复杂性，我们采用三重脑（The Triune Brain）理论来解释。这样的分类虽然简单，但是有助于我们说明问题。

1990 年保罗·麦克莱恩（Paul MacLean）博士在其著作《进化中的三重脑：古脑功能的角色》中正式提出"三重脑"理论，认为大脑结构大致分为三层：爬行脑、古哺乳类脑和新哺乳类脑。

1. 爬行脑（最下层）

这是从爬行动物进化而来的遗留物，它已经发育了 2 亿年，是基本生存的主要控制中心，负责呼吸、心跳、吞咽等躯体调节功能。同时，为了物种延续和躯体生存，爬行脑还保留一些自动化和仪式化的行为，比如，原始的攻击性、求爱或交配行为以及领地防卫等。我们保持着动物的本能，当遇到威胁时，爬行脑让我们或战，或逃，或僵住。例如，当你走在大街上，发现马路对面一辆大卡车像脱缰的野马冲向你时，你的反应是什么？你可能会站在那里愣住，这就是爬行脑的第一本能反应：僵住（或装死）。

2. 古哺乳类脑（情绪脑，即边缘系统）（中间层）

这是由爬行动物向哺乳动物进化发展而来，发育了 1 亿年左右。因为哺乳动物需要在体外照料和抚养其幼崽，它们通过沟通得以依偎和依恋，所以发展出了更复杂的情绪系统——边缘系统。边缘系统处理与依恋相关的情绪，并提供简单而精妙的价值编码机制，为有利于生存的行为提供奖赏，使个体倾向它；为威胁生存的事物发出恐惧预警，使个体回避它。边缘系统与爬行脑和新皮层相连，使中脑、间脑和新皮层结构之间发生信息交换。

边缘系统中有两个重要的部分：杏仁核和海马。

杏仁核在个体出生时就发育成熟，它和脑干的迷走神经一起，将我们五脏六腑（心脏、胃、肺以及肠道）的感觉带入知觉中，负责我们对体验的"本能反应"。杏仁核被称为"生存中枢"，在不到一秒的时间内，它完成对感觉输入的评估——特别是那些关乎安全或威胁的感觉输入，比如，愤怒的表情、咆哮的狗、深夜里身后一直尾随的脚步声，启动个体产生"战斗—逃跑—僵住反应"。

海马在出生后的第二年到第三年才开始发挥功能，它能够根据情境和后果，对杏仁核那些不加区别的、一触即发的反应进行调整。遇到紧急情况，杏仁核会启动交感神经系统，如果海马甄别后将紧急情况判断为虚假警报，它将启动刹车机制，通过副交感神经系统让我们慢下来。所以，海马是杏仁核的调节者。

但是，如果应激持续时间太长，长期、高剂量的压力荷尔蒙会令海马体缩小，海马的树突萎缩，情绪调节功能开始衰退。

而且，海马是掌管学习和记忆的关键区域。海马体的缩小会导致记忆缺陷，这种现象一般在经历过创伤后应激障碍（PTSD）的儿童和成年人身上能找到（Khor，2018）。海马在自传体记忆和随后的回忆中起着重要的作用。海马负责创建外显记忆，创建与某个特定的情绪性反应相联系的一个情境或一副地图（Schacter，1996），把事件的情境和地图与一个情绪性体验联系起来。但是，记忆自身并不存在海马中。记忆中的不同成分，比如景象、声音、感受、想法等，存储在专门编码体验的大脑部位中。当某个提取线索激活了某个情绪性记忆，那么，所有相关的皮层部位的体验都被激活了。我们就有了一个对记忆的主观感觉。但是，在惊恐和创伤情境中，杏仁核的反应压倒了海马的反应，这时，人被情绪淹没，海马的调节功能衰退，无法准确创建与情绪体验相联系的情境或地图，使得情境被弱化或无法触及。我们熟悉这样的情节：创伤患者的情绪是淹没性的，而且记忆常常是碎片化的。

3. 新哺乳类脑（即大脑皮层）（最上层）

这是人类独有的，发育了150—200万年。这部分脑区是大脑最大的一部分，是产生意识的区域，负责人类的高级功能，比如，语言、判断、推理、预测、决策、抽象思维等。新皮层能够帮助人类调解和转化那些基于情绪或身体反应开始的情绪生活，新皮层能够调控杏仁核，帮助个体更好地调节和管理情绪。爬行脑和情绪脑从个体一出生就已经具备完整功能，而新皮层需要训练，在出生头三年呈指数级发展，并持续终身。

在大脑系统中，大脑皮层和杏仁核都从丘脑接收来自外部环境的感官刺激，但每一条神经通路却有不同的时间线和不同的自动反应，这些过程可以用高路（high road）和低路（low road）来描述（LeDoux，1996）（见图3.6）。外界刺激经丘脑到大脑皮层，再到杏仁核（高路），外界刺激也可以经丘脑直接到杏仁核（低路）。低路绕过来大脑皮层，是一条"快捷但不完善"的道路，因为它无法从大脑皮层加工过程获益。杏仁核对危险做出笼统粗糙的反应，通过自主神经系统激活应激反应，向身体发出信号；同时，新皮层会对我们的体验赋予意义，根据以往的经历和自身的能力进行判断，对行动产生影响。

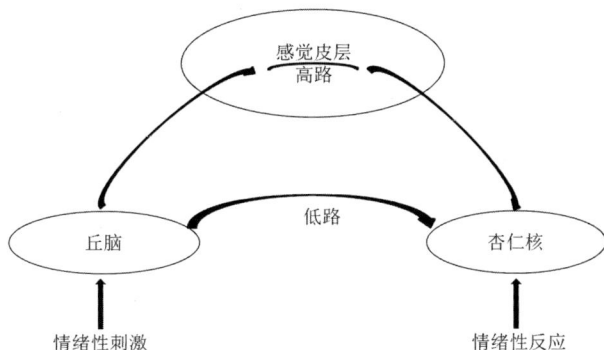

图 3.6　高路和低路系统

　　恐惧系统非常实用而聪明，但是它有很多后遗症。比如，一个经常挨打的小男孩，看到父亲把手举起，哪怕父亲仅仅是取一件无关紧要的东西，他都可能立马后退、举起胳膊抵挡，同时，心跳加快、手心发凉发潮……。"父亲手臂的姿势"触发了可能挨打的恐惧系统评价体系，皮层下的恐惧系统立马变得活跃，身体准备好来应对"攻击"。像小男孩一样，很多恐惧患者高度聚焦于危险处境，未必是受虐，而是一种功能，他们主观上认为，为了生存下去，他们必须集中注意力在那些危险处境上，并需要有应对危险处境的完整的行动计划。但是，当人类感到焦虑、惊恐时，皮层下系统变得活跃，未经大脑皮层有意识调节的情绪重现则成为可能！

（二）社交恐惧

　　求助者，小朱，女，大一学生。主诉：记得初一时，有一次上英语课，因为我读课文读得很糟被同学嘲笑，后来就特别害怕被老师叫起来回答问题。读大学后，我想主动改善这种情况，就积极加入了社会实践部。但是，在活动中凡是有要讲话的环节，我的生理唤醒水平都很高。现在上英语课，老师让我读课文或提问我，我会脸红、心跳、声音发颤，全身出汗，手心都全湿了。上专业课时，我和另外一名同学合作讲我们小组的研究内容，同学主讲，我负责补充。刚开始我还能和下面的同学们互动，比手势、吐舌头、眨眼睛，但当有人拿相机拍照时，我就感觉不自在了。事后，同学说我站在讲台上总共就说了三句话……。（我看你一直把头发垂下来）是的，我怕同学看我、我怕同学看到我脸红，当众讲话对我来说就是"煎熬"……

当今社会，人们不可避免要参加各种社交活动，大学生也不例外。大学生活中有时需要学生在公众场合表现自己，比如，新生入学自我介绍、课堂发言、小组讨论、毕业论文答辩等，但是，完成这些活动对一些人来说就像是一场"灾难"，就像案例中的小朱一样，他们会紧张发抖、面红耳赤、心悸、口吃、出汗，甚至会感到恶心。这些人或许正在经历社交恐惧症！大学阶段是社交焦虑的高发期，调查显示，在大学生中社交恐惧症患者达到 7%～8%。有些学生达到了社交恐惧症的医学诊断标准，而有些学生在社会交往中存在恐惧情绪，但未达到疾病程度。

社交恐惧症，又称为社交焦虑障碍，通常在青春期起病，且能够长期蔓延的慢性心理障碍。患者表现为社交活动中存在持久而明显的恐惧、焦虑情绪或出现逃避行为，并造成社交功能障碍，影响到日常生活（Connor KM et al，1999）。根据社会焦虑协会的数据显示，"对涉及与他人互动的社交场合的恐惧"是当今世界第三大心理健康问题。

产生社交恐惧的原因可以从生理、心理和社会原因出发解释。

1. 生理原因

产生社交恐惧的生理原因包括遗传因素、神经生化异常等。研究表明，社交恐惧症患者的父母和同胞中患神经症的也往往较多。一项以 2163 对女性双生子的大规模遗传流行病学调查研究，发现社交恐惧症的遗传率达 30%（Kendlen，1992）。研究还发现，5-羟色胺和多巴胺功能失调容易导致社交恐惧。

2. 心理原因

（1）个性特点

患有社交恐惧的大学生往往性格内向、害羞、敏感多疑、胆小怕事、自尊心强、追求完美，而且，他们对自己的缺点不能很好地接纳。

（2）不合理的认知

不合理的认知是"社交恐惧"的核心特征。社交恐惧的学生特别希望得到老师和同学们的认可，他们非常在意自己在他人面前的表现，他们害怕出错、害怕被他人嘲笑、害怕别人认为他们不好。以作班级报告为例，他们会在报告前做大量细致入微的前期工作，但是，无论他们的准备工作多么周全，他们对自己的表现仍然缺乏信心。社交恐惧者的认知系统里，存在这样一些不合理的认知：首先，由于焦点效应，他们会高估他人对自己的关注程度。这些学生经常会感到自己"在舞台上"表演，导致"被观察、被评价"的自我意识高涨。其次，他们往往夸大自己的小错误带来的影响，认知不够客观准确。再次，他们对来自他人的负面或中性的社交线索过于敏感，并进一步进行自我挫败式的内归因。比如，当他们在回答问题时，如果此时老师做了一个皱眉的动作，他们立刻注意到该动作，并自动化地将老师皱眉归结为老师不满意，因为自己的回答不够好，因而感到紧张不安，而不是把老师皱眉的动作解释为他在认真思考。以上种种不合理的认知导致他们在作报告时不能将注意力集中在报告内容本身，导致表现失常，因而对自己更没有信心，并引发更深的恐惧感。

（3）缺少人际交往的技巧

有些大学生缺乏人际交往技巧，比如，不善于倾听、不善表达自己的想法而被人误解、不善于把握交往尺度、不善于整饰形象等，这些都容易造成人际交往障碍。一旦交往失败，会导致个体失去交往的信心和勇气，变得更加恐惧和回避交往。

3. 社会原因

家庭冲突、父母离异、去世等使个体缺乏社会支持系统，缺乏安全感、自卑、退缩；父母过于保护或过于专制使个体缺少社交训练、人际交往能力匮乏；另外，一些重要的负性事件，比如，权威人物的负面评价、因生理缺陷而被人取笑、童年遭欺凌、被同龄人拒绝或者忽视、长期无法融入集体等，这些社会原因都容易导致个体产生社交恐惧。

那么，那些社交恐惧的个体是如何在人际互动情境中强化了适应不良的循环呢（见图3.7）？其中，安全的行为可以被定义为：个体用于回避社交情境

（这一情境被个体视为具有威胁性或灾难性）——而实施的一种行为。比如，"避免眼神接触""避免与他人握手""只说简短的句子""保持安静，防止吸引他人的注意"等。在社交情境中使用安全行为暂时减轻了焦虑恐惧情绪，但是会产生更多的负面影响，如阻碍个体社交学习的机会、降低自我效能、加剧对未来社交情境的恐惧和回避行为，以及给他人留下不友好的印象等，从而导致社交恐惧症状维持与恶化。

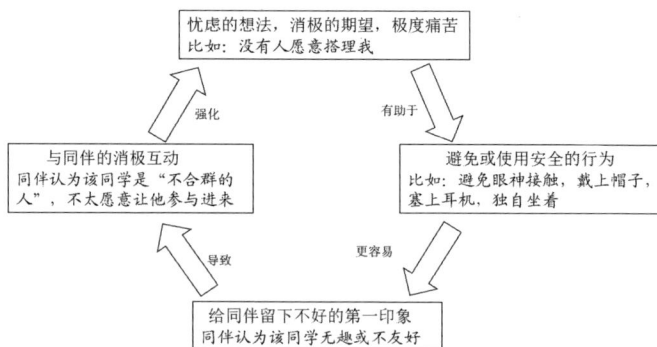

图 3.7　人际互动情境的不良循环

如何克服社交恐惧？以下是一些处理社交恐惧建议，你可以试一试：

1. 带着策略进入社交场合

找到让你感觉最舒适的地方和人！如在参加生日 party 时，你可以找一个安静的地方，这样就不会被一大群人狂轰滥炸了；如果你感到不知所措，可以回到熟悉的面孔身边，在那里你会感到更放松，能平静下来。

2. 重复让你平静的词或短语

当你感到焦虑和恐惧时，重复一个让你平静下来的词、短语或一种想法，比如，"放松""镇静""没人在乎""没啥大不了的"，任何能帮助你把注意力从不想要的焦虑想法转移到平静的自我对话上的词或短语都可以，它们可以友好地提醒你，焦虑只是由思想产生的一种感觉。

3. 一定要有应急"逃生"路线

你的计划中建立一条"逃生"路线可以减少社交恐惧，如果你感觉被困在活动中而无法逃离，那么社交恐惧可能会加剧。

4. 提前消耗肾上腺素

在参加社交活动前，消耗掉你体内多余的肾上腺素，那么，你的神经系统将保持更好调节功能，有助于保持冷静。比如，来一场寝室大扫除或者挥汗如雨的锻炼。

5. 成为好的听众

人们喜欢好的倾听者！注意倾听别人的谈话有助于减少你必须进行谈话的感觉。从别人谈话里搜索关键词，然后重复它们。例如，有人说她最近很忙，因为她要准备大学英语等级考试。你可以简单说：是的，大学英语等级考试确实很重要，会有压力，要花时间认真准备。另外，你还可以关心她，你最近复习得怎样了？

6. 准备一些可以聊的话题

许多人渴望谈论自己，所以把大部分的谈话留给他们，问一些关于他们的问题。比如，询问他人"你喜欢如何度过周末时光？"或者"你最近在读什么书？"而且，人们都喜欢他人的赞美，"告诉别人你喜欢他们穿的衣服或佩戴的装饰，问问他们是在哪儿买的？"

7. 呼出任何突然出现的焦虑

有时我们忘了呼吸，这听起来是不是很傻？但当我们紧张或焦虑时，呼吸会变得急促！因此，缓慢的呼吸有助于产生平静感。你可以通过吸入 8 次，呼出 8 次来做到这一点，保持放慢你的呼吸让你接地，活在当下！

8. 学会在社交场合中"学步"

为了克服社交恐惧，建议可以冒点小风险。在你的舒适区之外多接触一些事情，一步一步来……把自己放在一个有时间限制或只是稍微不舒服的环境中，然后从那里开始，按照设置的渐进目标推进，一切都会变得不同。例如，试着承诺参加一个小时的聚会，而不是自己独自待一整夜。当我们设定目标并最终实现时，即使是很小的目标，我们都会感到很有成就感，这有助于建立自尊。

9. 停下来看看你的周围

这是一种正念的形式或者转移注意力的形式，让你远离不安情绪。

当你感到社交恐惧爆发时，运用你的五官感受那一刻你听到、看到、嗅到、尝到、摸到了什么？这是一个完全便携的过程，可以帮助你在当下接地，获得全身的镇静效果。如果你在餐厅，你可以花点时间注意桌上花的气味，食物的味道，点心的形状……，这些策略可以帮助你回到身体的中心。从本质上说，大脑不可能同时处在紧张和放松两个完全相反的地方，所以当你真正关注当下的感受时，焦虑、恐惧、不安、灾难性的想法等都和你保持了一定距离。

10. 挑战你歪曲的认知

社交恐惧的个体头脑中都存有一些歪曲的想法，比如，"每个人都会评价我""他们会觉得我很蠢、很无趣"或者"没有人会愿意跟我说话"……，写下这些想法并质疑它们，"这是百分之百正确的吗？""如果是真的，最坏的结果是什么？""这种可能性有多大？""我能处理吗？"……。提前在心里挑战这些歪曲的认知，可能是一种缓解焦虑的做法。

11. 抵制逃避社交场合的冲动

战胜社交恐惧需要每天坚持，不要在工作或日常活动中避免不舒服的社交场合。暴露疗法认为，反复暴露在一个令人恐惧的情境下会导致熟悉和适应，减少焦虑和恐惧。因此，任何时候，当你觉得自己想要退缩时，挑战自己去和别人交谈，并全身心投入其中。或者每天温和地强迫自己做一些令人尴尬的小事，比如，和陌生人搭讪，哪怕别人不怎么回应。这让你有机会认识到，"即使你真的感到尴尬，那也没什么大不了，不是世界末日！"

12. 赞赏你的努力

患有社交恐惧症的人往往想要表现完美，他们过分夸大了自己的缺点和弱点，经常苛责自己，这是具有破坏性的。与其批评自己，不如尝试给自己一些自我怜悯。对待自己就像对待最好的家人或朋友一样。记住，所有人都有挣扎的时候，你并不孤单！关注积极的一面，时刻提醒自己在社交场合取得了成功，相信自己有能力再做一次！

三、愤怒

求助者，小郑，女，大二学生。主诉：寝室同学总说我"很二"，老拿我开玩笑，有些玩笑已经伤害我的自尊了。但是，我从来不反驳她们、顶撞她们，因为从小爸爸妈妈都反复教育我要"友善"，要做"淑女"，不要和其他人起冲突。可是，老师，我真的觉得很委屈……。

如果你置身于小郑所处情境，你的感受是什么？对，是愤怒！当有人冒犯你的边界、打破你的防线时，你会感到愤怒。

从事愤怒心理研究的权威学者斯皮尔伯格（Spielberger）将愤怒定义为"一种由不同强度的感受组成的情绪状态，从轻微的激惹或恼怒到狂怒或暴怒"。从情绪组成的角度看，可将愤怒划分为情感、认知和行为三个维度。情感维度在英文中用 anger 一词指代，是受到研究最多的维度；认知维度主要指敌意（hostility）；行为维度指攻击（aggression）。

愤怒是基本情绪之一，是人类最普遍和常规的情绪，也是正常、健康的人类情绪。

社会广泛认为愤怒是消极情绪，社会允许个体表达焦虑、沮丧或其他情绪，但却不支持个体表达愤怒情绪。虽然愤怒通常被大家认为是一种负性情绪，但是，它可能是一件好事。当边界受到冒犯时，愤怒常常唤起剧烈的情绪和攻击性行为，有助于我们坚持自主权，获得力量感和掌控感，平衡羞耻感和脆弱感——因此，心理分析学家将其定义为"健康的自恋"。

但是，当愤怒超过一定范围，我们就像受某种未知而又强大的力量所摆布，情绪失控并带有破坏性，导致一系列问题——影响工作和学习、人际关系、身体健康以及整体生活质量。

《黄帝内经》中："喜怒不节则伤脏，脏伤则病起。"中医认为，怒则伤肝。愤怒情绪是产生内伤杂症的根源。人在愤怒时，全身血液涌到脑部和心脏，易引发脑出血，心脏瞬间承受过大冲击容易使血压升高，突发心脏病。而且，愤怒时人体产生过多的酸性物质，引发各种疾病。

大学生血气方刚，产生愤怒情绪时容易大打出手，产生攻击行为，严重时迷失自我，危及他人和自己的人身安全。近几年，大学校园中校园暴力或欺凌、自杀事件时有发生，这些校园恶性事件都与愤怒情绪关系密切。而且，发展心理学研究和心理咨询与治疗临床个案记录都强调愤怒在人格正常和异常方面的重要性。当愤怒表现的适当限制系统未能发展时，个体就面临着人格异常发展和反社会行为的风险。所以，当愤怒情绪产生时，我们要学会如何应对以及建设性地转变情绪。

在什么情况下，我们容易愤怒？

当我们遭受攻击、冤枉、伤害、不平等的对待，或遇到挫折（如堵车、航班取消、考试失败），或身体疼痛或疲劳，易激惹，或面对巨大压力，喘不过气来；又或者经常感到做事信心不足，对自己失望……所有这些都可能会使我们产生愤怒情绪。

日常生活中，愤怒有哪些表现形式？心理学家把愤怒分为六种类型。

第一种：爆发型愤怒

生活人有些人脾气火爆，"怒点"很低，他们一遇到不顺心的事，肾上腺素会突然上升，爆发愤怒。人在暴怒时，往往很难有同情心，通常会说一些让自己事后后悔的话或做出无法弥补的举动。比如，对于另一半不好的卫生习惯，在愤怒时他们会说："如果你再把脏衣服到处乱扔，你就搬出去住吧，这日子没法过了！"那一刻，身边人会感到地动山摇，想要逃离开。

第二种：隐忍型愤怒

即使内心有一万个愤怒的火球，但他们仍然给别人展现出一张笑脸，不漏痕迹地掩藏真实的情绪。他们会说："我很好，没事的。"如果愤怒得不到外在发泄，那么它可能指向自己，产生内化问题，情绪上出现过度紧张、抑郁症状，行为上以自毁的方式宣泄怒气，比如，暴饮暴食、过度消费等。

第三种：嘲弄型愤怒

根据以往的生活经验，他们认为直接表达负面的愤怒情绪是不对的，所以，选择了一种拐弯抹角的方式表达自己的不快，并且像开玩笑一样脸上还带着笑容。比如，约会方迟到，他会说："哦，你迟到得正好，让我有了整整半个小时的休息时间！"尽管嘲弄者认为自己只是在开玩笑，而对方未必能读懂这种幽默，会伤害对方，破坏关系。

第四种：破坏型愤怒

他们不喜欢面对面的斗争，也担心正面抗争无法取胜，但他们也不会隐忍或独自吞下愤怒，他们会变成"隐秘的愤怒者"，采用更隐蔽的方式偷偷攻击别人，表达自己的愤怒。破坏型愤怒带来的结果是"双输"。比如，在争夺玩游戏时，他会说："不让我玩，那我把电脑上所有游戏都删除掉，大家都别玩！"

第五种：自责型愤怒

他们将愤怒藏在内心，把所有的过错都揽在自己身上，对自己失望和不满。比如，妻子对于丈夫的背叛会说："他之所以背叛我，都是因为我的错，因为我是一个糟糕的妻子。"

第六种：习惯型愤怒

他们的反应并不是针对特定事件的正确反应，而是一种错误习惯，是一种消极的思维模式让他们感到愤怒。

这种思维模式具有非理性思维的三种特征。

他们的思维具有糟糕至极的特点。遇到不理想的情况，他们会告诉自己"这太糟糕了、真可怕，一切都毁了"。他们会感到事情无法控制和愤怒。如果他们对自己这样说："发生这样的事确实很令人沮丧，但这并不会导致世界末日，而且即使发怒也于事无补。"

他们习惯运用概括性的词语，比如，"你总是打断我""你从来不考虑我的感受""所有人都不尊重我"。类似的句子会让他们感觉愤怒是正当的，而且会让互动对象感到自己被曲解、被指责而疏远他们，使情况变得更糟糕。

他们的思维有"必须""应该"的绝对化要求。愤怒的个体往往会要求别人以公平、欣赏、赞同的态度对待自己，甚至要按照他们的意愿行事。"我 / 你必须""我 / 你应该"等要求没有被满足时，他们的失望就会转化为愤怒。愤怒的个体需要意识到他们的认知歪曲，变"必须""应该"为"希望"，会更加健康。

在遭遇攻击时，愤怒常常唤起剧烈的攻击性情绪和行为，使我们迅速进入战斗状态，保护我们。所以，在一定程度上说，愤怒是朋友，有利于我们的生存。但是，愤怒也可能是敌人，这取决于我们在处理紧急情况时，正确认识和表达愤怒，解决问题，保护我们的身心健康，否则，可能会导致各种各样的问题。

一些专家认为，压抑愤怒可能使它指向自己，导致焦虑和抑郁；如果愤怒情绪未表达，会破坏人际关系，可能会制造出新的问题，导致非理智的愤怒表达方式，比如，经常贬低他人、对他人怀有敌意、说出愤世嫉俗的言论，这些都会令个体的人际关系受损。未表达的愤怒还可能导致身体问题，比如，高血压、冠心病、糖尿病、头痛、皮肤疾病和消化问题等。愤怒还会引发对健康造成威胁的行为，比如，攻击性驾驶、饮酒和吸烟。

应该把正常的愤怒与傲慢、特权意识、施虐控制、人际剥削、情感操纵和暴力区分开来。当愤怒过度或以不健康、危险或对他人有害的方式表达时，它就会成为一个问题，导致冲突升级。无法控制的愤怒会迅速转化为攻击、虐待或暴力。

你可以采用以下方式帮助自己控制愤怒，健康的表达愤怒为你创建安全边界：

1.意识到你的感受，知道什么时候你生气了。注意愤怒正在积聚的迹象。例如，你可能会感到紧张，对别人不耐烦，或头痛。

2.问自己"到底是什么在困扰我？"是与他人的互动还是你内心的某些东西引起了你的愤怒？要知道，愤怒有时是为了隐藏或掩饰我们的其他情绪，比如，窘迫、羞愧、受伤或脆弱。避免把你的愤怒转移到那些不是引起你愤怒的人身上。

3.用"暂停"来缓解紧张关系。当你意识到愤怒的迹象时，让身边的人知道你可能需要冷静一下。深呼吸，去一个安静的地方，继续深呼吸，让自己平静下来。

4.检查你在生气时的行为选择。想象一下你会如何回应，为你的愤怒负责。情境可能会导致你愤怒，但你得为你的行为负责。你可能有正当的理由感到沮丧，但你不必表现出不适当的敌意或伤害。努力培养更多积极的行为来代替消极的行为。

5.学习如何维护自己的权利，和那个让你生气的人说话。利用愤怒产生的身体和精神能量来引导你对情境的反应。机智而不带威胁地帮助对方了解他或她的行为对你的影响。用"我……"来描述你自己的感受，而不是指责对方。这种非暴力沟通技巧如何操作将在随后部分详细阐述。

6.开展有助于应对愤怒的活动。运动能减少焦虑和沮丧的感觉，或者每天练习放松技巧也能帮助你应对愤怒。

那么，遇到冲突时，如何在没有义愤填膺和偏见的氛围中建立起连接，相互尊重，解决问题？马歇尔·卢森堡（Marshall B.Rosenberg）撰写的《非暴力沟通》一书给出了答案。

马歇尔谈到要充分表达愤怒，需要区分"刺激"和"原因"。"你让我生气""你这样做伤害了我""你那样做我很难过"……类似的想法会让我们误以为他人的言行导致了我们的愤怒。但是，要认清，无论他人做什么，都绝非我们愤怒的原因。

例如，我们约了朋友，时间到了他却还没来。若我们觉得被对方轻视，可能会感到伤心；若我们觉得时间被浪费了，也许感到恼火；若我们正好希望有一段安静的时间独处，那么，我们不但不生气还很庆幸。所以，从这个例子看出，产生情绪的原因不是他人的言行，而是我们自身的需要。一旦我们意识到自己的需要——确定自己在对方心目中的地位、时间被浪费或是正想独处，就能触碰我们的生命能量。这时，我们可能会有强烈的感受，但绝非愤怒。

所以，他人的行为"刺激"了我们的情绪反应，但不能把"刺激"等同于"原因"。"我的生日你居然忘记了，太让我失望了。"这样的表达将"刺激"和"原因"混为一谈，让对方内疚，成为操控和强迫的手段。

比如，妈妈看到孩子在超时间玩电子游戏而没有做作业，她生气地说："你从来都不守时，你总是管不好自己！"这些带有"从来""都""总是"等词语的评判性的言语让妈妈感觉发泄愤怒是正当的。妈妈可以这样表达自己的需要和情感："孩子，看到你在超时间玩电子游戏而没有做作业，妈妈很担心也有些失望，担心你玩电玩过度对眼睛不好，也对你缺乏自律性感到失望。"而且，还可以提出请求："你是不是愿意现在就赶快停下游戏，开始做作业呢？"

从上例妈妈的表达可以总结出马歇尔非暴力沟通的四个要素：不带评论的观察、体会与表达感受、关注需要和提出请求。当然，当我们觉察到愤怒时，需要先停下来、深呼吸，然后再按照四个要素操作，建设性地表达愤怒。

首先，我们要清楚地观察有哪些所见、所闻和所触，而不要夹杂任何评论。这并不是说要保持完全客观，不做任何评论，而是要区分观察和评论。比如，

"他真是一个糟糕的球员",这是使用了诸如"糟糕""坏""懒"等负面标签的评论,会激起他人的不满。我们可以换成仅描述事实又不掺杂评论的表达,"他在过去20场球赛中未能进一球"。

接着,体会和表达感受。心理治疗师罗洛·梅(Rollo May)认为:"成熟的人能捕捉到感受的细微差别,不论是强烈热忱的,还是微妙细腻的,就好像聆听交响乐的不同乐章。"但是,很多时候,我们体会到的感受"像军号上的音符一样单调"。人们认为感受无关紧要,重要的是各种权威所界定的"正确思考方式"。对很多人来说,体会和表达感受是很困难的,对律师、军人、警察等尤为困难,流露和表达情感和他们的职业形象相冲突。但是,压抑情感是有害的,体会和表达感受能化解冲突,提升亲密关系。请注意,我们要区分表达的是自己的想法还是感受。比如,"我觉得同学看不起我",其实这是一种想法,即我认为别人如何看待我。表达感受可以这么说,"同学看不起我,我感到难过和挫败"。

随后,关注我们的需要,为自己的感受负责。生活中,我们常利用内疚感推动他人,就是通过把自己的感受归咎于他人来现实的。比如,"昨晚你没来,让我很失望",这样的表达完全把自己的失望归于对方的行为。让他人为了迎合自己或避免愧疚做出改变,但是这种改变并不是出于真心的。换成这样的表达,"昨晚你没来,我很失望,因为我想和你聊一些烦心事",这时把失望归因于自己未被满足的需要。我们越能与将自己的感受和需要相连,他人就越容易对我们做出善意的回应。所以,采用"我感到……,因为我……"这种方式表达既关注了需要,又让我们对自身的感受负责。

最后,在表达了观察、感受和需要之后,我们提出一个明确的请求来满足需要。在提出请求时,注意使用正向、具体的语言,尽量避免模棱两可或抽象的语言,要清楚地告诉对方请求他们做什么,而非不要做什么。比如,"我希望你尊重我的隐私",这并不是一个具体明确的行动,可以换成"请答应我,进我的房间前先敲门"。在表达请求时,需要注意请求和要求的区别,"应该""应当""理应"这些表达都会将请求变成要求。

卢森堡博士是一位勇于面向人性的艰难、调停对立族群和帮派的和平使者。

学习和践行非暴力沟通，能让我们进入一种被拓宽的、真实的意识状态，行之有效地化解争端、消弭冲突，达到人际和谐。

四、悲伤和抑郁

（一）悲伤

悲伤通常被定义为一种短暂的情绪状态，其特征是失望、忧虑、绝望、无兴趣和沮丧。

悲伤是所有人都会时不时经历的情绪，它有很多表达方式，比如，安静、无精打采、不合群或者哭泣。如果你受到过度刺激或精神紧绷，哭泣会帮助你在艰难工作、紧张忙乱或失落之后给你松绑，帮助你冷静和放松自我！所以，哭泣是万能的灵魂治疗方式！但是，在现实社会中，大声哭泣或展示致命弱点被认为是不可取的。所以，悲伤时我们会习惯性地选择分心和逃避行为，通过"人造的快乐"阻止悲伤。我们迷路了！

悲伤让你慢下来，感觉你的丧失，这可能是一个重要的物件、一个重要的人或者一段重要的关系。释放需要被释放的东西，使生命的流动变缓，而不是以僵硬的状态一味向前！真诚地体验悲伤，就会与内在真实自我建立联系，退回到无伪装的生活，恢复生活的活力！

愤怒是悲伤的盟友！在稳健的心灵中，愤怒应该出现在悲伤之前，愤怒会保护你的边界和自我形象，而悲伤以更加内化的方式让我们接地，恢复情绪的流动性和我们的整体性。

然而，悲伤和愤怒这种关系在很多人身上被扭曲——悲伤成为其主导情绪，愤怒则匿身其后。那些对他人彬彬有礼、顺从、软弱、回避冲突、人际敏感、缺乏自我保护或建立边界能力的个体，人们常常称他们为"被动攻击者"。在他们身上，悲伤不是一种情绪状态，而是一种选择，是一种"生存智慧"，只不过这种"智慧"会带来很多负面影响。

悲伤主导型的个体往往具有创伤的成长史，他们是不断遭受暴力伤害的幸存者，他们的父母可能吸毒、酗酒或者情绪冲动。恐怖或暴力的直接经历让他们彻底回避愤怒，因为愤怒无法保护他们，放弃愤怒是唯一正确的途径，这是非常勇敢的肯定生命的选择。因为在狂暴独裁的家庭结构里，没有太多空间容纳另一种声音、另一个愤怒的人。

但是，正如弗洛伊德所言："被压抑的情感不会就此死去，它们只是被掩埋了，但总有一天会以更丑陋的样子再次出现。"所以，在不允许直接表达愤怒的家庭中长大的创伤个体就会倾向于使用压抑的方式去表达自己的愤怒和沮丧等消极情绪，最终变形为"被动攻击者"。

创伤个体保持了一种过度亢奋的生存模式——不断地准备和期待危险出现！再三遭受创伤的他们把生存技能发展成一种"被动攻击型"人格，这意味着他们往往受情境或关系吸引，在生活和工作中总会涉及愤怒的上司、伴侣、同事或朋友。他们表面上看起来很好相处，但是因为内心充满愤怒和不满，实际行为却表现得不合作、暗地敷衍、拖延等。他们厌恶权威却又依赖权威，在强烈的依从和敌意冲突中很难取得平衡。

悲伤主导型的人常常会体验到身体和情绪上的不安宁、周期性焦虑和抑郁、不满意的关系或者难以忍受的孤独感。或许，重新认识愤怒情绪的作用能够帮助他们走出困局。

在很多情况下，不稳健的愤怒和悲伤会陷入争论。比如，你越愤怒，哭得越凶或许感觉越沮丧，愤怒无法帮你恢复边界；你非常悲伤时，你发现自己被莫名的怒火充斥。这种内在混乱极其不稳定。因你对愤怒和悲伤管理不善伤害了他人和自己，你陷入人际关系的尴尬和绝望中。

当个体不允许悲伤顺其自然流动时，悲伤就会变成很糟糕的绝望（也称"沮丧"），它是受虐者的生存工具。受虐者为了诱发施虐者的仁慈，学会了以低贱的姿态——一种绝望和极度沮丧的姿态——做出回应，而不是以愤怒的方式。

待在绝望中，拒绝释放悲伤，会使个体陷入荒谬的局势——弱者的暴政。记住，你的生活不仅仅取决于在你身上发生了什么，更取决于你如何处理应对它们。

在某些情况下，人们可能会经历长时间的、严重的悲伤，然后转变成抑郁。

（二）抑郁概述

抑郁是人们日常生活中极易出现的一种不良的情绪体验。美国精神病学协会报告称，1/6 的人在人生的某个阶段会经历抑郁情绪。我们都体验过抑郁情绪，这是和伤害、挫折相伴的一种正常情绪。严格地说，抑郁不是一种单一情绪，而是一组包含悲伤、苦恼、沮丧等的情绪，是一种由情绪、态度、决定和健康问题等组成的丛。

抑郁情绪和抑郁症只是程度上有所不同，而没有类别上的区分。它们的区别主要表现在三个方面：第一，抑郁情绪与境遇相称，而抑郁症与境遇不相称。比如，和平时考试相比，如果你遭遇高考失利，那么，你会感到极度悲伤和沮丧；第二，抑郁情绪会随着时间流逝而逐渐消退，而抑郁症持续较长时间；第三、抑郁情绪对个人的社会功能影响较轻，而抑郁症会严重影响到个人的身心健康、社会交往、职业能力及躯体活动等。

根据世界卫生组织的数据，2015 年全球有超过 3 亿的人正在经受抑郁症的折磨。抑郁症作为一种持续时间长、负面影响大的心理障碍，严重影响到了个体正常的生活、工作。如果你的抑郁情绪持续数天或数周，或者干扰你参加活动或与人互动的能力，那么，你可能会患抑郁症。

我国抑郁症高发人群的年龄分布在 15～19 岁和 25～29 岁之间，大学生正处于高发的年龄阶段。已有研究表明，我国高校大学生中有 37.79% 的学生有一定程度的抑郁倾向（屈智勇等，2008）。具有抑郁倾向的个体虽表现出心境低落等特点，但他们的症状较轻，且并未造成社会功能的损伤，尚未达到临床抑郁症的诊断标准。这种状态被称为"阈下抑郁"。虽然抑郁倾向个体的心理状态和社会功能比抑郁症患者好，但如果未及时接受治疗则可能会发展为抑郁症。

抑郁症是现代精神病学名词，它是以心境低落、兴趣和愉快感丧失、精力不济或疲劳感为核心症状，伴有一系列精神运动症状、认知障碍、自主神经功能紊乱以及躯体症状。具体来说，我们可以从情绪、认知、动机和躯体症状等方面来描述抑郁症。

情绪症状：个体表现为悲伤、沮丧、无助、不幸、绝望、寂寞、不快乐、无用、无价值、自尊受挫、羞愧、焦虑等。其中，悲伤和自责是最明显的情绪症状，焦虑在抑郁中也很常见。

请注意，前面我们已经介绍过焦虑情绪，在这里对抑郁和焦虑做进一步区分。纯焦虑症状包括：忧虑、紧张、易怒、发抖、过度担心、噩梦等；纯抑郁症状包括：无助、抑郁情绪、兴趣缺乏、不快乐、自杀的想法、性欲降低等。纯焦虑和纯抑郁的症状并不是任何一种精神障碍所特有的，我们可以把它们合称为负性情绪。区分出哪些是属于纯焦虑或纯抑郁的症状，是区分这两种障碍的关键。在临床上，因为抑郁包含焦虑，而且抑郁比焦虑更严重，所以，在诊断抑郁时无需排除焦虑，但是在诊断焦虑时需要排除抑郁。

认知症状：对自己的消极信念；以悲观绝望的态度看待未来。抑郁症患者具有较低的自尊，而且他们认为失败的原因来自自身的无能、无法胜任和无才干，并因此而自责；因为无能，他认为即使自己再去尝试，未来也注定会失败，他们把自己笼罩在消极的氛围中，以悲观绝望的态度看待未来。

动机症状：矛盾情绪似乎是抑郁症的一个常见症状；作为一个抑郁症患者，即使做决定对于他们来说是非常重要的，但是，他们往往由于担心做出错误的决定而失去勇气；在非常严重的案例中，缺乏主动性被称为"意向麻痹"。他们对很多事情失去了兴趣，哪怕这件事之前是他们很喜欢的。他们时刻需要他人的帮助，被催促着去睡觉、穿衣甚至进食。他们说话和行动的速度都极其缓慢。

躯体症状：抑郁症最具破坏性的症状可能就是躯体症状了，而且躯体症状在临床诊断中占有很大的比重。一项针对 1146 个抑郁症患者进行的研究表明，大约 70% 的患者有躯体上的症状（Simon et al.,1999）。常见的症状是食欲下降，在严重的抑郁症中伴随体重下降，而轻度抑郁症可能伴随体重的上升。睡眠失调也很常见，抑郁症患者难以入睡，但更常见的是早上过早醒来，以至于一天中剩下的时间都与疲劳为伴。对性失去兴趣也是抑郁患者的躯体症状表现。

抑郁症病人发生食欲改变，可以用情绪性进食来解释。情绪性进食可以定义为"由情绪引起的为应对消极情绪的进食行为，而不是由饥饿感引起的进食行为"（Avers，2010）。关于情绪性进食有两种理论：情绪一致性调节理论和情绪调节理论。情绪一致性理论认为，人们倾向于加工与自己情绪一致的信息，例如，人们在开心、愉悦等积极情绪下增加进食量，而在抑郁、焦虑等负性情绪下减少进食量。情绪调节理论认为，基于快乐原则是饮食的即时效应，个体通过进食行为来调节日常情绪，也就是说，通过大量进食来暂时缓解焦虑、不安、抑郁等情绪，情绪性进食是一种宣泄情绪的方式（刘文俐，蔡太生、朱虹等，2016）。情绪性进食可以概念化为一种情感回避，那些饮食行为失调的人，包括情绪性进食的人，通常缺乏适应性的情绪调节技能，并将进食作为应对不良情绪状态的一种方式（Giannini，White，&Mashed，2013）。

根据情绪性调节理论的观点，轻度抑郁者通过进食来缓解抑郁情绪，导致体重上升；而重度抑郁者因为对很多事物失去兴趣，导致"意向麻痹"，甚至缺乏进食和吞咽的动机和意向，所以体重明显下降。

哪些原因容易导致个体抑郁呢？我们可以从以下三个方面理解。

第一，大脑中的生物化学物质会影响一个人经历抑郁的可能性。神经递质 5-羟色胺（又称血清素，5-HT）是导致抑郁症的罪魁祸首，国际科学组织把 5-羟色胺认定为让人感到良好的化学物质。5-羟色胺能调节我们的认知与情感，当它的含量升高时，我们会感到愉快；当它的含量下降时，我们则会感觉焦虑、沮丧，甚至产生抑郁症。

第二，遗传因素，抑郁是可以遗传的。同卵双胞胎研究表明，当同卵双胞胎中的一个抑郁时，双胞胎中的另一个抑郁的可能性为 70%。

第三，人格特征及环境因素。那些具有低自尊、悲观的人生观，以及较低的压力处理能力等人格特征的个体，以及那些遭受过暴力、虐待或重大丧失的个体更可能经历抑郁。

抑郁出现在我们感到沮丧和悲伤时，当我们在某种程度上知道自身无能，或面对日常生活中社会的、政治的、经济的衰败或不公时，抑郁是在对这些问题采取正当的和合乎逻辑的反应，是对令人沮丧的或不稳定的刺激产生的一种自然的保护性反应。

请注意，虽然抑郁受遗传或生物化学物质影响，但是不能把它看成独立的疾病实体。我们不应该将抑郁妖魔化，而是需要聆听它的智慧。抑郁通过中断电路让我们的能量干涸或逐渐消失，警示我们需要关注生命中严重干扰生活平衡的具体现实。在日常生活中，有些人爆发循环往复的狂怒，他们总有正义的愤慨情绪，对很多事物看不顺眼，请注意，愤怒往往掩盖了他们潜在的抑郁状态！需要去看心理医生。

为了监测自我的情绪，大学生应该关注抑郁症的常见症状：

1. 情绪低落

2. 缺乏兴趣

3. 社会性退缩

4. 食欲不振、暴饮暴食或消化不良

5. 过多的睡眠，失眠或清晨早醒

6. 性欲丧失

7. 头痛、背痛或其他原因不明的疼痛或不适

8、身体上的烦乱或不安

9、慢性疲劳或乏力

10. 缺乏动机

11. 感到绝望、无价值或内疚

12. 注意力难以集中、记忆力受损、优柔寡断或思维混乱

13. 忽视外表或卫生

14. 易怒或情绪变化快

15. 产生死亡或自杀的想法

在和抑郁有关的心理疾病中，我们要区分抑郁症和抑郁性神经症。抑郁性神经症，又称恶劣心境，也就是持续的心情不好。如果将抑郁症比喻成狂风暴雨，那么恶劣心境则像是黄梅天的阴沉细雨——淅淅沥沥，连绵不绝。

抑郁性神经症和抑郁症可以从以下六个方面相区别：

1. 严重程度不同：抑郁性神经症患者的症状较轻，而抑郁症患者的症状较重。

2. 生物节律不同：抑郁性神经症患者的症状在一天中变化不明显，而抑郁症患者的症状表现出"晨重暮轻"的特点。他们在夜晚即将到来时感觉压力变小，一切都可以随着一天结束而结束，症状变轻；而早晨醒来时他们将面对新的一天，又是各种烦恼，为此感到心情沉闷、不知所措，症状加重。

3. 病程不同：抑郁性神经症患病在 2 年以上（间歇期不超过 2 个月），而抑郁症 2 周就可以确诊。

4. 诱发原因不同：抑郁性神经症由社会心理因素诱发，而抑郁症由生理因素诱发。

5. 人格基础不同：抑郁性神经症由人格缺陷导致，而抑郁症患者人格健全。

6. 药物的效果不同：药物对治疗抑郁性神经症患者的效果不明显，而对抑郁症患者的治疗效果明显。

随着心理学知识的流行、心理学书籍的畅销以及网络的便利，很多心理疾病为大众所认知。一些有心理困扰的人便会查阅相关知识，很快给自己贴上各种疾病标签——抑郁症、焦虑症、强迫症……其实，有些时候我们混淆了自己在一段时间里正常的心理波动与心理疾病的差别。如果你有上述症状，怀疑自己得了某种心理疾病，可以向学校心理咨询中心的老师求助，他们可能会建议你去看医院的心理科或精神科，寻求进一步的专业帮助。如果抑郁症是由生物化学或基因引起或加重的，那么，医生会给你开一些药物。

除了寻求专业人士的帮助外，自我照顾对于减轻抑郁症的负面影响也很重要。大学生的自我照顾包括：

1. 每晚保证 7 ～ 9 个小时的足够睡眠。睡眠障碍和睡眠匮乏极大促使抑郁的发生，造成荷尔蒙及化学物质的不平衡。因此，没有什么能替代香甜的睡眠。

2. 照顾好你的身体，吃有营养的食物。当你感到情绪不安时，请不要进食。"我真的没饿，只是有点心情不好。"我们需要尊重和引导情绪，而不是喂养她。

3. 每周至少进行 2.5 小时中等强度的锻炼。

4. 避免酒精等刺激性物品。因为酒精是一种会加重抑郁症状的镇静剂。

5. 管理压力。花时间和支持你的家人和朋友在一起，或者培养一些有趣的爱好。

总的来说，抑郁反应降低了个体情绪的敏感度和恰当感受任何情绪的能力。"品尝各种美食""和朋友去旅行观赏美景""看一场精彩的球赛"……所有这些曾经带来快乐的行动现在都变得遥远而陌生，个体无法再体验和感受，感觉生活了无生趣。那么，会有不好的后果。

(三) 反刍思维

在抑郁概述部分，我们介绍过抑郁的认知症状。导致发生抑郁的认知症状很重要一点是个体的反刍思维。

反刍思维是抑郁的认知易感因子，会引发、维持或加重个体的抑郁情绪 (Gilbert，2005；McBride&Bagby，2006)。反刍思维与抑郁之间的关系存在跨性别的一致性，一项以青少年群体 (13 ～ 18 岁) 为被试的研究表明，无论是在男生群体还是在女生群体中，反刍思维都能够显著正向预测抑郁症状 (Erdur-Baker，2009)。针对成年丧亲者的跟踪研究发现，控制了最初的抑郁水平、社会支持、压力源及性别等变量后，反刍思维仍可以预测之后六个月的抑郁水平 (Nolen-Hoeksema，1994)。

反刍思维也是一系列心理健康问题的预测变量，反刍思维与酒精滥用、焦虑症状、广泛性焦虑障碍、强迫症、创伤后应激障碍以及神经性贪食症等均存在相关。

那么，什么是反刍思维？

反刍又叫倒嚼，该词来源于生物界，指某些草食性动物在进食之后将部分未完全消化的食物从胃内返回口中进行重新咀嚼的过程。而抑郁个体的认知思维过程同样存在着类似的反刍现象，被称为反刍思维 (rumination)。反刍思维是指针对抑郁情绪倾向于反复思考痛苦情绪及情绪产生的原因、后果及事件中的细节的消极反应风格 (Nolen-Hoeksema，1987)。

比如，个体反复思索抑郁的症状"我怎么每天都这么疲劳"、抑郁的可能原因"为什么我总是心情不好而别人看上去活力满满"，以及抑郁可能引起的后果"如果我一直这样下去，我的工作怎么完成啊"。

想必大家都看过电视剧《武林外传》。女主角佟湘玉是一个命运多舛的女性，在剧中，每每遇到不顺心的事，她就会开始絮絮叨叨："额错咧，额一开始就错咧，额如果不嫁过来，额滴夫君就不会死，额夫君不死额就不会沦落到介个伤心的地方……"这段夸张的台词生动地反映了反刍思维的过程。

反刍思维是如何形成的？它的产生机制是怎样的？

不同的学者持有不同的观点。有研究者认为，反刍思维来源于童年经验，在儿时缺乏对环境的控制感，因父母过度保护或遭受性虐待而未学会积极的情绪管理策略的儿童，以及那些父母拥有反刍思维风格的儿童，成年后往往会形成反刍的思维风格（Nolen-Hoeksema，1995）。有研究表明：习得性认知偏差是导致反刍思维的重要因素（Papageorgious，2003）。个体早年所经历的压力事件或社交挫折使其倾向于对类似消极信息保持高度敏感，放大了真实事件的消极影响，他们担心这些消极事件和情绪在生活中再次复演。在此基础之上，有研究者提出了抑制障碍理论（Joormann，2004）。抑郁个体对消极事件线索保持无意识的高度敏感，并且由于存在抑制能力的缺陷，导致他们的工作记忆被冗余的消极信息挤占，降低了对积极信息的提取能力。这种认知风格从反刍的习惯化逐渐转向自动化，反刍思维阻碍了实际行动，降低了自我效能感，并最终导致恶性循环。反刍的注意范围理论（Witmer&Gotlib，2013）认为，负性情绪使得注意范围变得窄小，从而限制了思维和行为的有效性，个体的注意内容由此无法灵活转换，而持续集中在固定的主题中，导致重复性的反刍思维。

对反刍思维的研究以反刍的消极反应风格为开端，以后的研究也集中在它的负性意义上。但是，少数研究者认为反刍思维同样具有正向意义。

有研究表明，对负性情绪的关注是情绪消化必要的过程（Rachman，1980）。在反刍思维中，个体对自身情绪进行分析、自我觉察，这与情绪智力（识别、表达、理解和调节情绪）的成分有相似之处，可见，反刍思维可能会促进情绪智力的发展（Depape，Hakim-Larson，Voelker et al.,2006）。

马丁（Martin，1996）认为，反刍的具体内容在信息加工的角度上可被划分为分析式反刍和体验式反刍。分析式反刍涉及负性自我评价（Rimes&Watkins，2005）和抽象的自传体记忆（Crane，Barnhofer，Visser et al.,2007），具有非适应性。正如具体性减少理论（Watkins，2005）所阐述，反刍思维往往具有跨情境性与模糊性，典型表现如"我就是一个失败者"等类似的自传体记忆（包含了负性自我评价），因具体性减少，助长了反刍思维。而体验式反刍则与分析式反刍成分不同，可以促进个体状态的恢复，具有适应性。

研究者建立了反刍反应的两因素模型（Treynor，2003）并且进行了实证研究。反刍反应包括沉思维度和反思维度。沉思维度（brooding）含自我批判的含义，比如，反复思考"为什么我有如此遭遇，而其他人没有"等。沉思维度将注意力指向消极刺激，使个体一味沉溺在消极情绪中，是反刍思维中非适应的部分。反思维度（reflection）包含"我会写下我正在思维的内容，并加以分析"，它处理客观存在的问题，驱动我们完成目标，有助于减轻抑郁症状。

反刍思维的消极面会使我们钻进一个怪圈："为了避免重蹈覆辙""为了更好地认识自己""为了改变我们当前的痛苦感受"，我们花大量的时间和精力试图去理解自己的问题和不足，但是恰恰事与愿违，反复思考过往的失败，会让我们体验各种负性情绪，比如，无助感、软弱感、失控感、羞愧感等。这样不仅对解决实际问题于事无补，还会带来巨大的精神内耗，使抑郁程度加深。

那么，可以采用哪些方法减少反刍思维，从而降低抑郁症状呢？

第一，通过采用转移风格（Distraction），比如，参与运动、娱乐等喜爱或愉快的活动转移注意力，提升自我效能感，改善消极心境（Nolen-Hoeksema）。

第二，通过认知重评（congitive reappraisal）理解身心反应并缓和自身情绪，降低患抑郁症和焦虑症的风险。

研究表明，在认知重评条件下，个体更多从客观角度对悲伤事件进行积极思考，促使个体发现理解事件的更多方式，挖掘事件不同的意义，从而改写旧有固化的认知模式（Ray，2008），引发更多正性积极情绪；而在反刍条件下，个体倾向于从主观角度对事件进行反复思考，导致更多负性消极情绪。因此，认知重评相比反刍思维更具有适应性，能帮助个体有效管理情绪。

认知重评是一种缩短负面情绪循环的方法。

当我们处于一种强烈的情绪状态时，思维明显变得单一。悲伤时，头脑中存在大量让我们悲伤的想法，其他情绪也如此，愤怒伴随愤怒的想法、恐惧伴随恐惧的想法。我们发现自己处在一个循环中——想法激起情绪、情绪又影响想法、想法又激起情绪，如此循环往复。这种负反馈循环是慢性情绪障碍产生的部分原因。所以，当意识到我们的想法或思维已经陷入消极模式时，改变我们的想法或思维，或者改变我们理解事物的方式，就会改变我们的情绪。

比如，在开车去参加朋友生日聚会的路上你拐错了弯，导致你可能迟到。这时，你的头脑里会出现各种各样的想法，"这条路太糟糕了""碰到这样的事真倒霉""朋友们会怎么看我，他们会认为我是一个不守时的人"……。不同的想法会使你体验到不同的情绪，你会生气、沮丧、对自己失望……。

认知重评的本质是从一个更积极的角度来思考情绪的来源。这时，我们需要增加不同的观点，用一种抑制我们的痛苦情绪的方式进行思考。允许其他理解情境的想法和思维存在！想一想，"出现这种情况，还有什么其他可供选择的解释吗？""如果迟到了，可能发生的最糟糕的事情是什么？我能够经受住吗？""如果我心情好一点，我可能会怎么看待这种情况呢？"

我们不妨这样想"这条路还真考验人呢，说不定很多人都掉坑了吧""这一条路线我没来过，今天正好一边开车一边欣赏风景吧""我通常都很准时，今天是一场意外"……这时，你不再感受到强烈的愤怒、沮丧、失望，你会感觉些许轻松和惬意，这就是认知重评带来的"积极思考的力量"。

对情境进行多角度考虑和解释可以提高我们的认知灵活性，并帮助我们避免陷入那种感觉糟糕的下意识反应！

第三，正念（mindfulness）疗法，焦虑和抑郁是丑陋的表亲，抑郁根植于对过去的依恋，而焦虑则过度关注未来。然而，过去一去不复返，未来充满不确定性，当下才是我们所拥有的一切！

现在心理学界最流行的"正念疗法"，就是训练我们活在当下，觉察当下身体和心灵的一切。

什么是正念？

人们常常把正念等同于冥想（meditation），但是两者是有差异的。冥想是练习正念非常有效的一种方法，但并不是正念的全部。

美国心理协会（APA.org，2012）将正念定义为："……对自己的体验不加判断的瞬间觉知。从这个意义上说，正念是一种状态，而不是一种特征。虽然它可以通过某些实践或活动来促进，比如冥想，但并不等同于正念。"

当代正念之父乔·卡巴金（Jon Katat-Zinn）博士认为，正念是指有意识的觉察，以一种特殊的方式集中注意力，有意识地、不做评判地专注于当下。

卡巴金的这一定义被正念从业者和学术文献广泛接受，而且对于那些想要开始实施正念疗法的人可能更具有描述性。除了觉察，卡巴金还告诉我们要有意识地把注意力集中在"此时此刻"(right here，right now)。"此时此刻"是大多数练习冥想的人都已经熟悉的概念，这也是为什么冥想经常和正念联系在一起。很多人一听到"正念"首先想到的就是冥想。事实上，研究已经揭示出冥想练习经验和正念水平之间存在显著正相关。

也就是说，正念是一种觉察，是不带评判地对每时每刻的体验过程予以觉知和接纳。

这里介绍两种姿态——反思性的姿态和觉察性的姿态，它们都能推动我们认识到"主观体验主要是一种心理建构"，都有潜力把我们从体验的嵌入中拔出来，降低自动化的心理运作方式，养成平静安宁的心理状态。

生活中，我们每个人都把自己看得太认真，我们扮演着自己电影的明星。在那部叫《我》的电影中，主演当然是我，其他人都是配角！我们花费很多时间叙述"I""me""my"和"mine"，而且它们已经和大脑的某些区域认同了，就像叙事默认模式一样，形成了连锁的"selfing"。但是，我们忘了，"自我"是一个建构的过程。

"我是一个不受欢迎的人""我是一个情绪化的人""我是一个失败者"……这些建构出的想法让我们对自己感到失望、难过、厌恶……我们习惯性地建构自己体验中的"真实"，嵌入在与客观现实相混淆的主观体验中！

那么，我们需要一个内部观察者采用反思性的姿态，让我们从表征和体验中后退一步！我们可以这样说，"'我'认为'我是一个不受欢迎的人'，'我'不确定为什么？"那么，通过反思性姿态的元认知功能，我们发现自己目前处于"我是一个不受欢迎的人"这种特定的嵌入姿态，而不会自动化地认同这种观点。通过反思性姿态来调节或者过滤我们对于外部现实的表征和体验，我们成为自己人生的作者和解释者。

反思性姿态关注表征和体验的内容。

但是，到底是谁正在进行反思呢？你在哪里？你是谁？你是你的名字？你的年龄？还是你的想法？……那个浸润着我的历史、我的身份认同，占据我大量心理空间的"I"——"自我"在哪里？

思考这个问题，我们会有一种突然而强烈的困惑感，没有"自我"本身——"无我"，留存的只有"觉察"。根本没有"自我"，只不过是"一种持续流动的觉察的体验"。人生就是各种体验的总和，而不是"我是谁"！

"觉察的体验"促进对觉知过程本身逐渐认同，而不是与我们察觉到的、不断转换的自我状态（无论积极的还是消极的）相认同。

所以，觉察性姿态是一种对觉知的觉知，是一种彻底的无我状态。我们全然临在"此时此刻"，对体验"温和以待"，不纠缠不回避，接纳它们。

正念是对反刍思维陷入反复回想倾向的一种阻断，因为它训练个体从"行动模式"（Doing）（期待减少实际状态与期望状态的差距）转化为"存在模式"（Being）（表现为直接体验当下、非目标导向、接纳事物原本的样子）。个体活在当下的想法、情绪和身体感受里，直接觉察和体验内在状态，而不是思考各种体验。

Don't just do something, sit there（Boorstein，1996）一书中作者让我们的内心在时刻保持一种稳定和清晰的觉察。书中内容针对我们那么见风就是雨的习惯——在一触碰到外界或者内在想法的那一刹那，我们就立马反应起来，不自觉就被情绪和思维带跑，强调保持内心觉察的重要性。

"行动模式"具有不同的结构和特征，我们要变"行动模式"为"存在模式"（见图 3.8）。

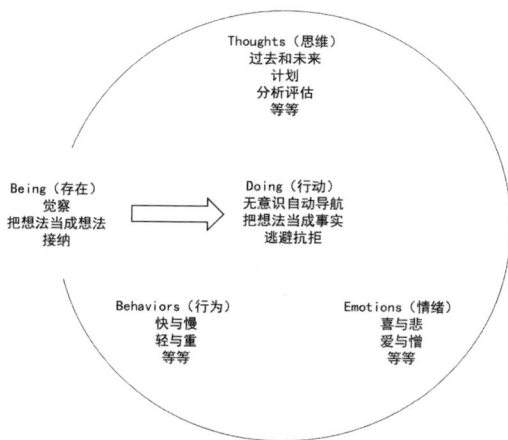

图 3.8　行动模式和存在模式图解

研究表明，正念在不同群体中均显示出了出色的干预效果，它在改善工作记忆、提高元认知意识、降低情绪的反应性、降低焦虑水平、增强视觉注意处理、缓解压力、管理身体疼痛、改善睡眠、减少对过去负面事件的反刍、增加幸福感等诸多方面都有显著优势。牛津大学临床心理学教授威廉·库伊肯（Willem Kuyken）甚至认为，卡巴金的开创性工作有一天会与达尔文和爱因斯坦相提并论。因为，卡巴金在为新的前沿科学——人类的思想和心灵而工作！

生活中大多数人没有活在此时此刻！事实上，正念的反义词 mindless-ness——就是一种像"自动驾驶状态下的无意识的恍惚状态"。比如，在高速公路上开车，在你意识到之前已经到达了目的地，你完全不记得旅途中的所见所闻。

下面是一些正念练习的技巧（Smith，2012）：

1. 花一些时间有意识的呼吸。

专注于呼吸是正念最简单也是最有力的方法之一。深呼吸实际上有刺激副交感神经系统的作用，降低心率和血压，可以减少压力。想想看，当你有压力的时候，你的呼吸又快又浅；而当你放松的时候，你的呼吸变深变慢。

你如何吸入和呼出空气，你的腹部是如何随着每次呼吸而起伏的，对此保持意识。

2. 注意你正在做的事情。

当你坐着、吃饭或放松的时候，你的感觉——而不是你的思想——在告诉你什么？

注意此时此刻。例如，如果你在拉伸，注意身体在做每个动作时的感觉。如果你在吃东西，不要看电视、看信息或接电话，细嚼慢咽，品尝每一口，关注食物的气味、味道和颜色。

3. 如果你要去某个地方，关注当下。

不要让你的大脑不知不觉地陷入思考，把它们带回到走路的身体动作中。你感觉怎么样？在沙子或草地上行走，这是一个很好的尝试。

4. 你不必每时每刻都在做事，存在就好。

我们现代人常挂在嘴边的确是"Don't just sit there, do something"。反过来，只是存在和放松。再说一次，这是关于此时此刻的。

5. 如果你注意到自己又开始思考了，只要再一次关注你的呼吸。

你可以把注意力重新集中到你的呼吸上，感受空气如何进出你的身体，如果你能感觉到肌肉在你这样做的时候放松了，那就更好。

6. 出现在你脑海里的只是想法，它们不一定是真的，你不需要采取行动。

正念就是简单地存在，放松地接受你周围事物的本来面目。

7. 试着以一种完全没有评判的方式倾听。

你会发现你越来越能意识到自己的感受和想法。不要评判它们，接纳它们。

8. 当你的思想重新转向评判时，让自己注意一下。记住，这是很自然的，并不一定是你"自我"的一部分。

正念练习的一部分意味着将你从评判的思想中解放出来。你会发现随着时间的推移和练习，这会变得更容易。

9. 在一天的时间里灵活安排正念练习。

生活中有很多平凡的事情要做，比如，走路、洗碗、洗澡、刷牙。当你做这些事情的时候，可以练习正念。如果你正在沐浴时，全身心专注于感受温暖的水流爱抚和清洁你！

10. 花点时间享受大自然。

大自然放松的环境可以帮助你更轻松地活在此时此刻！

第四章　认知人格

生活中，我们会看到人与人之间的差异：遇到危机事件，有人沉着冷静、处变不惊、坚决果断，有人却惊慌失措、大惊失色、犹豫不决；遇到利益冲突，有人豁达大度，而有人分斤掰两；面对弱者，有人热情慷慨，而有人麻木不仁……。面对这些差异，人们会感叹"人心不同，各如其面！"进化程度越高的生物，个体间的差异就越大。以上这些差异，体现了人与人之间人格的不同。

第一节　人格概述

中国人说到"人格"，往往不自主地严肃起来，因为这个词往往具有法律和道德的含义。法律上讲"保护人格尊严"，将人格视为权利义务主体的资格。日常生活中，我们将人格视为道德品质，用"人格高尚"或"人格卑下"来形容人，这时，人格与人品、品德或品格等同义。事实上，古代汉语中并无"人格"一词，这个词语是近代从日文引用的。

在日文中，"人格"一词是对英文"personality"的翻译。我国心理学家对"Personality"的翻译经历了一个演变过程：1949年以前，直接使用日文的英译汉字，译为"人格"；1949年—1978年，我国全盘接受原苏联的心理学体系，译为"个性"；1980s初—1990s末，心理学界重新引进西方心理学，译为"人格"，出现"人格"和"个性"混用的局面；1990s末至今，"人格"取代"个性"

已呈燎原之势。

而且，个性和人格两个概念略有差异。个性是一个人区别于他人的稳定的、独特的整体特性。个性是从差别的角度来看一个人不同于他人的特点。而且，个性是相对于共性而言的，世间万物都有个性，但人格只对人而言的，显然不能用人格来描述其它事物和动物。

"personality"源于拉丁文"persona"，本意是指面具、脸谱。面具是演戏时应剧情需要所画的脸谱，它表现剧中人物的角色和身份，是戏剧演员所扮演的角色的标志。在舞台上，演员的言行要与其扮演的角色相符，也就是说，角色限定了演员的言行。观众可以从演员的面具了解他的角色，又根据他的角色了解他的行为。所以，可以说，人格是指个人在人生舞台上的行为表现，是其表演或扮演的"角色"。但是，"表现"也就意味着"被表现"，个体"表现"的是面具背后内在的"被表现"的东西。这就暗示，一个人有两面。一方面是个人在生活舞台上表演的各种行为，表现于外给人印象的特点或公开自我。另一方面是个人蕴藏于内，而外部未露的特点，也就是被遮蔽起来的真实自我。一般来说，人格不仅指一个人的外在表现，而且指一个人的真实自我。

一、人格的定义

人格没有一个公认的定义。不同学者对人格研究的侧重点不同、理解不同，所下的定义也不同。人格心理学的创始人 G. 奥尔波特（G.Allport）列举出 50 种不同的人格定义，足见人格概念中的分歧，同时还表明了人格的复杂性。但众多定义有一个基本相似的看法，即认为人格是与人的行为风格或行为模式有关的概念。

心理学中，正确使用"人格"概念需要注意三个方面：第一，评价人的行为；第二，这一行为是习惯的、经常性的行为，而不是偶然发生的行为；第三，人格谈论个人对世界的态度和行为方式。

比如，一名运动员有十分广泛的兴趣和爱好，很健谈，他常常说笑话给人听，朋友聚会时总是手舞足蹈、尽情享受，结交陌生人时总是很主动，十分喜欢外出比赛和社交活动，那么，我们可以认为他具有偏外向的人格特征。

结合前人的研究，本书采用如下定义：人格是构成一个人的心理—行为模式，这个独特模式包含了一个人区别于他人的稳定而统一的心理品质。

二、人格的基本特征

（一）人格的整合性

人格的整合性指人格是由多种成分构成的一个有机整体，其各种成分，如需要、动机、兴趣、价值观等，在一个现实的人身上并不是彼此孤立存在的，而是密切联系而成为一个整体。人格是一个复杂的开放结构系统，它包括知—情—意系统、心理状态系统、人格动力系统、心理特征系统和自我调控系统等五种人格系统成分。

人格的整合性是心理健康的重要指标。当一个人的人格结构在各方面彼此不和谐统一时，会出现适应困难，甚至可能出现人格分裂。

古典精神分析学派代表人物西格蒙德·弗洛伊德（Sigmund Freud）把人格分为本我、自我和超我三个部分，每个部分都有相应的心理反应内容和功能，三部分始终处于冲突—协调的矛盾运动中。

按照弗洛伊德的观点，本我（id）代表人的动物性，像小鬼一样，按照快乐原则满足自己的欲望；超我（superego）遵循道德原则，它是外在力量的内化，像判官一样通过自我理想和良心监督个体；自我（ego）是人格结构中理智的、符合现实的部分，它像行政长官一样，既要满足本我的欲望，又要受超我的监督，并按照现实原则采取行动。当自我受到本我和超我的威胁，产生强烈的焦虑和挫折时，会无意识激活一系列自我防御机制，如压抑、否认、投射等。消极的防御机制会破坏人格的整合性，埋下心理变态的种子。所以，通常情况下，本我、自我和超我处于协调、平衡状态，从而保证了人格的正常发展，但如果三者失调乃至破坏，就会产生神经病，危及人格的发展。

关于弗洛伊德人格理论的观点，我们将在后面部分详细阐述。

（二）人格的独特性和共同性

人格的独特性是指每个人身上表现出独特的人格特征。个体的人格是在遗传、成熟、环境和教育等先天和后天环境交互作用下形成的，具有自己独特的心理特点，比如，有人保守、有人开放；有人冷淡、有人热情；有人沉默寡言、有人口若悬河。

除了独特性以外，人格还有共同性。

人格的共同性是指在同一社会历史条件的影响下，人们会形成一定的共同品质，使人格具有一定的民族性、阶级性和集团性。杨国枢、王登峰等人的研究发现，中国人共同具有的人格特质是值得信赖、有原则、忍耐、责任感强、自我控制、反对性自由。

（三）人格的稳定性和可塑性

人格的稳定性也就是我们平常生活中所说的"江山易改，本性难移"。人格的稳定性是指个体的人格特征具有跨时间和跨情境的一致性。

如果在没有明显外部原因的情况下，一个人的人格相对稳定性出现问题，我们要怀疑此人的心理活动出现了异常。这就是说，我们可以把人格的相对稳定性作为区分心理活动正常与异常的标准之一。

比如，一个用钱很仔细、很节俭的人突然挥金如土；一个平素待人接物都很热情的人突然变得很冷漠，如果在他们的生活环境中找不到足以促使他们发生改变的原因，那么我们可以说，他们的精神活动偏离了正常轨迹。

人格的可塑性指随着社会历史的变迁，个体参与社会实践活动的变化以及一些机体因素的影响，人格特征也势必会发生变化。

大家喜欢观看体育运动比赛，对运动员有直观、感性的认识。一致认为，射击运动员较为含蓄，足球运动员较为外向。不同项目运动员之间存在的人格差异，说明不同运动项目的训练比赛特点可能与运动员的人格有关。而且，不同的运动实践也对塑造运动员的人格起作用。

（四）人格的生物性和社会性

人的生物特性是人格形成的基础，它一般不能预定人格发展的方向，但影响着人格发展的途径、方式、速度等。

大家如果有机会去医院产科的婴儿室，很容易发现这样一种现象：同样是新生儿，有些安静、有些爱哭闹、有些喜欢东张西望。这些行为表现都体现出婴儿气质上的差异。

气质类似于日常话语中的性情、秉性，是指那些主要与生俱来的心理和行为特征，也就是那些由遗传和生理决定的心理和行为特征。按照巴普洛夫（Pavlov）的观点，气质由高级神经活动的类型或特性决定。

巴普洛夫证明，大脑皮层有两种最基本的神经过程：兴奋和抑制。这两种基本神经过程具有强度、平衡性和灵活性三种属性。大脑皮层如果能承受强烈的刺激，那么就是强型，否则就是弱型。兴奋和抑制两种力量相当就是平衡，否则就是不平衡，可能兴奋占优势，也可能抑制占优势。兴奋和抑制转化速度快则灵活，否则不灵活。

所以，可以把气质分为四种类型，分别是：强而不平衡、兴奋占优势的胆汁质（兴奋型），强而平衡而灵活的多血质（活泼型），强而平衡但不灵活的粘液质（安静型），以及弱而不平衡，抑制占优势的抑郁质或神经质（弱型）。

不同气质类型的个体遇到同样的情境会表现出差异。比如，有四个典型气质类型的个体去看明星演唱会，这是他们都非常喜欢的明星，期盼这样的时刻已经很久了。但是因为路上堵车，他们晚到了几分钟。门卫说演出有规定，迟到则不能进，因此，他们被挡在门外了。这时，他们会如何表现呢？

多血质的男性可能会笑嘻嘻地拿出香烟和门卫套近乎，希望获取门卫的好感并放他进去；又或者围着剧场来回转，希望有一个低矮的地方能攀爬进去。胆汁质的人可能会就"迟到几分钟咋就不能进了"这个话题和门卫理论，甚至大打出手。粘液质的人可能会在旁边静观其变，当另有人迟到而门卫却放行时，他才慢条斯理过来要求门卫"一视同仁"，也让自己进去。抑郁质的人则唉声叹气打道回府，并一路感叹自己总是遇到倒霉事。

从以上四人的行为表现，我们可以总结出不同气质类型个体的典型特点：多血质个体反应快、善交际，容易适应新环境。《红楼梦》中的王熙凤具有多血质的特点。胆汁质个体急躁、鲁莽，情感易于冲动但不持久。《水浒传》中的李逵、《三国演义》中的张飞是胆汁质较为典型的人物代表。粘液质个体情绪不易发生也不易外露、稳重，思维灵活性较差，但比较细致。《水浒传》中的林冲属于缄默而沉静的粘液质。抑郁质个体敏感、孤僻、忧郁，情感容易产生而且体验深刻，情绪不外露，易多愁善。林黛玉的个性特点就非常符合抑郁质这一类型。

总的来说，一个人即使不是典型地属于某种气质类型，也大体上属于某种类型，具有这种气质类型的心理和行为特点。个体的气质是与生俱来的、是天生的，在多血质、胆汁质、黏液质和抑郁质等先天气质基础之上，后天容易形成相对应的变、急、稳、弱的人格特征。

人格除了先天的生物性以外，更重要的是社会性。在影响人格形成的进程中，社会性起着决定作用。离开了人类的社会生活环境，个体的人格就不能得到正常的形成和发展。

"美国宾州阁楼的安娜"事件说明了社会隔离对个体的影响：安娜是一个私生女，她的外祖父坚持把她藏在顶楼的一个房间，不许她见人。安娜被发现时已经六岁半了。当时，她还不会走路、说话、不会自己吃饭，也不会保持个人卫生，没有任何情感表达，对人十分冷漠……。为使安娜社会化的努力仅仅取得了有限的成功。在她11岁去世时，也只达到了2～3岁孩子说话的水平。

这一案例说明，家庭、学校、社会、同辈群体等社会化环境对个体的影响非常重要，对人格的塑造尤为重要。社会化帮助个体学习社会生活的技能和规范，获得人格，完成从生物人向社会人的转变。

我们可以总结：人格具有生物性和社会性，是在先天生物遗传基础之上，经过后天环境塑造而形成的。

第二节　心理学家们眼中的人格

人格理论是心理学家对人性及其差异进行描述和解释所使用的概念体系。他们用人格理论回答如下问题：他是一个什么样的人呢？他是如何变成这个样子的？他为什么会成为这个样子？他的人格健康吗？他会不会改变？如何帮助他改变？

　　人本主义关于人格理论的观点本书在自我意识及相关概念部分已经阐述，下面讲述精神分析和行为主义关于人格理论的观点。

一、精神分析学派的人格理论

（一）古典精神分析的人格理论

　　古典精神分析是欧洲第一个系统的人格心理学理论与临床研究方法及治疗方法，创始人是奥地利著名的精神病学家西格蒙德·弗洛伊德。

　　古典精神分析基本理论包括以下内容：

　　1. 意识—无意识理论

　　弗洛伊德认为，人的精神生活主要由三个部分组成：意识（consciousness）、前意识（preconsciousness）和无意识（unconsciousness）。

　　当我们现在把注意力集中在自己的内心活动上，就会发现内心不断流过一个个观念、意象或情感。这些能够被自己直接感知到的心理活动被称为意识。弗洛伊德认为意识部分好比冰山露在海面上的一角，它只占了整个精神活动中极小比例，而淹没在水下面的则为冰山的大部分——无意识，无意识的精神活动远比有意识的精神活动重要得多。

　　在无意识中，有一部分内容不包含什么见不得人的东西，可以随时回忆起来，召回意识，被我们觉察到，这一部分无意识被称为前意识。所以，前意识和意识没有质的区别，前意识的记忆内容或贮存的知识能进入意识，它们的区别只是当前是否处于活动状态。

　　前意识主要起检查作用，即不允许那些使人产生焦虑的内容进入意识领域，如创伤性经验、暴力动机、不道德的欲求、不可接受的性欲等。那么，被压抑的内容被迫待在无意识。但是主体的这些经验、欲望和冲动并未消失，而是被保存和隐藏，潜伏着、活动着，通过伪装或变形的方式表达自己，表现为遗忘、口误、笔误、梦以及神经症等。无意识在每个人身上构成了最大、最有力的部分，它影响我们的思维、感知和行为方式，影响我们的职业、婚姻对象的选择等。

2. 人格结构理论

弗洛伊德把人格分为本我、自我和超我三个部分，每个部分都有相应的心理反应内容和功能，三部分始终处于冲突—协调的矛盾运动中。

本我（id）一词从德文 es 而来，意指它（it）。用拉丁文翻译为 id，用中文则一般翻译为本我，更确切的翻译应该是人的动物性。本我代表着个体最原始的一面，是最难接近又最有力的部分。说它难以接近，是因为本我在性质上是无意识的，但是无意识的东西未必是本我的，无意识中还包含被压抑的经验。说它最有力，是因为本我是所有精神能量的贮存库。它和躯体过程相联系，将躯体能量转化为精神能量，贮藏能量并向自我和超我供能。

本我由一些与生俱来的原始冲动和本能欲望组成，其中最重要的是生本能（eros，代表爱和创造）和死本能（thanatos，指向内部时表现为自责、自杀或受虐行为，指向外部时表现为憎恨、侵犯和施虐行为等）。生本能和死本能等心理能量被幽闭在本我中，随着时间延长，不断集聚、增长的心理能量会使机体内部紧张度太高而不能忍受，需要释放能量降低紧张度，所以，本我遵守"快乐原则"——释放能量，趋乐避苦。弗洛伊德认为婴儿的人格结构以本我为主，他们只对自己的需要感兴趣，一味寻求无条件的、即刻的满足。如果需要不能满足就会产生挫折，克服挫折的努力给婴儿带来了学习和成长的契机，自我和超我逐渐发展起来。

本我满足欲望的方式是反射动作（比如，婴儿通过反射式地移动受限制的肢体来消除自己的紧张和不适）和想象实现（通过想象满足欲望）。但是，"想象"这一画饼充饥的方式对满足欲求是无济于事的，所以，本我中分化出一个专门和现实打交道的结构——自我（ego）。本我和自我的关系，就像"马"和"骑手"的关系。马提供能量，骑手控制方向。自我是人格中理智、符合现实的部分。它遵循"现实原则"，当现实条件许可时，它即刻满足本我的要求；当现实条件不许可时，它暂时延缓或否定本我的欲求，避免与现实发生冲突带来痛苦。

超我（superego）是人格结构中最文明、最有道德的部分，包括自我理想和良心。在儿童社会化的过程中，父母总是有意无意地按照自己的道德标准和社会准则去评价、奖励或惩罚儿童，儿童的某些行为被父母评价为"好"的，给予物质和精神奖励，某些行为被评价为"坏"的，给予惩罚。父母的奖惩标准逐渐内化为儿童对自己的批判力量——超我。那些被父母奖赏和认可的"好"的行为经验内化为"自我理想"，那些被父母惩罚的"坏"的行为经验内化为"良心"。超我遵循"道德"原则，任何与超我背离和冲突的经验都不能被超我所容。

超我的形成，让问题变得复杂。弗洛伊德把自我比作要侍奉三位主人的仆人，自我在力图满足专横本我的欲求时，需要分析和考虑严酷的现实环境，还要受到神圣超我的监督。否则，超我就会拿内疚感、羞愧感等惩罚自我。所以，自我在三者之间周旋，力求达到一种相对平衡状态。如果自我不够强大，这种动态平衡就会被破坏掉，产生心理失常。

3. 性心理发展理论

在弗洛伊德生活的时代，陈旧为善的维多利亚式的道德和性压抑禁锢着人们，导致精神病的发病率越来越高。弗洛伊德的精神分析理论建立在对同时代病人的观察之上，所以，其理论被打上了时代的烙印。弗洛伊德是一个泛性论者，他认为性本能冲动对人的心理健康与人格发展，乃至整个人类科学文化都极端重要。

弗洛伊德主张性有广义和狭义之分。狭义的性指生殖活动，广义的性指力比多（libido），力比多指一切寻求快感的潜力，弗洛伊德常用力比多一词来指心理活动的能量。

弗洛伊德认为，随着年龄的增长，幼儿追求快感的部位——也就是"动欲区"，会发生有规律的转移。根据动欲区的不同，可以把人的性心理发展分为五个不同的阶段。

（1）口唇期（0～1岁）：婴儿通过口腔的吮吸、吞咽、咀嚼等活动获得快感。

（2）肛门期（1～3岁）：儿童已经能控制肛门括约肌的运动，排泄粪便解除紧张能产生快感，而且保留粪便以便在排泄时能得到更大的快感。这一时期成人开始对儿童实施大小便控制训练，对儿童的人格发展具有重要作用。

（3）性器官期（3～6岁）：儿童能够分辨两性性器官，对自己的性器官发生兴趣,有手淫行为。这一时期是弗洛伊德最为重视的时期,儿童产生对异性双亲的爱恋和同性双亲的嫉妒。男孩产生俄狄浦斯(Oedipus)情结,女性产生伊拉克特拉(Electra)情结。其中,俄狄浦斯情结的解决情况对儿童日后的人格养成乃至神经症的发生都有极其重要的影响。图 4.1 显示了男性俄狄浦斯情结解决的过程。

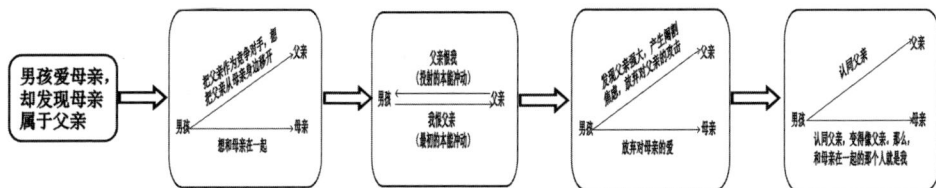

图 4.1 俄狄浦斯情结解决过程

处于性器官期的女孩开始也是爱恋母亲,但是,当她注意到两性差异时,她认为母亲有目的地夺走了她的那种有用的器官,因而恨母亲而爱父亲。

在解决恋父和恋母情结的过程中,儿童以同性别的父亲或母亲为榜样,模仿认同他们,不仅包括他们外在的行为风格,而且内化了父母的道德观念、社会态度,形成了儿童的第二个自我,超我。

(4)潜伏期(6 岁至青春期前):潜伏期几乎没有明显的性发展表现,新的兴趣取代了婴孩式的性冲动,社会化开始了,儿童将注意力转到广大的世界。

(5)生殖期:弗洛伊德把前几个性心理发展阶段统称为"前生殖期"(pre-genital)。进入青春期后,他们开始对异性发生兴趣,喜欢参加由两性组成的集体活动。这时儿童的心理发生了根本的转折,从"自恋"转变为"异性恋"。

弗洛伊德把人格特征分为:口腔型特征、肛门型特征、性器型特征和生殖型特征。弗洛伊德认为极少有人真正达到了人格发展的最高阶段——生殖阶段,生殖型性格是理想人格,在性、心理及社会方面达到完美境界。

4. 心理障碍的本质

弗洛伊德认为,人的性欲望(力比多)要求表现,获得满足。按照性心理的发展演变,从低级阶段进入高级阶段,其首要条件就是顺利解决前一个阶段的主要矛盾和冲突,否则,低级阶段的特征在很大程度被保持下来,发生严重的心理障碍，导致发展的停顿或延缓，称为停滞（fixation）；由于停滞使得某些早期阶段的特征保持在以后的阶段中，当个体面临危机或受挫时，他就有可能退回到早期的阶段，称为倒退（regression）。停滞越严重就越容易产生倒退。这就是成人性心理障碍（或人格异常）发生的原因（见图4.2）

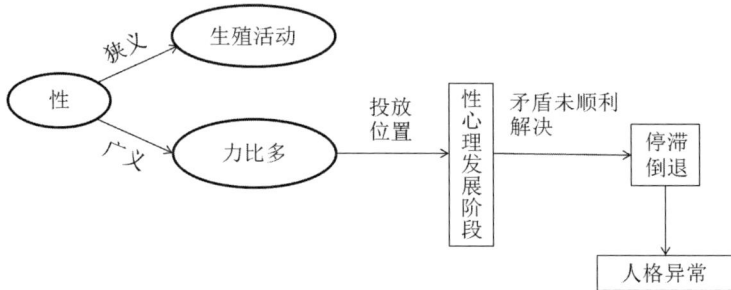

图 4.2 人格异常发生原因

自我基于现实原则工作，预感到变态的性行为会招致危险，而且也无法为超我所容，所以自我会努力压抑"力比多"，不让其在意识领域出现。那么，有两种情况发生，要么本能冲动被永久性地破坏掉，力比多转移到其他方面，不会出现心理障碍，要么力比多保持它的"精神专注"，倒退到早期阶段，自我只好利用"自我防御机制"对特别强烈的力比多加以伪装、变形，以神经症症状的形式表现出来。所以，神经症是自我和本能欲望妥协的结果。

5. 自我防御机制

自我防御机制首先由弗洛伊德提出，后由弗洛伊德的女儿安娜·弗洛伊德详细描写。

自我在协调本我、超我和外界现实的关系时经常会出现矛盾冲突，而引起个体强烈的焦虑和挫折感，这种焦虑和挫折感将无意识地激活一系列防御机制，以某种歪曲现实的方式来保护自我，缓和或消除这种情绪上的不安和痛苦。

正常人和神经症患者以及精神病人都在无意识地使用自我防御机制，运用得当可以适应现实，避免痛苦，过分运用或运用不当，虽然主观上减轻了个体的痛苦，但是却以症状形式表现出来，形成神经症。下面介绍一些常见的自我防御机制的种类。

（1）压抑（repression）

压抑是最基本的防御机制。压抑是指在没有意识的情况下，将社会上不能接受的感觉、想法、冲动或记忆转移到潜意识中，阻断它们进入意识以免遭受痛苦。被压抑的心理内容表现出"动机性遗忘"或"主动性遗忘"，不能通过正常的回忆活动"忆出"，但它们仍然存在着，不自觉影响着人的行为，如"触景生情"，通过口误、笔误、梦等形式表现出来。

例如，已婚女子在梦中与心仪男子约会，梦境其实是"背叛丈夫"——这种不能为超我所容的欲望在无意识地表达自己。再比如，男孩对父亲的攻击欲被压抑在潜意识中。

（2）否认（denial）

否认是最早形成的防御机制。否认通过无视感官信息，不相信、不承认对自己不利的、带来痛苦的现实情况。"鸵鸟心态""掩耳盗铃"等成语所体现的就是典型的否认防御机制。

例如，一个学生在考试前准备不足，考试成绩不理想，他却说"我明明都已经准备好了"。

（3）投射（projection）

投射是一种拿别人当"替罪羊"的方法。投射是将社会上不可接受的不良品质和思想情感加诸他人的行为。既然这些不良品质和思想情感不是我们自己的，那么我们就不会感到焦虑和不安。成语"五十步笑百步""以小人之心度君子之腹"反映了投射心理。

例如，在本章关于男孩的俄狄浦斯情结处理过程中，我们可以看到，当男孩目睹父母亲密时，出于嫉妒他对父亲产生了恨，但是这种恨是不能被超我所接受的，那么，通过投射，男孩认为是父亲恨他。

（4）合理化（rationalization）

合理化又称为文饰作用。合理化指已经发生的某个行为或观念的真实动机不能为意识所接受，个体编造一个看似正当合理的理由来解释它，以保护自尊，免除焦虑。伊索寓言中的"酸葡萄效应""甜柠檬心理"，鲁迅笔下阿Q的"精神胜利法"都是合理化的典型例子。

（5）反向作用（reaction formation）

反应作用是一个人努力表现出自己不良品质和情感的对立面来减轻焦虑的方法。例如，青春期的少男少女有一段时间怀有敌意、相互对抗，这种意识层面的敌意和对抗是一种假面具，掩盖了潜意识中相互间的好感和钦慕。

（6）转换（conversion）

转化又称为躯体化，指将痛苦情绪或其他情感状态转化为躯体症状，并将注意力集中在对躯体的担心上，而直接避开焦虑痛苦体验。这类患者自觉有很严重的躯体症状，比如，头痛、乏力、失眠、身体不舒服、工作效率下降等，但相应的医学检查却没有发现明显的病理改变，又或者，临床检查中发现的病理改变不足以解释患者自觉症状的严重程度。

例如，一个新兵在上战场前手突然"瘫痪"了，病因不在于生理方面，而是内心深处存在"对死亡的恐惧"和"害怕别人讥笑他是胆小鬼"这一对无意识冲突，手的"瘫痪"让他避开精神痛苦，暂时成为解决冲突的权宜之计。

（7）替代和升华（displacement & sublimation）

替代是用一种精神宣泄替代另一种精神宣泄。本我满足欲望发泄能量的直接方式为超我和现实所不容，遭到自我和超我的抵制，这种被抵制的力比多转换对象和改变方向，企图以间接的方式发泄出来，即替代。比如，一位丈夫在单位受到上司的批评，回家后对做饭的妻子挑三拣四，妻子莫名委屈，对着在沙发上跳来跳去的孩子一顿臭骂。心理学上著名的"踢猫效应"描述了"坏情绪"通过替代产生连锁传染效应。如果力比多以被社会赞许的、高尚的间接方式发泄，即称为升华。比如，在体育运动、跳舞、摇滚乐、文学创作这些活动中，性冲动和攻击冲动都能得到有效发泄。

（二）新精神分析的人格理论

美国心理学史家墨菲（Murphy）说："现代弗洛伊德心理学的锋芒所向是自我心理学，而其最杰出的代表人则是埃里克森（Erikson）。"

埃里克森曾经接受过弗洛伊德的女儿安娜·弗洛伊德的精神分析训练，他提出人格的心理社会发展理论（见表4.1），人格发展过程经历八个阶段，每一阶段都有特殊的社会心理任务——一对特殊的矛盾或冲突，并形成心理危机。危机的顺利解决是人格健康发展的前提。

从表 4.3 我们可以看出，第五阶段和第六阶段与大学生直接相关，整个大学时期学生既要完成青少年期的扫尾工作，又要完成成年期的预备工作，需要处理"'自我同一'对'角色混乱'"及"'亲密感'对'孤独感'"这两对矛盾。

表 4.1　心理社会发展理论及人格发展结果

阶段	年龄（岁）	社会心理任务	获得的人格特征
婴儿前期	0～2	信任感 VS 怀疑感	希望
婴儿后期	2～4	自主感 VS 羞耻感	意志
幼儿期	4～7	主动感 VS 内疚感	目标
童年期	7～12	勤奋感 VS 自卑感	能力
青少年期	12～18	自我同一 VS 角色混乱	诚实
成年早期	18～25	亲密感 VS 孤独感	爱
成年中期	25～50	繁殖感 VS 停滞感	关心
成年晚期	50 岁以后	完善感 VS 失望感	智慧

埃里克森认为，自我同一性（self-identity）是指青少年对自己的本质、信仰和一生中的重要方面前后一致及较为完善的意识。当个体能认同和接纳自己；对自己的过去、现在和将来产生一种内在的连续感；认同自己与他人在外表、性格上的差异等，这就达到了同一性。否则，会产生角色混乱。

大学生在主体我（I）和客体我（ME）、理想我和现实我、个人期望的自我和他人期望的自我、现实我和未知我、自我独立的需求和自我依附的需求、自我开放和自我保护等多方面存在矛盾或冲突。作为人格发展的重要特点，大学生自我意识的形成就是从自我分化到自我整合的过程，也是埃里克森所说的自我同一性确立的过程。

当大学生的主体我和客体我不协调、矛盾或冲突时，个体出现同一性困惑或障碍，具体表现为：（1）主体我占优势。这类大学生容易以自我为中心，缺乏责任感。人格上表现出偏执、自我封闭或自恋。（2）客体我占优势。这类大学生缺乏归属感，过分在意他人对自己的评价，对外界人际环境对待自己的态度极为敏感。他们在行为上表现为自卑、退缩、凡事看人眼色行事。（3）主体我和客体我相互冲突，无法整合。这类大学生内心充满很大的心理冲突，他们或者不能接受自我，或者不能接受他人。问题严重者可表现为神经症或人格偏差。（4）主体我和客体我相互分离。这是一种病态人格的反应，是精神分裂症的典型表现。这类问题的个体将主体我"幻想化""发散化"，而认为客体我的经验和行为是虚假的、不真实的。因此，他们的自我变得贫乏、僵化、分裂和不真实。

大学生还要处理好"亲密感对孤独感"这一对发展任务，体验爱情的实现，并融入社会。孤独感是一种令人不愉快的负性情绪体验，虽然短暂轻微的孤独感不会导致个体心理和行为紊乱，但是，长期和严重的孤独感则可引发某些情绪障碍。研究表明，与其他年龄阶段的人相比，大学生的孤独感表现得尤其强烈，孤独感已成为影响大学生心理健康水平的一个不可忽视的因素。

如何处理"'亲密感'对'孤独感'"这一对矛盾，如何建立真正的亲密关系，与另一个人之间产生深刻、自由和相互回应的联结？关于这一部分的内容，我们将在人际关系部分阐述。

（三）精神分析理论的新取向

经典的精神分析比较关注个体内心的冲突（即意识和无意识冲突）和道德焦虑（即超我的惩罚）。后来，在西方现代精神分析学派中发展出一个较新的取向——客体关系理论。

1. 基本理论介绍

客体关系理论强调"人寻求关系的内在动力"为特征的心理发展模式。相对于经典的精神分析，客体关系理论的心理病理学发生了相当大的转变，理论的关注点是自体（self）或客体（object）以及二者之间的关系，而不再是性本能和攻击本能的释放。

客体关系理论形成于20世纪三四十年代，由奥地利精神分析学家梅莱妮·克莱因（Melanie Klein）创建。自体和客体分别代表了当事人心理世界里对自己和重要他人的形象的心理表征。自体和客体的心理表征具有两极性，分裂地表征为"好"和"坏"两部分（"好我""坏我"以及"好母亲""坏母亲"）。客体关系是一种内部心理结构，形成于 3 岁前的母婴互动中（0 ～ 3 岁被称为"前俄狄浦斯期"，区别于古典精神分析强调 3 ～ 5 岁的俄狄浦斯期）。这种早年形成的心理结构可以通过记忆或想象在各个方面深深影响我们目前的生活态度，即人总是习惯沿袭早年形成的"客体关系"观，在生活中寻找符合这种观念的人和事，依此建立人际关系。个体心理发展的一个基本任务，就是能够将自体和客体中"好"和"坏"的部分予以整合，对自体—客体关系比较积极，能够和"客体"发展出"真实关系"。母婴互动不可避免地会给儿童带来负面的影响，同一个自体或客体，时好时坏，如果个体不能整合这种冲突性的经验，那么，自体认同和客体关系就会出现问题。在学校心理咨询中咨询师经常会碰到具有边缘型人格特点的学生，他们对自体和客体缺乏整合能力，经常在理想化和贬低之间疯狂转变，这种"分裂"（splitting）意味着他们思维和情绪调节的紊乱。在心理咨询过程中，咨询师观察当事人的互动方式，倚重"投射性认同"观察自己被当事人诱导出来的反应，来认识当事人的"自体"和"客体"。

温尼科特（Winnicott）是继克莱因之后，较具原创性且为一般英国大众熟知的客体关系理论大师。温尼科特认为，母亲是环境的一部分，在孩子的意识层与潜意识层中扮演着不可取代的客体（object）角色，母亲与孩子之间的相互作用（母婴关系）或滋养或阻碍孩子发展。他关注一个"足够好的母亲"（good-enough mother）对儿童人格发展的重要性，她能够帮助儿童发展自尊、自信，能够爱人，也能够对外部世界有着安全、积极的心理预期。

"足够好的母亲"，应具备促进婴儿良性发展的特质——调适。温尼科特把儿童心理发展分为三个阶段：（1）绝对依赖。在婴儿出生后数周内，母亲要全然施予到婴儿的照顾上，处于一种"原始母性专注"（primary maternal preoccupation）的状态，淡化自己的主体性、兴趣和生活节奏，为婴儿塑造主观全能感和持续存在感。（2）相对依赖。母亲开始从"原始母性专注"中退出，越来越关心自身的舒适度，慢慢减少"把世界带给孩子"的做法，减少婴儿的依赖感，鼓励他的自主性，帮助他适应挫折。母亲越是能和孩子保持适度的亲密关系，孩子越能顺利进入独立阶段。（3）趋向独立。如果前两个阶段发展顺利，婴儿就能够在母婴互动经验的基础上建立一个健康安全牢固的内部世界。

玛格丽特·马勒（Margaret S. Mahler）是奥地利病理心理学家和精神分析师，著名的客体关系理论的主要奠基人。马勒的分离—个体化理论将儿童期的发展（前俄狄浦斯期）分成三个阶段，伴随着儿童活动能力增强，认知水平提高，内在心理结构从客我不分的混沌一体状态逐渐向分化的状态演变。

2. 理解投射性认同和分离—个体化

（1）投射性认同

投射性认同是精神分析的重要概念之一，最早由克莱因提出。

投射性认同是指当事人的一种个性化的行为模式，这种行为模式"诱导"与其互动的对象以一种限定的方式产生感受、想法和行为。

当自体表征中存有无法承载的情绪状态，比如，无价值、羞耻、罪恶等，个体会无意识地采用"投射性认同"这种防御机制，把自身无法处理的情绪外化。个体将自己"坏"的一部分以投射的形式放置在另一个人身上，当被控制的那人对投射者的"诱导"行为采取反应时，就陷入了对方的圈套，投射认同成功。有创伤史的个体屡屡采用投射性认同处理自我否定的情绪状态，导致成瘾联结（见图 4.3）。

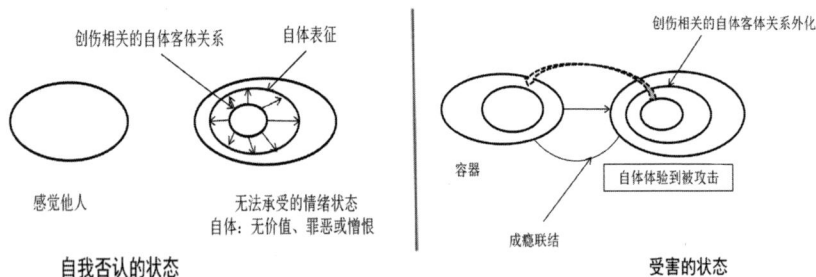

投射认同被用来降低来自内部的无法忍受的痛苦的情绪状态的体验——
外化变成了生死之要事，对（施虐）客体的成瘾联结（Addictive bond）
与丧失的恐惧开始发展。

图 4.3　创伤派生的自体—客体场景与投射性认同

笔者在参加培训时，授课老师曾分享了一则案例。一位女性来访者在她 9 岁到 16 岁期间，一直被继父性虐待，此间母亲一直是一个沉默的、被动的目击者。这位女性在国外旅行期间也遭遇了强奸。被强奸这一小概率事件怎么那么巧合地发生在她身上呢?

来访者曾被性侵犯的经历使她产生"坏我"的自体表征——"我是一个脏女人""我不完整了""我很糟糕"……,因而,她体验到无法忍受的羞耻感,这种羞耻感会导致来自内部的攻击,使自体破碎。为了让自己感觉更好一些,创伤个体采用解离的防御机制,她变得分裂、健忘。在和男性交往时,她会无意识地提防男性——"不断打量对方""拉扯、整理衣服"或"坐立不安",所有这些举动在陌生男性看来似乎是对方对自己有好感,心想"她不是在诱惑我吧"。那么,接下来发生强奸事件就不足为奇了!这时,她内心深处发出这样的声音,"哈哈,看吧,不是我不好,男人们才是十足的坏蛋!"投射性认同成功。创伤个体通过把与创伤相关的自体客体关系外化,导致病态的成瘾联结。

临床上有四种常见的投射性认同:

第一,权力性投射性认同:通常这类人诱导出他人的软弱、无能感,从而实现自己的控制欲和权力欲。

第二,依赖性投射认同:通常这类人在做决定或需要独立行事的时候,不管在怎样的情况下都会有求于人。实际上,这种人是能够独立解决问题。

第三、迎合(或讨好)性投射认同:通常这类人竭力诱导他人身上的内疚和感激之情,从而实现自己的成就和拯救欲望。

第四,情欲性投射认同:通常这类人通过性的方式来建立关系,并以性保持的关系来诱导他人的情欲反应,从而满足性欲和控制欲望。

(2)分离—个体化

古典精神分析关注俄狄浦斯的特点和修通,把个体3岁以后到青春期的心理如何偏离发展成神经症的病理心理机制和治疗阐述清楚了。3岁及3岁以后,如果个体经历心理创伤,长大后更多发展成"神经症",神经症的心理功能或自我功能仅次于健康的正常人。但是,我们知道,一个人遭受创伤性事件或创伤性养育越早,成年后表现出的精神障碍或精神疾病越严重。他们的自我功能、人格结构和症状表现等方面,都比神经症患者要严重。追随这些创伤个体的病理发展阶段,我们可以看到,创伤实际上发生在3岁之前。客体关系理论心理学家马勒的"分离—个体化"理论将古典精神分析的方向和目标推到3岁之前,阐述了3岁前的心理是怎么发展的，为我们理解自身提供了非常重要的指导意义。

俄狄浦斯期主要强调父亲的介入，在性和攻击性冲突方面具有竞争性；而前俄狄浦斯期是两元关系，无论男孩还是女孩都是和母亲建立关系。两元关系的发展是不是会中断，中断会影响后面三元关系的发展。如果两元关系中断，会导致个体心理结构的缺陷，出现神经功能、心理功能或人格功能问题，比如，边缘性问题、严重自恋问题或其他前俄狄浦斯病理。前俄狄浦斯期出现问题，个体不会出现俄狄浦斯期那样的离散症状，即本我、自我和超我的冲突，如产生内疚感、冲突的优柔寡断等，而是表现出更广泛的自我调节功能失调，比如，紧张、过度焦虑、抑郁等。情绪极度不稳定，一会高涨、一会低迷。情绪调节功能受损的原因，可能在于个体对自己的心理表征（或意象）和对他人的心理表征是不稳定的、模糊的。

马勒将孩子与母亲分离的心理过程分成几个时期：

第一，自闭期（0～1个月，一元阶段）

在生命的最初阶段最重要的事情就是睡觉，婴儿主要关注他自己，对外界刺激不感兴趣，几乎不与外界建立联系。他们靠本能、靠天生固有的无条件反射生活，比如，觅食反射、吮吸反射。母亲被视为婴儿内在的一部分，没有独立存在。这一时期，婴儿无法区分自我和非我（客体），认为世上所有的一切和自己都是一体，即不存在客体的"无客体期"。马勒认为，很多儿童患上自闭症，就因为心理发展固着在了自闭期。

第二，共生期（1～5个月，二元阶段）

在这一阶段，婴儿模糊地承认母亲的存在，但是，母亲不是作为一个独特的实体，而是作为需求满足的主要来源。孩子认为自己和母亲是一体的，母亲就像自己身上的一个器官。母亲是附属的自我，母亲的存在就是我的存在。这一阶段孩子的微笑是不分人的，他不仅与母亲而且与整个世界共生。他们特别乖，会乖乖地，不哭不闹舒舒服服地躺在母亲的怀抱。

第三，分离—个体化时期（6个月～2岁）

在这一阶段，婴儿发展出对自我边界的理解，因此，母亲越来越被视为一个独立的个体。同时，个体化也标志着自我感的发展。分为几个亚型：

①孵化期（6～10个月）

婴儿的主要关注点开始从内部转向外部，尽管此时主要的关注点仍然是母亲。这一内部过程以运动发育的里程碑为例，这些里程碑在物理上允许更多的分离，如爬行。婴儿变得越来越有兴趣去发现他的母亲（比如她的长相或气味），而不再是试图与她建立一种共生的关系。

由于婴儿认知能力，尤其是知觉和记忆的发展，他能够将熟人和陌生人加以区分（认生），表现出分离焦虑和陌生人焦虑。婴儿在离开母亲遭遇陌生人和陌生环境的情况下，会产生惊恐、躲避反应。

②实践期（10～16个月）

这一阶段从爬行开始，到迈出第一步结束，身体上的分离显示了婴儿心理的诞生。随着婴儿自主功能的增强，尤其是行走，分离能力继续发展。婴儿虽然可以自由地探索，但他仍然把母亲看作与自己统一，因此在他探索环境时，同时保持与母亲的最佳距离。孩子对他所观察世界的体验，受到母亲的反应以及母亲的可获性所影响，当他体验到痛苦或恐惧时，母亲能安抚他。

这个时期有两个很重要的游戏："藏猫猫"和"你来抓我呀"。

心理学家皮亚杰认为，"藏猫猫"游戏能帮助儿童发展客体永久性——指儿童理解了物体是作为独立实体而存在，即使个体不能知觉到物体的存在，它们仍然是存在的。孩子把双眼捂起来，母亲消失了；捂的时间越长，他内心焦虑感越严重；他突然松开手，母亲仍然在眼前，"哇"，他充满惊奇、喜悦地尖叫！游戏中孩子能坚持捂眼多久，代表孩子心理上能独立多久。这一阶段的孩子在跟小朋友玩耍时，会观察母亲是否在眼前，再玩一会，再观察。

"你来抓我呀"游戏中，孩子挣脱开母亲，突然跑掉，然后转头朝向母亲吸引她的注意，似乎在说"你来抓我呀"！母亲假装费力追赶，温柔地抓住他、抱起，然后放下；孩子又跑，母亲又追……一遍遍重复。在这个游戏中孩子快乐而兴奋，母亲就像他的提线木偶，他成功地操纵母亲获得自尊感和控制感。

在和孩子玩游戏时，"好"母亲同时充当着"安全基地"和"安全港"。充当"安全基地"时，母亲远远站着，用欣赏的眼光鼓励孩子探索；充当"安全港"时，母亲慈祥稳定站在那里，充当孩子能量的供给站，等孩子逃离危险后回来"充电"。让孩子在更大范围内探索，同时获得掌控感、自尊感、稳定感，这些能福泽个体的一生。

③整合期（又称"心境易感期"，16～24个月）

马勒发现，在整合期孩子对母亲的依赖和需要增加了，他似乎变小了、退步了。母亲工作时，他喜欢黏着母亲，打扰母亲；和小朋友争执时，他看起来很脆弱，会去寻找母亲的安慰。他又表现得很矛盾。当母亲主动抱起他时，他会挣脱，挣脱后也不会自己玩。这个时候孩子体验到"孤独感"，似乎需要更多的亲密感，但是又害怕被亲密感所控制。这一阶段，把独立和亲密整合起来，发展稳定的自我感是至关重要的。包括三个阶段：

开始：为了分享体验和兴奋，孩子回到看护者身边。

危机：孩子意识到自身的局限性，以及想要变得更强大和更能自给自足。儿童陷入"探索世界"和"依恋母亲"的双趋冲突，在身体上和情感上左右为难。这一阶段，他们爱发脾气，感到无助，因此对母亲情感上的可获得性的需求增加。这时候，母亲也需要处理一对趋避冲突，既"给儿童以探索外界的情感支持"又"保持好自己的坚定性"。

解决方案：由于语言和超我的发展，孩子在两个极端之间达成了一个健康的中间状态。如果危机得不到很好的解决，将会增加极端依恋或极端回避的行为。

特别强调的是，整合期母亲保持情绪稳定性是非常重要，如果母亲情绪不稳定或对孩子不耐烦，会让自我功能没有发育完全的孩子产生一种被抛弃的情绪。母亲需要特别接纳、共情和理解孩子的感受，否则在这个阶段容易产生心境障碍。

第四，客体永恒性阶段（24～36个月）

这一阶段个体具有维持客体稳定形象的能力。他能形成对母亲稳定的内在表征，对母亲内射的积极面和消极面进行整合，具备把对同一个人的愉快与不愉快的感情整合起来。相信那个令人挫折的总是缺席自己重要场合的母亲，就是那个赞赏并爱着自己的母亲，这种能力不能仅依靠在理智上把相反的事物统合起来，而是需要足够多的美好经验的积累。这种整合能力影响了个体健康的自我概念和自信的形成。

二、行为主义的人格理论

行为主义的创始人华生相信人生来是一块白板。他认为环境是人格形成的决定因素，一个人成为什么样的人，是由环境决定的，而不是取决于他有什么样的遗传特征。行为主义学习理论家认为，对学习的解释强调可观察的行为，认为行为的多次愉快或痛苦的后果改变了个体的行为或个体模仿他人的行为。

华生认为，人格不过是一切行为的总和，是各种行为习惯的产物。个体的生活环境不同、经历不同以及接受的刺激不同，会形成不同的行为习惯系统，形成不同的人格。

在这里，介绍三位行为主义心理学家的观点。

（一）经典性条件反射

1920 年，华生及其助手罗莎莉·雷纳（Rosalie Rayner）在约翰霍普金斯大学采用经典性条件反射机制使个体学会恐惧情绪行为。

实验被试是一个 12 个月大的小婴儿阿尔伯特（Albert）。实验开始时，阿尔伯特对小兔子充满爱意，伸出双臂欢迎它。随后，每当阿尔伯特快碰到小兔子的时候，实验者就在他身后用铁锤敲击一个悬着的铁棒，发出巨大且吓人的声响。声音吓跑了小兔，也吓得阿尔伯特撤回双臂。多次实验，小兔和巨大的声响联结在一起。当小兔再次试图亲近阿尔伯特时，他惊慌失措、大哭，张开双臂身子后仰，展现出恐惧心理和逃避行为。而且，阿尔伯特的恐惧情绪从小兔子延伸到了其他类似带毛的事物身上，比如，小老鼠、蓄着胡须的男人等。

经典性条件反射是如何形成的？

起初，对于阿尔伯特来说，小兔是中性刺激，敲击声是无条件刺激。但两者多次结合后，中性刺激变成无条件刺激到来的信号。所以，阿尔伯特对无条件刺激巨大声响的恐惧情绪变成了对中性刺激小兔的恐惧。而且，由于婴儿的大脑皮层发育不健全，无法准确区分刺激之间异同，导致相似刺激出现同样的情绪，出现泛化——与最初引起情绪反应具有类似性质的事物也能诱发相同的情绪。

例如，一位在学校经常受某位老师批评的学生，可能会变得一见到学校就害怕，甚至一想到上学就害怕，形成学校恐惧症。因为经典型条件反射，学校和批评总是联系在一起的。当然，当学生把课堂和老师的温暖、热情联系在一起时，课堂就会引起积极的情绪体验。

（二）操作性条件反射

斯金纳（Skinner）是操作性条件反射理论的创始人，新行为主义的主要代表。斯金纳很少提到人格、行为风格，在他看来，人格仅仅是通过操作性条件反射的强化而形成的一种惯常性的行为方式。

斯金纳将一只白鼠关在设计好的笼子里，只要按压杠杆就会得到食物。刚开始白鼠会在笼子里跑来跑去，一旦它偶然按下杠杆，就会发现有食物从自动装置掉入笼子。经过多次实验，它就会自己去按杠杆。

操作性条件反射是如何形成的？在实验中，老鼠的有效行为（按压杠杆）因为食物（强化物）而得到奖励，按压杠杆的行为出现的可能性增加。正如斯金纳所言："行为的后果决定行为再次发生的可能性。"

因此，斯金纳认为，人格不过是个体独特的强化史的产物。可以通过不同的强化经历来塑造个体的行为模式，而人格就是适应环境的特殊模式而已。

在这里讲解和强化相关的几个概念及其运用。

强化（reinforcement）使行为出现的可能性增加，而惩罚（punishment）使行为出现的可能性降低。强化分为正强化和负强化。正强化是指行为出现后，呈现积极刺激（比如，压杆后出现食物）。负强化是指行为出现后，撤销消极刺激（比如，老鼠被关在通电的笼子里，只要它踩机关就可以切断电源消除电击，这样，以后在同样的条件下老鼠踩机关的概率会增加。再比如，监狱鼓励囚犯戴罪立功减少刑期，也是负强化。）惩罚分为正惩罚和负惩罚。正惩罚是指行为出现后，呈现消极刺激（比如，孩子说脏话后，给予批评、斥责或体罚）；负惩罚是指行为出现后，撤销积极刺激（比如，大学生在学校违纪后撤销其入党的资格）。

（三）观察学习理论

班杜拉（Bandura）是观察学习理论的创立者，也是社会学习理论的主要代表之一。

观察学习，又称替代学习、模仿学习，是指人们仅仅通过观察别人（榜样）的行为就能学会某种行为。

班杜拉认为，如果我们的每种行为都必须按照斯金纳的强化和惩罚原则，那么，行为的学习将会是低效率和高错误率的过程，这也与我们的实际经验不相符合。我们大多数的行为是可以通过观察他人的行为又快又好地学会。比如，小女孩看妈妈化妆，很快就学会了给自己的玩具娃娃化妆，尽管她化的不一定很美，但是不会犯常识性错误，比如用口红去涂眼睫毛等。而且，在看到同学上课说话被老师批评罚站后，就能从别人的教训中吸取经验而不必以身试法，学习到上课不能说话。立榜样、树标兵以及杀一儆百、杀鸡儆猴都是利用观察学习的替代强化影响个体的行为。

班杜拉在 1965 年做了一项经典的实验。实验中，让儿童观看一部 5 分钟时长的电影，电影的内容是一个孩子用各种侵犯行为惩罚塑料娃娃。看完电影后，儿童被分为三组：奖励组、惩罚组和控制组。奖励组的儿童继续观看影片，影片的内容与上一段连贯，进来一个成人赞赏孩子的侵犯行为，并给予糖果作为奖励。惩罚组的儿童也继续观看影片，影片的内容与上一段连贯，随后进来的成人批评孩子的侵犯行为，表示破坏玩具的行为是不对的。控制组的儿童被试只看前一段影片。然后让各组被试分别单独与其他儿童游戏，并通过一定方法造成其挫折，观察儿童如何解决与其他孩子的冲突。研究结果发现，奖励组儿童实施的侵犯行为最多，其次是控制组，最后是惩罚组。那么，出现差异的原因，是否是控制组和惩罚组的儿童在 5 分钟的影片观赏中没有学习到侵犯行为或较少学习到侵犯行为呢？研究者继续进行实验，结果发现，当改变实验条件为"只要儿童表现出侵犯行为就能获得奖励"时，三组儿童被试的侵犯行为没有表现出差异。研究说明，通过观看影片的榜样示范，三组儿童在第一阶段都习得了同样的侵犯行为。奖励组和惩罚组通过不同的再学习过程，学会了表现或抑制自己的侵犯行为。所以，班杜拉认为，行为的习得和行为的表现是不一样的。

也就是说，榜样行为是否习得和是否表现所依赖的条件是不同的：个体习得的榜样行为比实际表现出来的榜样行为要多得多，直接的外在强化和惩罚对榜样行为的习得并不是必要条件，而对榜样行为是否表现却具有重要意义。

第三节　人格障碍

人格障碍，又称病态人格。

DSM-5 诊断体系指出，人格障碍是"明显偏离了个体文化背景预期的内心体验和行为的持久模式，是泛化的和缺乏弹性的，起病于青少年或成年早期，随着时间的推移逐渐变得稳定，并导致个体的痛苦或损害"。

如何用通俗易懂的标准来判断一个人是不是人格障碍者呢？可以总结为简单的几句话：与别人不一样、与谁都合不来、从小就这样、自己痛苦更让别人痛苦。

美国临床心理学家阿尔伯特·伯恩斯坦（Albert J. Bernstein）博士将人格障碍者称为"情感吸血鬼"，注意，他们吸的不是你的血，而是你的情感力量！很多人格障碍者在人际关系，特别是亲密关系中扮演掠夺者的角色，他们无情地控制你、剥夺你、贬低你，看不到你的情感与需求。他们缺乏共情能力、倾向于利用他人；他们很少有自知力，倾向于把问题归咎于周围人，而很少认识到自身的错误；他们被一种贪得无厌的需求所驱使，并不惜一切代价满足需求；他们通常非常消极，控制欲强、极端挑剔、自恋。

根据情绪表现，DSM-5 将人格障碍分为三组：古怪组、戏剧化组和焦虑组。

一、A 组（古怪组）：古怪的或反常的

1. 偏执型人格障碍

主要人格特征是猜疑、偏执。

他们不相信他人，常将他人无意的、非恶意的甚至友好的行为误解为敌意

或歧视，即便有证据证明不是真的，往往认为他人会利用或伤害他们，因此，过分警惕和防卫；不向他人吐露心事或与他人亲近；有记仇的倾向，对他人的过错不能宽容；有着病态的多疑，老是怀疑配偶对自己不忠，并控制配偶的正常人际交往；他们将挫折或失败归咎于别人，且试图控制周围的人。

2. 分裂型人格障碍

主要人格特征是古怪、离奇。

分裂型人格障碍的症状还没有达到精神分裂症的病理水平。

他们拥有一个丰富的幻想世界，有扭曲的信念和魔幻思维，比如，相信千里眼、相信透视力、心灵感应、特异功能等；有着古怪、反常的或特别的行为模式或外表；对人冷淡，缺少温暖体贴，不喜欢和别人接触，主动与人交往仅限于生活或工作中必要的接触，对亲密关系感到强烈的不舒服。

3. 分裂样人格障碍

主要人格特征是持久的社交疏离。

他们被称为"快乐的孤独者"，他们喜欢独自活动，几乎完全脱离社交关系，很少表达情感，缺少对亲密关系的欲望，甚至对性都不感兴趣；明显漠视他人的赞扬与批评，显得无所谓。

二、B组（戏剧化组）：戏剧性的、情绪化的或不稳定的

1. 反社会型人格障碍

主要人格特征是冷酷无情。

他们无视或侵犯他人的权利，无法很好地遵守社会规范，经常有反社会的行为，比如，打架、说谎和偷窥，一些聪明的人成了骗子，另一些没那么有天赋的人就成了恶霸，同时，他们把他人当"物品"，为了自身利益欺诈、操控他人，不为自己所做的事情感到内疚，且缺乏懊悔之心；倾向于一贯地、极端不负责任，不加思考地做事情，冲动行事，行为无计划性，行为常常受偶然动机或情绪变化所驱使，不能从不愉快的经历中吸取教训；不太在意别人的感受，很难建立亲密的关系；毫不顾忌他人的安危，倾向于具有攻击性，可能虐待他人或动物。

2. 边缘型人格障碍

主要人格特征是极端、不稳定和冲动。

他们的人际关系不稳定，快速建立关系但又很容易失去；情感失调是核心症状，表现出不恰当的强烈愤怒，很难控制自己的情绪；糟糕的自我意象和冲动行为，对自己感觉"不好"，可能会竭尽全力避免被抛弃，有自残行为，如割伤自己或企图自杀，感觉"无意义"，有持续的空虚感。

3. 表演型人格障碍

表演型人格又称为"癔症型人格"或"寻求注意型人格"。主要人格特征是"过分感情用事"和"以夸张的言行吸引他人"。

他们是完美的演员，自我戏剧化、表情丰富但矫揉造作；过度追求他人的注意，当不是注意力的中心时会感到不舒服，可能会利用外表来吸引他人的注意，往往带有不恰当的性诱惑或挑逗行为，给人以轻浮的感觉；情绪体验肤浅、情绪变化强烈易变，喜形于色、感情用事，爱发脾气；受暗示性强，容易受他人或环境影响；自我中心，为满足自己的需要常常不择手段。

4. 自恋型人格障碍

主要人格特征是自大。

他们具有对于自己的重要性有过度夸大的感受（比如，过人的成就或天资），要求他人过度的赞美或崇拜来维护其自信心；渴望得到别人的关注，但不表现出热情的回应；强烈的权力欲望，认为自己应该受到特殊的待遇；幻想无限成功，幻想成为世界上最聪明、最富有、最强大、最受人爱戴的人；严重缺乏共情，不愿意承认或者认同别人也有自己的感觉和需求；利用别人，请求帮助而不回报，在人际关系中剥削他人；常常表现出傲慢和高傲的行为及态度。

三、C组（焦虑组）：焦虑和恐惧

1. 强迫型人格障碍

主要人格特征是极力追求完美。

他们常有不安全感，可能过分谨慎，经常担心和怀疑，反复核对和检查，唯恐疏忽和差错；拘泥细节，甚至生活小节也要"程序化"，否则就感到不安或需要重做；按部就班，力求完美，对任何事情要求很严格，甚至为此而影响工作效率；不会放松，无业余爱好，没有时间休闲或交朋友，可能工作过度；完成一件工作之后常缺乏愉快和满足的体验，相反容易悔恨和内疚；通常有很高的道德标准，可能在道德和价值观上固执己见，并强迫他人遵守；担心做错事，对批评敏感；喜欢囤积，或者十分吝啬；可能有强迫性的想法和表象（尽管这些没有强迫性精神障碍那么糟糕）。

在我们的文化中，"完美主义"通常被视为一种优良品质。那些精雕细琢、鬼斧神工的传世艺术品、那些别具匠心、别出心裁的创意设计，通常都用"完美"来形容。或许正是人生有太多的缺陷和无序，"完美"就格外令人执着！但是，"月有阴晴圆缺"才是生活的真相。"如果不完美，就意味着失败"，这种"非黑即白"的思维模式缺乏弹性，不善变通，往往导致个体不能接受生活中黑与白之间"不够好"的灰色地带。所以，追求完美主义过度了，可能就是一种疾病！

2. 依赖型人格障碍

主要人格特征是过分依赖。

他们过度顺从和依附他人，没有他人大量的建议和保证就难以做出日常决定，认为没有他人的帮助自己无法独立生活，难以应付日常杂务，就连该穿什么衣服，与谁交往，如何打发时间等等，都不能靠自己决定；或者因为害怕不能照顾自己而感到不舒服或无助；因为害怕失去支持或赞同而难以表示不同意见，降低自己的需求，尽量不对他人提要求，而且为了获得他人的陪伴或支持过度努力，否定矛盾与冲突的存在，甚至甘愿做一些令人不愉快的事情以便使别人不讨厌他，与他继续保持关系；当亲密关系终结时有被毁灭和无助的体验，在一段密切的人际关系结束时，迫切寻求另一段关系作为支持和照顾的来源。

3. 回避型人格障碍

回避型人格又称为逃避型人格。主要人格特征是社会退缩。

他们很容易因他人的批评或不赞同而受到伤害，为避免拒绝、否定而回避人际关系；除了至亲之外，没有好朋友或知心人（或仅有一个）；除非确定自己被喜欢和接纳，一般不愿意卷入他人事务之中；行为退缩、心理自卑、敏感羞涩，感到自己能力不足、自己不够好或社交无能，在做那些普通的但不在自己常规之中的事时，总是夸大潜在的困难和危险。

　　大学生群体是祖国未来发展的重要承担者和接班人，那么，培养人格健全、社会适应能力强的合格者至关重要。但是，在大学生中存在人格障碍问题的人数比例还是比较高的。研究者（马前广等，2016）采用人格诊断问卷对当前大学生群体进行调查，结果表明，不同类型的人格障碍在大学生中存在或体现的程度有所不同。譬如，分裂型人格障碍在大学生中只有 5% 左右存在，而强迫型人格障碍有超过 30% 的被试表现出阳性特征。其中，强迫型、回避型和依赖型三类人格障碍特征的学生人数比例偏高。

　　人格障碍表现在认知、情绪、冲动控制和人际关系等方面的异常，通常这些异常开始于童年或青少年期，并长期发展至成年或终生。要清楚描述个体的人格是相当困难的，对人格障碍做出明确诊断就更困难了！诊断人格障碍需要由心理健康专业人员对个体的人格功能和症状的长期模式进行细致的观察，诊断通常发生在 18 岁以上的成年人身上。而且，人格障碍是一种长期积累形成的心理疾病，在诊断基础上的治疗更是需要花费比较长的时间，并且目前研究显示并没有专门的针对性的治疗，但一些尝试也取得了比较理想的效果。所以，有必要对大学生人格障碍的成因及预防干预措施进行研究，促进其人格的健康发展。

　　有人说，人生的较量分三个层次：最底层是技巧的较量，其次是智慧的较量，最高层是人格的较量。大学生要实现自己的人生价值、获得事业的成功，关键是要自我完善，培养健全的人格！

第五章　认知他人

　　每个人都是社会中的个体，人需要认识、了解自己，也需要在与他人的交往过程中，通过观察来认识、理解他人，对他人形成印象，并根据自己对他人的理解做出判断。同时，人也需要管理自己留给他人的印象，以便更好与他人互动和适应社会。

　　本书前面几章已经深入探讨了个体对自己的认知，比如涉及思维、情绪、人格等。而且，本书在前言部分就大学生的社会认知及其作用已做过粗略介绍，本章将对社会认知进行深入阐述，并重点介绍社会认知中如何认知他人、形成印象以及社会认知偏差。

第一节　再述社会认知

　　社会认知又称"社会知觉"，指人们选择、理解、识记和运用各种社会性信息做出判断和决策的过程。

　　"社会知觉"这一概念最早由认知心理学家布鲁纳提出。布鲁纳（Bruner et al.,1947）做了一项著名的"硬币实验"。实验材料是一套大小不同的硬币（面值分别是1分、5分、10分、25分和50分）和一套硬纸片（形状大小和硬币相对应）。实验对象是30个10岁来自贫富不同家庭的孩子。实验采用如下程序：将材料投射在屏幕上，让孩子们依次观看，之后移去刺激物，让孩子画出看到的东西。研究结果发现：孩子们画出来的图形与实际的硬纸圆形大小较为一致，但是，所画的硬币圆形却远比他们看到的真正硬币大，贫困家庭的孩子所画的硬币圆形则更大。结果说明：钱币所包含的财富意义对孩子们有一种诱惑力。

布鲁纳指出：知觉不仅取决于客体本身，也取决于知觉者的目的、需要、态度和价值观，也就是知觉者的社会决定性。

一、社会认知的特征

（一）选择性

人们每天都面临大量信息，并不是所有人和事都进入认知范围。人们会根据自己的喜恶、动机、需要、价值取向和过去经验等选择某部分信息，而忽略其他信息。比如，对于路边的乞丐，一些人会假装看不见，采用逃避的方式忽略他们，避免自己产生消极情绪。同时，外界信息强度越大，也有可能引起认知者的关注。

（二）互动性

人在认识自然物质世界时，人是积极主动的，而客体是消极被动的。但是，在社会认知过程中，知觉者和被知觉者处于对等的主体地位，不仅甲在感知乙，乙也在感知甲。

（三）防御性

如果个体的不同的认知成分存在内在不一致或失调，个体为了保持与外界环境的平衡，会运用防御机制抑制某些刺激物的作用，趋向于主动消除这种不适的感觉，以维持自我的完整性。

（四）认知的完形特征

人在见到认知对象后就开始勾勒对他的印象，通过已知的各种信息和自己的推想来丰富被知觉者的特性，使之规则化、完整化，并在今后的接触中检验这种知觉印象。比如，一个人一会友善、一会冷酷，人是无法忍受这种矛盾的判断，会试图寻找更多的信息来协调这种矛盾。

二、社会认知的机制

在社会认知过程中，分类与图式是最重要的。

（一）分类

个体在进行社会认知时，往往并不是把某人当成独立的个体，而是按照"物以类聚，人以群分"的思想，将信息分门别类处理。比如，在我们公园里看到一个未梳洗的、肮脏的、衣衫不整的男人，他的身旁还放着两个破旧的麻袋。我们不会把他仅仅当作另一个个体，而是立即把他归类为流浪汉。分类过程是自发的、立即的。

心理学家坎特（Cantor，1977）等人指出，人们在分类的时候往往根据他人或事物与原型的相似性来分类。原型是指某类物体的一个典型或理想的范例。

比如，提到"水果"，我们可能把苹果和柑橘作为原型范例，由于桃、梨、杏等与之相近，那么，我们就很容易把它们归到水果中。但是，当有人说西红柿也是水果时，我们便大惑不解，这是因为西红柿与原型相去甚远，所以很难把它归入水果一类。

在认知他人时，我们最初依据性别分类，然后再按照其他标准做进一步分类。

类别化的产物会让人们对某个群体中的人形成一种概括而固定的看法，也就是形成刻板印象。而且，分类的结果会夸大群体内部的相似性和群体间的差异性。出现外群体同质效应和内群体偏好。

外群体同质效应即认为类别之外的他人是"相似的"，不同于"我们"和"我们的"群体。个体在对自己所属群体（内群体）进行评价时，通常会作欣赏、赞扬的积极偏好评价，而在对其他群体（外群体）进行评价时，通常会作敌意、贬斥的消极评价。这种在评价上明显表现出的对内群体偏好的倾向被称为内群体偏好（Berkowitz&Leonard）。

研究表明（Loftus&Yarney），白种人不易区别个别的黑种人，当罪行的证人是白人，犯罪人是黑人时，往往证人无法在黑人中正确辨认出黑人犯罪者。日常生活中，我们常常也倾向于认为本国人长相彼此不同，个个都有自己的特点，容易识别；而外国人都长得一样，难以区分。

我国是一个多民族国家，在共享文化的基础上，各民族在其生活环境、习俗、信仰等方面存在很大程度的不同。研究各民族间是否存在内群体偏好，有何特点，以及如何实现各民族融合、建立和谐社会，具有非常重要的现实意义。

（二）图式

图式是指一套有组织、有结构的认知现象，它包括对所认知物体的知识，有关该物体各种认知之间的关系及一些特殊的事例（Taylor& Crocker）。

图式是一种自动化的思维。对于输入事件，我们常在记忆中检索那些与输入信息最符合的图式与之对照，并加以理解和解释，这个过程就是图式加工（schematic processing）。如果找不到图式，便会创造新的图式。社会认知过程中图式作用方式流程图见图5.1。

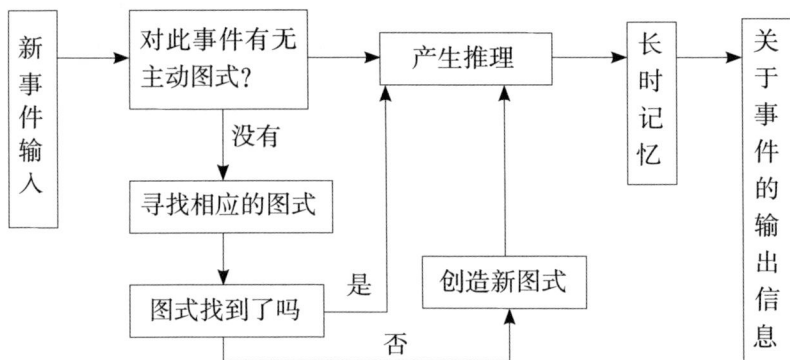

图 5.1 社会认知过程中图式作用方式流程图

心理学家根据不同的内容把图式分为以下五种：

1. 个人图式

个人图式指我们对某一特殊个体的认知结构，比如，对毛泽东的个人图式：有勇气、自信、百折不挠等。也可以聚焦在某种特定类型的人，比如，我们说"某人是一个神经质的人""某人很内向""某人平易近人"，那么，我们的头脑中已经预存了"神经质""内向""平易近人"等个人类型图式，当和他人交往时常常套用，并据此对他人进行分类。

2. 自我图式

自我图式指人们对自己所形成的认知结构，它是自我概念的重要组成部分。

比如，你可能认为自己的自我图式包括聪明、有同情心、独立等人格维度。个体一旦形成了一定的自我图式，就会用该图式来理解或解释自己的行为。比如，为了显示自己独立的个性，个人会在发表意见时标新立异，并在生活中拒绝他人的帮助。

在本书"自我意识及相关概念"部分已经对自我图式进行了详细阐述，大家可以参阅。

3. 团体图式

团体图式指我们对某个特殊团体的认知结构，有时候也叫团体刻板印象（Stereotype）。团体图式使得我们将某些特质归于一个特殊团体的成员所共有。比如，认为犹太人聪明而吝啬、英国人冷漠、法国人浪漫、德国人严肃而刻板等。

团体刻板印象会导致偏见和歧视。

一项针对黑人的种族偏见的实验（Payne，2001）证明了这一点。实验中，让非黑人大学生观看一组在电脑上快速（0.5s）连续放映的图片，第一张图片是人脸图，第二张图片是一个工具或一支枪。告知被试只注意第二张图片，若看见工具，按一键；看见枪，按另一键。人脸图片一半是白人，一半是黑人。研究结果发现：当第一张图片是黑人人脸时，被试更容易将工具误认为是枪。研究说明：对黑人的团体刻板印象影响到个体的判断。

4. 角色图式

角色图式是指对社会中或在特定情况下具有特定身份角色的人的行为的认识，会产生特定的角色期待。比如，对教授这一角色的看法，不仅要教好书、搞好科研，还应该学识渊博、为人师表等。

5. 事件图式或脚本

事件图式或脚本是指人们对事件或事件的系列顺序的图式，尤其是指一段时间内一系列有标准过程的行为。比如，我们去餐馆吃饭，先坐下叫服务员拿来菜单、点菜、点汤、吃完饭然后结账，都有一定的顺序。再比如，去医院看病，先挂号、诊治、检查再缴费拿药等。

三、社会认知法则

麦硅尔（McGuire，1969）认为，人是一个认知吝啬者，而且，由于人的认知资源有限，同时又面临非常复杂的情境，所以，人们常会采取一些认知法则。

（一）便利法则

便利法则是指根据一件事情进入脑海的容易程度做出判断。

比如，当你询问他人，是坐火车还是乘飞机更安全？几乎所有人都会说坐火车更安全。其实，飞机出事故的概率远远小于火车发生事故的概率。那么，为什么人们会有错误的认知呢？原因是，一旦飞机失事，电视、报纸、广播的报道铺天盖地，所以，人们往往会听见和看见太多这方面的消息。而火车事故报道较少。所以，当对比两者的安全性时，人们更容易想起飞机出事故的报道。再比如，当你需要帮助时，你最先打电话求助的人一定是你大脑中最先出现的人，往往也是你最熟悉的人。

（二）象征性法则

象征性法则是指人们根据事物与某典型事物的相似程度来加以归类。

比如，在人们的印象中，北方人高大，南方人相对矮小。如果给你看一张照片，照片上的男孩比较矮小，你可能会认为他是南方人。再比如，人们认为运动员比一般人更健硕，当两人站在一起让你判断哪一位是运动员时，你一定会挑选肌肉更发达的那位。

（三）基础比例信息

基础比例信息是指按照总体中不同类别的成员所占的相对比例的信息来做出判断。

比如，判断一位美国加州大学的学生是哪个地方的人，我们很容易判断为加州人，因为加州人在该校的人数比例最高。

（四）锚定与调整法则

锚定与调整法则是指人们以一个数字或数值为起始点并依据这个起始点进行调整，但这种调整往往并不充分。

比如，同学买了一套衣服让你猜他花了多少钱，你没有买过这种衣服，但你知道另一位朋友买了一套类似的衣服所花的钱，于是，你就可以说出一个大致的价格。

第二节 影响社会认知的因素

人们在和他人交往的过程中，会对他人形成某种印象，这一过程叫作印象形成。

对他人形成印象是一个由表及里的过程。比如，相亲时，刚开始双方关心对方的长相、穿戴，时间一长，就不那么介意对方的每一次打扮，而是对他的性格、能力、兴趣等内在特点更为关注。就像剥洋葱一样，一层一层接近人格特征的核心部分。

在认知他人形成印象时，涉及三方面的影响因素：认知者、认知对象和认知过程发生的环境。理解这些影响因素，有助于我们对他人形成公正、客观的印象。

一、认知者因素

（一）原有经验

认知者以往的经验制约其认知角度。

认知者经验不同，所站角度不同，即使面对同样的社会刺激，个体却有不同的认知内容。例如，对某一个人的认知，艺术家重视他的外貌、身材、姿势、语调等，学者专家则可能侧重他的智慧能力及专业知识。

（二）价值观念

客体的价值越大，个体对它就越敏感。前面我们讲到布鲁纳的钱币实验正说明了这一点。

（三）情感状态

个人的情感体验直接影响认知活动的积极性。

"心境一致性效应"指出，当人们处于一种情绪状态时，倾向于选择和加工与情绪相一致的信息，表现出情绪的某种启动效应。当一个人心情愉快时，他眼中的世界会变得更加美好，做判断和推理就显得不那么缜密、细致，判断速度也会更快。

（四）认知偏差

阿莫斯·特沃斯基（Amos Tversky）和丹尼尔·卡尼曼（Daniel Kahneman）两位研究者最早在1972年提出"认知偏差"的概念。即使是最聪明、最具同情心的人也会被所谓"认知偏差"的心理陷阱所困扰，无法充分理解他人。

认知偏差又称认知偏见，是指人们在处理和解读周围世界的信息时出现的系统性思维错误，它会影响人们做出的决定和判断。

人们在社会认知过程中会产生各种各样的认知偏差，意识到这些偏差的存在可以在一定程度上矫正我们的认知，但是，完全消除这些偏差是很困难的。

1. 首因效应和近因效应

首因效应是指在社会认知过程中，最先形成的印象对人的认知具有极其重要的影响。

新官上任三把火、先发制人、下马威等都是利用首因效应占得先机。当我们面试或约会时会特别注意形象，"第一印象"会对以后的认知产生影响作用。

1957年，美国心理学家卢钦斯（Luchins）做了这样一个实验。

他编撰的文字材料主要描绘了男孩吉姆的生活片段，两段文字描写了两种截然相反的人格特征。其中，一段文字将吉姆描写成热情而外向的人，"吉姆与朋友一起去上学，他走在洒满阳光的马路上，与店铺里的熟人说话，与新结识的女孩子打招呼等"；另一段文字将吉姆描写成冷淡而内向的人，"吉姆放学后一个人步行回家，他走在马路的背阴一侧，没有与新近结识的女孩子打招呼等"。在实验中，卢钦斯以不同顺序将这两段材料加以组合呈现或单独呈现：第一组，先呈现描写吉姆热情外向的文字，后呈现冷淡内向的文字。第二组，将第一组的文字顺序颠倒呈现。第三组，只呈现描写吉姆热情外向的文字。第四组，只呈现描写吉姆冷淡内向的文字。

接着，卢钦斯让四组水平相当的中学生被试分别阅读一组文字材料，然后回答"吉姆是一个什么样的人？"

结果发现，第一组有78%的被试认为吉姆是友好的，第二组只有18%的被试认为吉姆是友好的，第三组有95%的被试认为吉姆是友好的，第四组只有3%的被试认为吉姆是友好的。

实验结果表明，先提供的信息占优势，首先阅读的材料对被试评价吉姆的性格起着决定作用。

更有意思的是，卢钦斯的实验并没有就此中止，他改变了实验条件。首先，告诉被试不要受第一印象所误导，要全面进行评价，然后，将描述吉姆不同特征的两段文字隔开呈现。被试念完第一段文字后做一些无关的工作，如做数学题、听故事等，然后再将另一段文字呈现给他们。在这种条件下，大部分人都会根据后面一段文字描述对吉姆进行判断。也就是说，总体印象形成过程中，新近获得的信息比原来获得的信息影响更大，这一现象被称为近因效应。

从实验可以看出，连续呈现两段材料时，会表现出来首因效应；间断呈现两段材料时，会表现出来近因效应。研究者还指出，认知者在与熟人交往时，近因效应起较大作用；与陌生人交往时，首因效应起较大作用。

2. 晕轮效应

晕轮效应，又称为光环效应，指一个人被赋予了一个肯定或有价值的特点，那么他就可能被赋予其他许多积极的特征。这就像刮风天气之前晚间月亮周围的大圆环（月晕或晕轮）是月亮光的扩大化或泛化一样，故称之为晕轮效应。一种整体特征（比如，吸引力或可爱）像月晕光圈一样，掩盖了其他具体特征，并影响我们考虑具体特征时的感知。换句话说，我们倾向于认为漂亮的人外向而友好，而不漂亮的人害羞而保守。

尽管我们常常被告诫：不要以貌取人！但是，人们倾向于给有吸引力的面孔赋予积极的特征，即使它本不应该如此。

心理学家戴恩（Dion，1972）等人曾用实验证实了晕轮效应的存在。他们让被试看一些人的照片，这些照片看上去分别是无魅力的、中等魅力的和有魅力的。然后，研究者让被试评定这些人的特点，而这些特点原本可能与"有无魅力"是无关的（比如，人格的社会合意性、婚姻能力、职业状况、幸福程度等）。但是，评定的结果却显示，有魅力的人在几乎所有的特性方面得到了最高的评价，无魅力的人得到了最低的评价。

司法审判的结果同样说明了晕轮效应的存在。外表有吸引力的人犯偷窃罪时会被宽恕，判刑时间最短。但是，当个体利用自己的美色去诈骗别人时，会被判重罪。

当然，你也可能会给那些你认为没有吸引力的人加上坏脾气、不诚实、刻薄等负面人格特征，这被称为"负晕轮效应"。

晕轮效应实际上是个人主观推断的泛化、扩张和定型的结果，晕轮效应正是人们在社会生活中形成社会刻板印象的心理机制。

"晕轮效应"在大学生人际交往中非常常见，它是一种不自觉的心理反应，学生容易忽视它的弊端产生一些不良后果。比如，大学生在择偶时经常出现"一见钟情"的现象，彼此为对方某些特点所吸引，对对方的品行、性格及能力等其他方面视若无睹，主观想当然地认为对方完美无瑕。因此，"晕轮效应"的片面性导致了大学生不能全面客观看待事物。

3. 正性偏差

认知者表达积极肯定的估价往往多于消极否定的估价，这种倾向称为正性偏差（positivity bias），又叫宽大作用、积极性偏差、慈悲效应。

在一项研究中，大学生把 92% 的教授评定为"好的"，即使学生在课堂上对教授们同时有正性和负性印象时也如此。西尔斯（Sears）认为这种偏差只发生在评定人时，他称之为人的正性偏差。对于这种偏差发生的原因，心理学家有两种解释：一是由马特林（Matlin）提出的"极快乐原则"或"波利阿纳原则"（Pollyanna principle），它强调人们的美好经验对评价他人的影响，认为当人们被美好的事物包围时他便觉得愉快，如善良的他人、晴朗的天气等。即使后来发生了一些不愉快的事情，比如，生病、邻居对自己不友好等，人们依然依照美好的经验对自己所处环境做出有利的评价。其结论是，大部分事物总是被评价得高于一般水平，因为与不愉快的事情相比，愉快的事情更容易被人回忆起。另一种解释是，肯定评价就像奖金一样，我们给别人发奖金时，内心也期待别人的回报。

4. 相似假定作用

相似假定作用，又称为投射效应，指以己度人，认为自己具有某种特性，他人也一定会有与自己相同的特性，把自己的情感、意志、特性投射到他人身上并强加于人的一种认知障碍。

大家看过电影《天下无贼》吗？傻根有一句经典的台词："山上的狼都没害我，我就不信人会害我？人怎能比狼还坏吧？"善良的傻根认为别人也是善良的，总是不相信有人会加害他。这是典型的"以己度人"的投射心理！

心理学家罗斯（Ross）用实验证明了投射效应的存在。研究者向 80 名参加实验的大学生征求意见，询问他们是否愿意背着一块大牌子在校园里走动。结果发现，有 48 名大学生同意研究者这一建议，并且认为大部分其他学生都会乐意这样做；而拒绝背牌子的学生则普遍认为，只有少数学生愿意这样做。可见，这些学生将自己的态度投射到其他学生身上。

初次接触一位陌生人，当得知对方的年龄、性别、职业、身份等与自己相同时，人们相信"物以类聚，人以群分"，认为同一群体的人总是具有某些共同的特征，更容易产生这样的判断。

投射在生活中无处不在，我们每个人都有投射和被投射的时候。比如，有人对他人有成见，就总以为他人对自己怀有敌意，甚至对方的一举一动他都觉得带有挑衅色彩。再比如，喜欢议论他人的人，总认为他人也在背后议论自己。

具体来说，投射效应有三种表现：相同投射、愿望投射和情感投射。

在与陌生人交往时，由于彼此不了解，我们往往不自觉地从自我出发做出判断。比如，在宿舍里，自己感到闷热就以为室友也热，不询问大家的意愿就开空调。再比如，老师在讲课时认为某些知识点很简单，无需多加说明，但在学生看来未必如此。

愿望投射是指把自己的主观愿望强加给对方。比如，一个自我感觉良好的学生会把老师一般性的评语理解成赞赏的好评。

情感投射实际上是一种具有自我保护作用的防御机制。比如，在一次分组活动中，一个学生不愿与另一名学生同组，老师询问其原因时，他说："他讨厌我"。其实，他把无意识的"我讨厌他"说成了"他讨厌我"，压抑了自己真实的动机。

当你有一大堆不舒服的、尴尬的、讨厌的情绪而你又不能有意识地处理它们时，会怎样呢？根据精神分析学家弗洛伊德（Freud）的说法，为了"摆脱"自身那些令人反感的东西——不良情绪、行为、错误或失败等，我们把自己的一部分"放到"别人身上，投射到他人身上，让他人成为我们察觉缺点的载体。

这种错位让我们更容易接受自己，因为其他人要为我们的痛苦负责，而不是我们自己！由于将自己的情绪、缺点或错误外化并感知为是别人的，所以，我们经常会创造出虚假的自我形象，把自己描绘成"受害者"、"好人"或"正义的人"，然而，事实并非如此。

因此，情感投射会让我们对他人的认知失真，那么，如何克服呢？最重要的是意识到什么时候在投射，当开始注意到我们在批评或责备他人时，"投射"防御机制会自动开始减弱它的功能！

所以，在大学生的人际交往中，我们要顾及他人的感受，同时要学会辩证地看待自己和他人。"己所不欲"时"勿施于人"，"己所欲之"时也要学会"慎施于人"。

5. 内隐人格理论

布鲁纳和塔居里（Bruner& Tagiuri，1954）首次提出内隐人格理论这一概念。内隐人格理论不是一般意义上的人格理论，也就是说，不是心理学家的人格理论，而是非专业人士或普通人（lay person）在人际交往过程中的一种信念，这种信念描述了一些普通、且互不相关的人格特质，是普通人对人的基本特性（比如，智力、品德和人格特征等）持有的基本认知图式或朴素理论。

因为内隐人格理论决定了个体对其他人基本特性的认识，所以，它从一开始就影响个体与他人交往，并贯穿交往始终。

伯曼（Berman）等人把内隐人格理论称作相关偏见。这种偏见为人们提供了一种方法：把认知到的各种特性有规则地联系起来。每个人都依据自己有关人格的假定，把他人的各种特性组织起来，形成一种总体形象。比如，一个人非常善良，我们认为他慷慨大方；某人吝啬，我们认为他暴躁易怒。

内隐人格理论具有文化差异。比如，中国文化里存在的一种"世故型"人格，具有这种人格的个体精通处世之道、顾念家人、有很强的社交能力，并多少有点沉默自制。相比之下，西方文化里存在一种"艺术型"人格，这类人具有创造性、性格热烈、神经敏感并且狂放不羁。

6. 刻板印象

刻板印象（stereotype）一词由两个希腊语单词组成："stereo"意思是坚固、稳固、坚硬，"typos"意思是记号、压痕或模型，所以刻板印象（stereotype）就是指坚固的模型。

刻板印象是指人们对某个社会群体形成的一种概括而固定的看法。

从认知的角度而言，刻板印象可以定义为"一种涉及知觉者的关于某个人类群体的知识、观念与预期的认知结构"。与之紧密相联系的是偏见和歧视。

刻板印象具有隐蔽性和自动化等特点。它们深深根植于社会制度和更广泛的文化之中，可以反映在性别、年龄、种族、国籍、社会经济地位、语言等方面。刻板印象甚至在儿童早期阶段，就表现得很明显，影响和塑造了人们之间的互动方式。例如，一项研究（Romaeus，2006）表明，电子游戏设计师为女孩设计了一个粉色的游戏平台，这是他们对女孩的刻板印象的表现。在一项针对5岁儿童的非正式调查显示，这一儿童群体通常将带有蓝色图标的手机应用视为"男孩"游戏，而粉色的则视为"女孩"游戏。男孩不会点击粉色应用图标，即便粉色图标上有一个巨大的机器人图案。由此我们不难看出，色彩分类也体现出了刻板印象。

随着学者对刻板印象研究不断深入，研究范围越来越广，分类越来越细。目前比较普遍的分类方式有以下几种类型：

（1）性别刻板印象

人们普遍认为男性是有抱负的、有独立精神的、富有竞争性的，而女性是依赖性强的、温柔的、软弱的。除了人格特征以外，性别刻板印象也体现在外表形象、角色行为、职业等方面。

比如，当你看到一辆车技很差的车在马路上行驶时，你会好奇司机是男性还是女性。当看到司机是男性时，你可能会认为他是一个缺少经验的新手；而一旦你发现司机是女性时，你可能会说一句"怪不得，果然女司机就是马路杀手"，她的车技不好仅仅因为她是女性。

（2）年龄刻板印象

人们一般认为，年轻人有活力，但是容易鲁莽行事；中年人成熟稳重，考虑周全；老年人机能退化、优柔寡断。

（3）外表刻板印象

比如，漫画中人物的造型，尖嘴猴腮是坏人的形象；"体态肥胖的人都贪吃，体形消瘦的人是有疾病的"；化着浓妆、穿着时尚、一身奢侈品的女性就是拜金女。

（4）种族／民族刻板印象

从社会学的角度讲，种族和民族是两个不同的概念。然而，在西方国家中，关于种族和民族的研究往往混在一起，研究范围主要集中在西方个人主义文化背景下白人对黑人的种族偏见和歧视行为，最近扩展到对移民的观点和看法。研究（E.S.Bogardus，1925，1928）表明，白人对有色人种的偏见长期存在，比如，认为白人的平均智力水平要高于黑人。有研究（Brown，2011）揭示了欧美儿童对移民的刻板印象和看法因移民来自国家的不同而不同，其中，对墨西哥移民的态度最为消极。

我国是一个多民族国家，近年来，国内学者也开始关注民族刻板印象问题。一项调查新疆大学汉族大学生对蒙古族人刻板印象的研究（蔡浩，2011）表明，大学生对蒙古族人形成正面和中性印象，认为他们具有豪爽、高大强壮、擅长摔跤、游牧、热情好客等特征。另一项调查维、汉大学生的民族刻板印象的研究（苏昊，2014）表明，维、汉大学生被试的外显和内隐层面都存在民族刻板印象，表现为内群体偏好，外显和内隐相关不显著。究其原因，我们各民族之间呈"多元一体化"格局，加之我国采取各民族区域自治政策，维族和汉族大学生对本民族表现出较高的认同和积极的评价，出现内群体偏好。

（5）地区刻板印象

比如，"日本人都爱吃生鱼片""所有四川人都爱吃辣""山东人一说话就一口大葱味""东北人女人都爱貂，男人都爱大金链子"，这些都是地区刻板印象的鲜活体现。

（6）职业刻板印象

比如，大家认为男性所从事的传统职业多为工程师、计算机程序员、建筑师等；而女性从事的传统职业多为幼儿园老师、秘书、保姆和护士等。

刻板印象有建设性的一面，比如可以节约认知资源；也有破坏性的一面，比如形成刻板印象威胁，偏见等。

刻板印象威胁是指受到刻板印象的个体由于担心别人用特定的观点评价他，同时担心自己的表现会印证这种刻板印象而产生的威胁感。

刻板印象威胁是一种社会心理威胁，感受到消极刻板印象的存在会损害个体在相关领域的表现。

"黑人低智"是科学还是歧视？斯蒂尔和阿伦森（Steele & Aronson，1995）的研究表明，告知测试对智力具有诊断性会降低黑人大学生在困难口语 GRE 测试中的成绩。其中，这种告知诱发了黑人在智力方面的消极刻板印象，对刻板印象的担忧影响黑人学生在测试中表现出良好的能力。

"男生天生比女生更擅长数学"这一命题正确吗？研究者（Spencer，Steele & Quinn，1999）让数学能力相当的男女大学生参加高难度的数学测验。当测试前没有性别差异提示时，男女生的成绩相当；一旦测试前提示了性别差异，这一刻板印象就会戏剧性地得到验证。

为什么黑人或女性大学生的表现会印证大家所持有的刻板印象呢？深入分析后我们发现，当提示黑人或女大学生刻板印象，他们担心刻板印象被证实而导致其紧张，使得工作记忆变窄阻碍了认知系统所需要的最优信息，测试表现不佳。具有讽刺意味的是，刻板印象因此而被证实了。

除了黑人学生的智力测试成绩、女性大学生的数学成绩外，还有一些研究证实了刻板印象威胁在各个领域存在，比如，白人运动员的成绩、老人的认知能力、女性在谈判中的表现等领域。

那么，如何克服刻板印象威胁呢？

研 究 者 认 为（Adam L. Alter，Joshua Aronson，John M. Darley，Cordaro

Rodriguez &Diane N. Ruble），通过鼓励个体调整心态，将刻板印象威胁视为一项挑战，从而可以减少认知资源的消耗，能更好地完成任务。已有研究表明（Ulrich W. Weger et al.,2011），当威胁出现时，在正念条件下完成任务会削弱刻板印象威胁的消极影响，使其在数学测试上的表现较好。

二、认知对象因素

1. 魅力

魅力包括外貌、能力等因素。

前文介绍过认知偏差中的晕轮效应，人们倾向于认为外貌有吸引力的人具有聪明、善良、有控制力等特点，尽管研究并未表明外貌与智力、幸福感、控制力等之间存在着内在必然联系（A.Feingold，1992）。但是，外貌仍然对个体的社会认知产生深刻的影响。正如亚里士多德曾说：美丽是比任何介绍信更伟大的推荐信。

一项关于师生间外貌影响的研究（Clifford & Walster，1973）表明：学业成绩相同的情况下，教师认为漂亮孩子比不漂亮的孩子更聪明、更招人喜欢。另一项研究（Chaikin,et al.,1978）表明：学生在给一位女教师打分时，如果她化妆得比较美丽，则与素面朝天相比，学生们会认为她的课讲得更好、更有趣。

能力高低也会影响到社会认知。一个人是不是越聪明、能力越强，就越受人喜欢呢？

比如，在一起激烈的辩论赛上，四位选手的表现如下。甲：有超凡的能力，没有任何纰漏；乙：有超凡的能力，但是在比赛快结束时失手打翻了一杯咖啡；丙：表现平庸，整个过程也没有什么差错；丁：表现平庸，而且在比赛结束时不小心打翻了咖啡。你对谁的印象最好？

研究发现，大家最喜欢的是乙，其次是甲，再次是丙，最不喜欢的是丁。

这一研究发现说明，才能平庸者固然不会受人倾慕，而全然无缺点的人，也未必讨人喜欢。聪明、能力强而又带有小缺点的人最讨人喜欢，此种现象被称为"犯错误效应"，又称"仰巴脚效应""出丑效应"。所以，白璧微瑕比白璧无瑕更令人喜爱。

2. 角色身份

认知对象的角色身份是影响社会认知的一个因素。我们对社会中各种角色都有不同的角色期望，判断他可能具有什么样的人格特征。比如，对方是大学老师，我们会认为他学为人师、行为世范，在和他交往时我们会不自觉地变得拘谨严肃。

而且，一个人要是地位高、有威信、受人敬重，那么他所说的话、所做的事就容易引起别人的重视，并让人相信其正确性，产生权威效应，就像我们平常所说"人微言轻、人贵言重"。

3. 自我表演

自我表演又称自我展示、自我表现，指人们在别人对自己形成印象时所做的显露。自我表演是印象管理的重要途径。

一项研究（Gergen & Tayor，1969）让海军军校学员一起完成某项任务。对其中一组被试强调工作人员之间的团结和睦，而对另一组被试强调效率和结果，然后让被试在各自小组里向同伴作自我介绍。结果发现：强调工作效率小组的被试作更多肯定性的自我描述，告诉别人自己的能力、特长和优点；而强调和睦小组的被试的自我描述谦虚得多，甚至包含了自我批评的成分。研究表明，个体会根据交往目标取向的不同，调整自己自我表演的方式。

要更好理解自我表演的内涵，大家可以参阅自我意识及相关概念部分的内容。

三、认知情境因素

许多研究表明，在一个画面中所提供的认知对象的背景会左右认知者的判断。科尔曼（Kelman）等人认为，单单由人的脸和身体所传达的信息是有限的，背景可以提供强有力的线索，比如，一个人在笑，只有背景线索才能让我们知道这个动作是表达高兴还是尴尬。

背景（上下文）会影响社会判断。上下文效应有两种：对比效应（contract）和同化效应（assimilation）。对比效应指所做的判断或形成的印象与环境背景方向相违背，而同化效应指所做的判断或形成的印象与环境背景方向相同，两者都是歪曲效应。

心理学家让两组男士分别评价同一张照片上女孩外貌的美丑程度。但让其中一组男士在作评价之前，先看电影《神勇悄娇娃》（其中三位女主角都非常漂亮），另一组被试则没看。结果发现：看了电影的男士对照片的评分明显偏低。究其原因，男性被试在看完电影后，受到女主角美貌的影响，在评价照片时出现对比效应，照片中的女孩被主角比下去了，显得"不太吸引人"。

在另一项研究（Geiselman, Haight & Kimata, 1984）中，同时呈现一张高吸引力的照片和一张普通照片，这时，人们对普通照片的评估要高于单独呈现它时的评估。

那么，在上下文效应中，决定发生"对比效应"还是"同化效应"的关键条件是什么？

当然，"对比效应"是否有效，受被评价者的关系而定。如果被比较的是陌生人，容易产生"对比效应"。然而，如果被比较的是两位朋友，则会出现"同化效应"，也就是说相貌普通的人因为漂亮朋友的"辐射"显得比较可人。

同时，个体在社会背景中的互动角色也会影响到对他人印象的形成。一项研究（Alicke & Klotz, 1993）要求被试在和一个同伴交往时表现出内向或外向，研究发现，被要求表现出内向的那些被试对同伴的评分更偏外向，而要求表现出外向的那些被试对同伴的评分更偏内向。

第六章　认知人际关系

　　亚里士多德早就指出：人在本质上是社会性的动物；那些生来就缺乏社会性或者因为自我满足而无需参与社会生活的个体，要么是比人低，要么是超人。不是兽类，就是天神。

　　马克思说过：从本质上说人是一切社会生产关系的总和。

　　大家听说过心理学上著名的"感觉剥夺实验"（Boxton，Heron&Scott，1954）吧？在实验中，研究者试图在严格控制的实验室中尽可能剥夺和限制被试的感觉（触觉、听觉、视觉、嗅觉），并观察被试的变化。最开始，被试还能在床上安睡，但8小时之后，他们开始失眠，变得不耐烦、焦躁不安。他们急切寻找各种刺激，唱歌、吹口哨，并开始自言自语，用两只手套互相敲打或者起身探索实验小屋。即使实验报酬丰厚，大多数被试也很难坚持2～3天以上。实验进行七天后，持续的感觉剥夺使被试表现出经典的病理心理现象：大脑皮层唤醒能力降低，酮类固醇激素水平显著上升，情绪、认知和行为等方面紊乱。被试注意力不集中、思维迟缓、白日梦、出现幻听幻视等精神异常现象。"感觉剥夺实验"说明，人类有机体必须与外部环境保持相互作用，接受外界各种刺激，才能维持正常的生命活动。

　　动物心理学家哈洛（Harry F. Harlow）曾对恒河猴展开"社交剥夺"实验。实验中将猴子喂养全部自动化，隔绝与其他猴子或人的沟通。实验结果表明，与有正常沟通机会的猴子相比，"社交剥夺"的猴子明显缺乏安全感，不能与同类正常交往，甚至本能的行为也受到严重影响。

而且，人与人沟通所提供的社会性信息比一般的物理性信息更为重要。正如本书前面章节所阐述，与他人交往对个体形成自我意识或自我概念非常重要。

第一节　人际关系概述

一、人际关系的定义

人际关系指人与人通过直接交往（包括沟通和其他各种形式的交流）过程发展起来的较为稳定的倾向性情感联系。

其中，"沟"指水道、水渠，"通"指贯通、往来、通晓、通过、通知等，所以，人际沟通是指人与人之间传递信息、沟通思想和交流情感的过程。

整个沟通包括七个要素：信息源、信息、通道、信息接收者、反馈、障碍和背景。信息源指传递信息的人，信息源把自己的思想、情感等转化成信息，以语言、文字、表情等方式传递给信息接收者。通道是信息传达的方式，五种感觉器官都可以接收信息，但在日常生活中大量信息是通过视听途经获得的。信息接收者是否理解和接收受信息源发送的信息呢？这时需要进行反馈，反馈使得沟通成为一个交互的过程。在沟通过程中，任何一个环节出现问题都会导致沟通障碍。"隔行如隔山"的专业障碍、"话不投机半句多"的个性障碍、"上传下不达"的组织障碍、中国人不分场合询问"你吃了吗？"的文化障碍……总是屡见不鲜。背景是指沟通发生的情境。它影响沟通的每一个因素，也是整个沟通过程的关键因素。很多意义是由背景提供的。比如，同样一句"你真够坏的！"如果是发生在亲密朋友家里亲切交谈的背景下，就不是谴责，而意味着赞美和欣赏。

总的来说，人与人之间动态的相互作用过程称为人际交往，其中，人际沟通是人与人之间发生相互作用的最主要形式，由相互作用过程建立起来的稳定情感联系称为人际关系。个体的人际关系系统实质上就是他的情感支持系统。

二、人际关系状态或发展模式

人际关系状态及其相互作用水平见图 6.1。

交往之前，双方没有意识到对方的存在，是完全无关的两人，双方关系处于"零接触"状态；到"单向注意"或"双向注意"，人与人之间的相互作用就已经开始，但这时双方对对方都是出于旁观者的立场，无言语交流，没有情感卷入。然后，双方开始直接谈话，彼此"直接接触"，"直接接触"是表面的，没有情感卷入。"表面接触"是人际沟通的真正开始，是双方情感关系的起始点。随着双方沟通的深入和扩展，双方共同的心理领域逐渐被发现。共同领域的多少，与情感融合的程度相适应。共同的心理领域越多，情感的融合程度就越高。卷入分为轻度卷入、中度卷入和深度卷入。注意，不存在人际关系双方心理世界完全重合的情况。

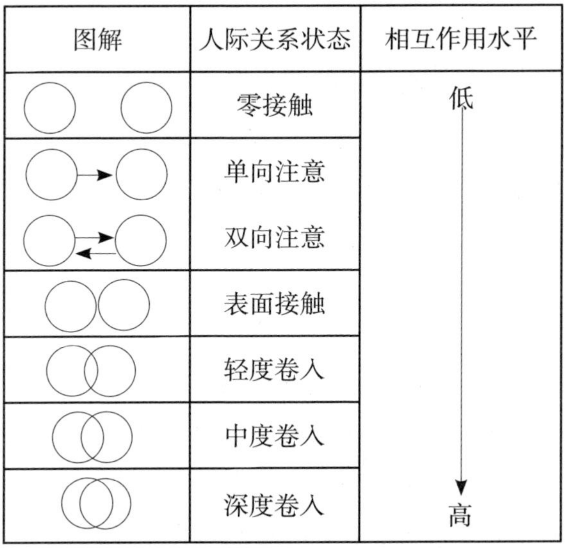

图解	人际关系状态	相互作用水平
○　○	零接触	低
○→○	单向注意	
○⇄○	双向注意	
○○	表面接触	
⊂⊃	轻度卷入	
⊂⊃	中度卷入	
⊂⊃	深度卷入	高

图 6.1　人际关系状态及其相互作用水平

（图片来源：J.C.Freedman 等（1985），"Social Psychology"，第 5 版，P230）

三、人际关系建立和发展的过程

人际关系的建立和发展，从交往由浅入深的角度来看，一般需要经过四个

阶段 :定向阶段、情感探索阶段、感情交流阶段和稳定交往阶段（Altman&Taylor）。

1. 定向阶段

定向阶段包含着对交往对象的注意、抉择和初步沟通等多方面的心理活动。在熙熙攘攘的世界中，那些具有某种特征的人会引起我们特别的注意。比如，在选择恋人时，与我们观念中理想的恋人形象相接近的异性，会吸引我们的注意。抉择是理性的决策。我们选择那些在我们的价值观上具有重要意义的人作为交往和建立人际关系的对象。选定交往对象后，通过初步沟通获得对对方的最初步了解，确定是否可以进行进一步交往。这时，我们都希望给对方留下良好的第一印象。

定向阶段时间跨度因人而异，邂逅而相见恨晚的人定向阶段第一次见面就完成，而那些自我防御倾向强的人，需要经过长时间的沟通才完成。

2. 情感探索阶段

这一阶段的目的是彼此探索双方在哪些方面可以建立真实的情感联系，还是说双方交往仅仅停留在一般的正式交往模式。

随着沟通越来越广泛，双方有一定程度的情感卷入，但仍属于正式交往，彼此注意自己表现的规范性。沟通开始深入，但话题内容仍然避免涉及个人隐私，自我暴露也不涉及自己根本的方面。这一阶段属于面具交往 :把自己最好的一面或希望别人看到的一面展示给别人。

3. 感情交流阶段

感情交流阶段双方关系的性质开始出现实质性变化。

信任感、安全感确立 ;自我暴露程度高，谈话广泛涉及自我的许多方面，有较深的情感卷入 ;双方的表现超出正式交往的范围，正式交往的压力趋于消失，彼此进行真诚的赞赏和批评。这一阶段关系一旦破裂，将会给人带来相当大的心理压力，出现焦虑、痛苦等负性情绪。

4. 稳定交往阶段

这一阶段心理相容性很高，彼此在认知、情感和行为上达到高度一致，关系稳定 ;自我暴露广泛而深刻，允许对方进入自己高度私密的个人领域，允许对方分享自己的生活空间和财产。在现实生活中，很少有人达到这一层次的友谊关系，大多数人际关系仅仅在第三个阶段的水平上简单重复。若出现矛盾，双方相互尊重和谅解，亲密关系永固长久保持。

四、人际关系的深度

良好的人际关系是在双方在自我暴露逐渐增加的过程中发展起来的。我们想要知道自己同他人关系的深度如何，要想知道他人对我们有多高的接纳性，只需要了解他人对我们的自我暴露深度。自我暴露的程度是衡量人际关系深浅的标志。

自我暴露（Self-disclosure）是由美国心理学家朱拉德（Jourard）在 1958 年提出来的。

自我暴露是指一个人自发地、有意识地向另一个人暴露自己真实且重要的信息，是社会心理学尤其是人际交往领域重点关注的问题之一。

自我暴露是指个体把有关自己个人的信息告诉他人，与他人共享自己内心的感受和信息。

Rubin（鲁宾）的自我层次理论将自我由浅入深分为四层：

第一层：兴趣爱好，如饮食偏好、日常情趣、消遣活动的选择等。

第二层：态度，如对某人的看法，对政府和时事的观点。

第三层：自我的人际关系与自我概念状况，如父母关系、亲子关系状况，或自己的自卑情绪等。这一层涉及很高的自我卷入，我们轻易不向别人暴露。

第四层：隐私，涉及某些不能为社会一般观念所接受的经验、念头、行为等，如曾经发生的偷窃行为，性经验、性取向等。

自我暴露是人际关系的"探测器"，是发展亲密关系最常用也最有效的方法；而且，朱拉德（Jourard，1958）认为自我暴露是健康人格的表现，也是成功的自我调节的方法。

自我暴露可以有效提高人际沟通交往的能力（邱蕾，2009），同时，自我暴露对个体道德品质的培养，对心理健康的发展也有着重要的作用（李红梅，2005）。但是，青年大学生的自我暴露也存在误区，如暴露内容浅显化，更多涉及前卫文化、休闲娱乐、感情琐事等，而相对于政治敏感度、社会关注度则显得苍白乏味；如暴露方式多元化，网络成为青年大学生自我暴露的主要途径，容易导致网恋、网络成瘾等问题；如暴露对象同龄化，遇到问题他们愿意寻求年轻同龄人的支持，不愿听父辈的"唠叨"，导致难以理性、周全地考虑处理问题的办法。所以，需要对大学生自我暴露中出现的问题进行引导和调控。

五、人际关系的原则

如何成功建立并维持自己期望的人际关系，避免人际关系不幸，大学生遵循如下原则：

1. 交互原则

心理学研究表明，人际关系的基础是人与人之间相互重视、相互支持。

在日常生活中，我们希望寻求自我价值被确认，希望别人接纳我们、喜欢我们，希望获得情绪安全感。但是，任何人不会无缘无故喜欢我们，别人喜欢我们的前提是我们也喜欢他、支持他。所以，我们要主动接纳他人、喜欢他人，在人际交往中遵循"黄金法则"——"以你希望别人待你的方式去待人"。

因此，"爱人者，人恒爱之；敬人者，人恒敬之"就有其心理学依据。而且，"投桃报李""来而不往非礼也"就是人们不自觉地运用交互原则，来协调人际关系。

2. 功利原则

根据美国社会学家霍曼斯（Homans）的社会交换理论，人与人之间的交往，本质上是一个社会交换过程。这种交换不仅涉及物质交换，还包括非物质的交换，比如，情感、信息、服务等。

在实际生活中，我们要遵守功利原则，必须使我们同他人的关系在对方看来是"值得的"，交往过程中"得大于失或至少等于失"，不值得就会产生心理失衡，倾向于逃避、疏远或终止关系。所以，无论怎样的亲密关系，都不能一味只"利用"而不"投资"。

3. 自我价值保护原则

我们都有防止自我价值遭到否定的自我支持倾向。当他人威胁到我们的自我价值感时，会激起强烈的保护动机，引起拒绝或排斥情绪。自我价值保护体现在生活的方方面面，比如，在对自己成败归因时会出现自我服务偏差，将成功归因为自身，显示自己优于别人；在内部信息加工上表现出"态度对学习的过滤作用"，对于支持我们态度的材料容易被吸收、同化和记忆；在人际关系上，我们也喜欢那些喜欢和支持自己的人。

所以，根据自我价值保护原则，我们要学会赞扬和宽容他人。

4. 人际吸引水平的增减原则或得失原则

在人际交往中，我们对他人的喜欢不仅取决于他人喜欢我们的量，而且还取决于他人喜欢我们的水平的变化（从多到少或从少到多）和性质（从喜欢到讨厌或从讨厌到喜欢）。

美国社会心理学家阿伦森与林德（1965）请了许多被试分四组来参加一项实验，其中一位被试实际上是研究者的助手，是假被试，研究者安排这名假被试担当这些被试们的临时负责人。在每次实验的休息时间，这名助手都会离开被试们，到研究主持者的办公室向其汇报情况，内容会谈及对其他被试的印象和评价。被试们的休息室与研究主持者的办公室只有一墙之隔，虽然两人压低声音谈话，但是实验以巧妙的安排，让被试们每次都能清楚听到别人怎样评价自己。

实验具体有四种情境：

（1）肯定：让被试始终得到好的评价——"假被试从一开始就用欣赏的语气说他们如何好，他如何喜欢他们"；

（2）否定：假被试从始至终都对他们持否定态度；

（3）提高：被试前几次得到否定的评价，后几次评价则由否定逐渐转向肯定。

（4）降低：被试前几次得到肯定的评价，后几次评价则从肯定逐渐转向否定。

然后，研究者问所有被试在多大程度上喜欢研究者的助手，并让他们在从 -10 到 +10 的量表上作答。研究结果发现，喜欢程度的平均分：先否定后肯定的提高组给助手的得分最高，为 +7.67；先肯定后否定的降低组给出的得分最低，为 +0.87。

"人际吸引水平的增减原则或得失原则"被阿伦森幽默戏称为"对婚姻不忠定律"：指从陌生人处所获得的赞许往往比配偶的赞许更有吸引力。生活中，我们要注意说话的技巧，"先抑后扬讨人喜"。

第二节 影响人际吸引的因素

人际吸引是个体之间在情感方面相互亲近的状态，是人际关系中的一种肯定形式。

人际吸引是发展人际关系的前提和重要基础，在人际吸引基础上，人们之间的关系从一般关系发展到亲密关系。

当代大学生情感上的亲疏关系表现在彼此的心理距离上。吸引力越大，心理距离就越近；吸引力越小，心理距离就越远。那么，哪些因素会影响大学生的人际吸引呢？

1. 个人特质

个人特质包括个性品质、才能、外表吸引力等因素。

外表吸引力常常指长相、着装、仪态、风度等方面。

外表吸引力是个人散发魅力的第一步，一个风度翩翩、仪表堂堂、天生丽质的人必然会引起较高的关注度。生活中，我们很难避免以貌取人。研究表明，其他条件相同时，人们更喜欢外表有吸引力的人（Berscheid&Reis，1998）。而且，由于晕轮效应作祟，人们下意识认为"美的就是好的"，给漂亮外表加上一些正面品质，比如，善良、诚实、机智等。

外表吸引力在初次交往和浅层次交往中有重要影响，但是一旦进入深层次交往后，其他如个性品质、能力等个人特质更富有吸引力。

作为新时代的大学生，要注重培养和塑造受人喜欢的积极品质，如善良、仁慈、谦虚、礼貌、宽容等品德；克服和改变受人厌恶的消极品质。

才能如何影响人际吸引呢？是不是一个人越聪明、能力越强，越受人喜欢？本书在"认知他人"一章介绍过"犯错误效应"，研究发现，并不是能力越强越受人喜欢，那些聪明、能力强而又带有小缺点的人最讨人喜欢。因为一个能力超凡、完美无缺的人会让他人感到可望而不可即，产生心理压力，只好敬而远之。

2. 相似性

人们倾向于喜欢那些在态度、价值观、兴趣、背景及人格等方面与自己相似的人。

在一项相识研究中（Byrne，1971），被试在填写一份态度问卷后，主试把他介绍给另外一个人，同时要求这个人把自己在该态度问卷上的回答大声念给被试听。实际上这人所念问卷是由主试替他填好的，有些情况下这些回答与被试的态度一致，有些情况下却相去甚远。念完后，要求被试评价对这个人的喜欢程度。结果发现，态度的相似性导致了喜欢程度的增加。

相似性提供了与他人共同活动的基础，相反，态度、兴趣、价值观等的不同可能导致厌恶和回避。大学生根据兴趣爱好加入喜欢的社团，与社团里的成员交往就体现了人际吸引的相似性。

而且，研究还发现，在选择约会对象和婚姻方面，人们倾向于选择与自己长相相似的异性做伴侣，研究者将这种倾向称为"匹配假设"（Berscheid，1971）。

为什么相似性会导致人际吸引呢？

我们可以用海德（Heider）的平衡理论解释此种现象。海德的平衡可以简化为"P-O-X"公式，其中，"P"代表认知主体，"O"代表他以外的其他人，"X"表示事件。通过这三者之间的关系考察平衡和不平衡状态。"P-O"之间是喜欢或不喜欢的情感关系，用＋或－号表示；"P-X"和"O-X"之间是看法一致或看法不一致的统一关系，也用＋或－号表示。个体力求保持"情感关系"和"统一关系"处于和谐的平衡状态，因为一旦不平衡个体就会产生紧张焦虑。比如，一个人和他的朋友彼此喜欢，他们对某事看法一致，都喜欢踢足球，那么三者关系处于平衡状态；如果两人彼此喜欢，但对某事的看法不一致，如一对恋人，男生喜欢玩电脑游戏而女生则非常讨厌电脑游戏，此时三者就处于不平衡状态。

因此，人们通过喜欢支持自己观点的人或反对那些与自己意见不同的人，达到认知平衡。

3. 互补

在恋爱与婚姻关系中，人们有时候喜欢与自己在某些方面相反的人。研究者（Buss，1989）通过对37个文化群体的研究发现，在异性关系中男性喜欢年轻的女性，而女性却喜欢老一点的男性（西班牙除外）。这种现象被称为"相貌换地位"（Davis，1990），男性喜欢年轻女性是因为她们漂亮，而女性喜欢老一点的男性是因为他们成熟且有地位。

除了需要互补外，社会角色、人格特征等互补等都能增加人际吸引。比如，粗心大意的人喜欢和细致严谨的人交往，脾气暴躁的人喜欢和温和的人相处，依赖性强的人则倾向与独立性的强的人一起做决策。

4. 熟悉性

熟悉性导致喜欢，最常见的现象就是曝光效应。某人只要经常出现在你的眼前，就能增加你对他的喜欢程度。

社会心理学家莫兰德和比奇（R.Moreland &S.R.Beach，1992）做过一项实验：请4名具有同等相貌吸引力的女性以学生身份去上社会心理学课。这些女性并不和学生交流，只是走进教室并安静地坐在第一排，让每个人都能看到她们。每位女性出现在课堂上的次数有所不同，从0次到15次不等。学期结束时，研究者播放这些女性的幻灯片请班级的学生看，要求学生对这些女性的吸引力打分。结果发现，随着曝光次数的增加，吸引力程度上升，上课次数越多的女性越受人喜欢。

所以，一般而言，交往频率高的人之间容易产生人际吸引。

但是，请大家注意，熟悉不是影响喜欢的唯一变量。所接触对象的性质也影响人们喜欢的程度。一开始对他人的态度是积极的或至少是中性的，接触越多越喜欢对方；但如果一开始就讨厌对方，那么接触越多会加速双方关系的恶化，越厌恶对方。

再比如，我们每个人看到的自己的脸和他人看到的是不一样的，我们看到的是镜面反射的形象，而他人看到的是客观的形象。研究者发现，他人更喜欢我们真实的照片，而本人偏好镜像照片。

5. 接近性

研究者（Festinger，1950）以麻省理工学院已婚学生公寓的居民作为研究对象，调查他们之间的友谊与接近性的关系。该家属公寓共 17 栋两层楼房，每层 5 户，共 170 户。在学年开始搬入公寓时，这些住户彼此各不相识。过一段时间后，研究者要求各住户列出整个住区中最好的三位朋友。

结果发现：住户列出的朋友 65% 居住在同一栋建筑里；41% 的人和隔壁邻居成为亲密朋友，22% 的人和隔壁两三家的人成为朋友，只有 10% 的人和宿舍另一端的住户成为朋友。可见，在一个新环境中，最容易获得的人际吸引基本上来自自己的近邻。

生活中，人们常说"近水楼台先得月"，这反映了接近性对人际吸引的影响。研究表明，被随机安排在同一宿舍或近邻座位的人容易成为朋友，同一栋楼内住得最近得人容易建立友谊。

为什么接近性能引起喜欢呢？

首先，接近性能增加熟悉性，越熟悉，相互喜欢的可能性越大。其次，接近性也与相似性有关，在有选择的情况下，人们往往选择在某些方面与自己相似的人为邻居。最后，从社会交换的观点来看，物理距离上的接近性使得你更容易获得来自他人的好处，他人可以随时帮助你，与这样的人交往你可以用较小的代价换取较多的好处。

第三节　爱情

人际吸引有三种形式：亲和、喜欢和爱情。

爱情是人际吸引最强烈的形式，是亲密关系的最深层次，是身心成熟到一定程度的个体对异性产生的有浪漫色彩的高级情感。

自由宽松的生活氛围、渐趋成熟的身心状况，加之招生年龄的放宽和在校生结婚的解禁，使大学校园成为滋生爱情的温床。但是，大学生的爱情存在着诸多问题和冲突。学者（刘彦华等，2007）对新时期大学生恋爱观进行调查后得出：大学生的恋爱知识虽然来自多方面，但主要还是靠自学成才；大学生对恋爱的认知存在扭曲；大部分大学生对恋爱持严谨态度，但游戏爱情的也大有人在；大学生在遭遇恋爱挫折时缺乏正确的应对能力。所以，关照到大学生的恋爱需求，提供爱情方面的知识和处理冲突的建议是非常有必要的！

一、爱情的成分和类型

心理学家罗伯特·斯滕伯格（Robert Sternberg）提出了爱情三角理论，他认为爱情由三个元素组成：亲密（intimacy）、激情（passion）和承诺（commitment）。斯滕伯格根据三元素的不同组合，把爱情分为七种类型。

1. 喜欢（Liking）：只有亲密。这种类型的爱情有亲密和信任的感觉，彼此分享感受、相互支持，但缺乏激情和长期的承诺。友谊是这种类型爱情的完美例子。

2. 迷恋（Infatuation）：只有激情。这种类型的爱情具有高度的身体吸引力和冲动，没有考虑过将来，多为"一见钟情"，通常发生在一段关系的开始阶段。迷恋的爱缺乏亲密和承诺，通常很短暂和肤浅。夏日恋情或旋风式恋情属于这种类型的爱情。

3. 空洞的爱（Empty love）：只有承诺。这种类型的爱情以坚定的承诺致力于维持关系。空洞的爱可以出现在下列两种情况下：中国古代包办婚姻的开始，亲密和激情都没有得到发展；或者在一段较旧的关系中，两人经历过"逝去的爱"——亲密和激情都恶化了。在这两种情况下，承诺是维系关系的唯一因素。

4. 浪漫的爱（romantic love）：只有亲密和激情。这种类型的爱情同时存在性激情和情感亲密，崇尚过程，不在乎结果。这是恋爱关系发展到一定阶段所感受到的爱，双方身体相互吸引，也享受在一起的时光，觉得彼此是最好的朋友。浪漫的爱缺乏认真的承诺，在青少年和青年时期更为流行，就像他们口中所说"不求天长地久，只求曾经拥有"。

5. 伙伴的爱（companionate love）：只有亲密和承诺。这种爱通常出现在较长的婚姻关系中，激情已经消失殆尽，但夫妻双方仍然感到有一种深深的情感纽带和承诺。伙伴的爱可以是一段非常令人满意的关系，通常是持久的。

6. 愚昧的爱（fatuous love）：只有激情和承诺。这种类型的爱情被称为幻想的爱，没有亲密的激情顶多算是生理上的冲动，没有亲密的承诺也不过是空头支票，恋爱双方没有真正的情感纽带。旋风式的"闪婚"就是这种类型爱情很好的例子，婚姻的缔结不是建立在深厚的情感基础上的稳定关系，承诺仅仅是基于性的激情，所以，"闪婚"往往导致"闪离"。

7. 完美的爱（Consummate love）：同时具备激情、承诺和亲密。在斯滕伯格看来，前六种只是类爱情，本质上并不是爱情，只有完美的爱才是爱情的庐山真面目。

表 6.1 归纳出了人类爱情关系的七种类型（其中，正号代表成分的存在，负号代表成分的缺乏）。

表 6.1 人类爱情关系的七种类型

爱情类型	爱情成分		
	亲密	激情	承诺
喜欢	+	-	-
迷恋	-	+	-
空洞的爱	-	-	+
浪漫的爱	+	+	-
伙伴的爱	+	-	+
愚昧的爱	-	+	+
完美的爱	+	+	+

如果三个要素都不具备，完全缺乏亲密、激情和承诺，叫做无爱（non-love），这就像我们和一个熟人的关系。

在恋爱关系中，三要素中任何一个薄弱或缺失，大多数人都会时常感到不快乐。缺乏亲密感，尽管你们的爱情关系忠诚，你也可能会感到孤独和分离；缺乏承诺，你会感到沮丧、愤怒和背叛；随着时间推移，激情从爱情关系中消退，很多伴侣体验到对激情的渴望。

当恋爱双方或一方对爱情关系感到不满意或仿佛缺点什么时，斯滕伯格的爱情三角形理论可以帮助其审视爱情关系，确定何种爱情元素导致伴侣不满意和关系不和谐，以便加强和改善爱情关系。

研究发现，当恋爱双方的三角关系匹配时，或者说双方追求的爱情元素或多或少相同时，关系往往走向成功。例如，恋爱双方都期望浪漫的爱，都还没有准备好承诺，爱情将是匹配的！但如果一方渴望承诺，爱情就不太可能进展顺利。

二、爱情发展的四阶段

小谭，女，在校大二学生。小谭说，自己和男友相恋一年，感情本来不错。不过最近男友有些烦人，感到他不理解自己，总是限制自己的自由，比如，刚分开男友就不停打电话问自己在哪里，在干什么；更可气的是，有时候自己参加学生会的活动或者去上自习，男友也问东问西。而且，男友还抱怨自己对他冷淡，嫌陪伴他的时间少，说自己没以前那么爱他了。小谭感到非常生气和失望，同时又不明白自己是否真的做错了？本来甜蜜的爱情让她变得非常困扰……。

你们遇到过和小谭类似的困境吗？爱情从滋生到成熟，会经历怎样的过程呢？心理学家认为，成熟美满的爱情可分为四个时期：

1.热恋期：又称为"甜蜜期"，指"共存阶段"，这是一段亲密关系的开始，是恋爱最幸福的时期，也是两人情感联结最强烈的时期。这个时期，恋爱双方不论任何时候都希望腻在一起。

2.矛盾潜伏期：又称为"反依赖阶段"。随着爱情日趋平淡，恋爱一方想要多一些时间和空间做自己的事，另一方就会感到被冷落。

3.矛盾突发期：又称为"独立阶段"。这是第二阶段的延续，是恋爱关系的高危期。如果在矛盾潜伏期问题没有很好解决，这时问题会变得更尖锐。

恋爱一方要求更多独立支配的时间和空间，而另一方则十分怀念甜蜜期的卿卿我我。由于受"人际吸引水平的增减原则或得失原则"影响，巨大的心理落差让恋爱一方怀疑两人的感情。为了挽回爱情，他们开始频繁表达愤怒和不满，而另一方则会感到对方不可理喻、胡搅蛮缠，自己被约束、被控制。一方要求独立，另一方要求依恋，恋爱双方处于矛盾对立关系，因此，不断升级的冲突可能导致双方分手。

4.情感稳定期：又称为"共生阶段"。这一时期新的相处之道形成。恋爱双方相互扶持、互相成就、共同成长，成为彼此最亲密的人，爱情保鲜而持久！

上述案例中小谭已恋爱一年，恋情正处于反依赖期。这一时期恋情已趋于平淡，没有了甜蜜期的新鲜感，个体不再希望天天腻在一起，而是想腾出一点私人时间和空间处理自己的事情。但是，如果恋爱双方不能够设身处地为对方考虑，就可能产生被冷落、被忽视的感受，恋爱关系出现矛盾。

爱情发展的四阶段都有其特殊表现形式及规律。但是，由于大学生没有这方面的知识储备，很多恋情在第二、第三阶段出现的种种矛盾严峻的"考验"中夭折，最终没有等来柳暗花明的情感稳定期。

三、如何处理分手

爱情是美好的。但是，恋爱双方来自不同的家庭，在兴趣爱好、价值观、个性和人生经历等方面存在差异，差异会产生分歧，进而引发矛盾和冲突，最后导致双方分手。在恋爱冲突中，双方争吵、冷战、甚至发生暴力事件……学者（廖小伟，2016）对大学生的恋爱暴力行为进行了研究，发现当下大学生恋爱暴力的发生非常普遍，而且对青少年的身心健康产生了很多不利影响。研究发现：抑郁倾向与大学生恋爱冲突呈高度正相关（连东琴，2015），恋爱冲突的结果影响到爱情的满意度（杨林川，2013）及恋爱关系的质量（孔荣等，2017）。

> 小魏，女，在校大二学生。小魏说，大一军训结束后，我和男友确定了恋爱关系。我们在一起就像一个美丽的梦，生活在一个完全由彼此组成的世界里，沉醉而满意。但是，大二一开学，男友突然在电话里和我提分手，我约他见面他也回避。他说我们没有各自的生活，除了我，他不知道自己是谁，他想去找答案。在内心深处，我承认他是对的。恋爱的这一年，除了是他的女友，我也不知道我是谁。但是，我太痛苦了，感觉自己离开他就活不下去，我希望他改变主意。我记得我们在一起的点点滴滴，第一次拉手、第一次看电影、共同设计的梦想和未来……我感觉自己成了脱离快乐的躯壳，多少次我哭着醒来，希望一切都是梦……我对什么都没兴趣，总想赖在床上，这学期的课也缺了好多……

像案例中小魏的描述，分手从来都不是一件有趣的事情，不管情侣间为何分手，也不管你愿不愿意，一段关系的破裂都会让你的整个生活发生天翻地覆的变化，引发痛苦和不安！分手可能是大学生活中极具压力的事件之一，因为它代表着多种丧失——恋爱关系的丧失、陪伴和情感支持的丧失、共同的梦想和承诺的丧失，因此，当恋爱关系失败时，深深的失望、悲伤和痛苦将随之而来！

那么，如何帮助大学生应对分手呢？

第一，承认分手后有不同的情绪感受是正常的，不要与感受战斗，试着去识别、承认和接纳它们。

分手后情绪有起伏很正常！你可能会感到很多矛盾情绪，如悲伤、愤怒、怨恨、困惑、恐惧等，而且这些感受可能会很强烈。不要压抑或忽略它们，试着去识别、承认和接纳情绪，虽然体验它们注定是痛苦的，但是情绪不会永远存在，情绪反应会随着时间的推移而减少。

允许自己悲伤，允许自己去感受丧失带来的痛苦！这听起来有些荒谬，你可能担心自己会被永远囚禁在一个黑暗的地方，怕悲伤太强烈而无法承受！记住，悲伤在帮助你放弃旧的关系，保持继续向前，悲伤是治愈过程中必不可少的！任何让你分心的人或物，只会延缓和推迟悲伤的过程，阻碍你继续前进！不管悲伤多么强烈、多么痛苦，坚持一下，它终将过去！

请注意，同学们要正确区分正常的悲伤情绪和抑郁。分手一段时间后，悲伤会开始消散，但是，如果你仍然感受不到生活的动力，你可能患上了抑郁症，需要求助于专业的心理咨询机构。

第二，和你的前任保持一定距离。

你可能认为"分手了不能做恋人还可以做朋友"，但是，分手后不是继续朋友关系的时候。你需要暂时屏蔽他的信息，不要打电话、发微信或者 QQ 联系，也不要向朋友间接打听他的消息。这可能是一件非常困难的事情！但是，如果你把注意力放在前任身上，你就无法前进，你需要专注于自己！当然，当你把自己厘清后，你们仍然可以继续一段友谊。

第三，寻求社会支持，关注健康，放松自我。

不要孤立自己，这样只会增加你的压力。去寻求家人和朋友的社会支持，分享你的感受，让他们帮你度过这段难熬的日子。

当你在与分手带来的糟糕的负性情绪做斗争时，照顾好身体。去健身房练一练，你需要酣畅淋漓的运动释放内啡肽来减轻焦虑和抑郁；或者，去看一场电影或吃一顿美食，做一些对你身体有益的事情。

分手后的一段时间内，允许自己在一个不太理想的水平上生活和学习。没有人是超人，当你无法保障以往的效率时放松自我，治愈后再出发。

第四，接受一些观点。

在大学生活里，恋爱和分手都是正常和健康的。不是每一个人都能在大学生活中遇到我们的 Mr.right。我们只是在和那些可能会成为未来伴侣的人约会！我们不断了解"我是谁"，了解自己想要过的生活，了解和我们相匹配的人……。

当然，任何事情都有两面性，你可以从分手中吸取重要的教训。当你正在经历分手的痛苦时，你会感到悲伤和空虚，很难看到分手的积极面。但是情感危机时期正是播种成长种子的时期，你可以更好地去了解自己，让自己变得更加明智和强大。分析恋爱关系中发生了什么？你对关系的破裂起了什么作用？试着思考和回答以下几个问题。

1. 你做了什么导致了恋爱关系出现问题？

上述案例中，小魏和她的男友过度依赖爱情，为爱情放弃了兴趣爱好、放弃了社交圈，除了恋爱的身份外，他们不知道"自己是谁"。经历一场毁灭性的大学分手，是找到"自我"的必要条件！本书在"人际关系状态"一节已阐明，不存在人际关系双方心理世界完全重合的情况。尤其是，恋爱一方完全被另一方所包裹，是非常危险而不健康的。你全心全意爱自己，即使没有爱情，你也能爱上生活，你为自己而活！去找回那些因恋爱忽略的乐趣、去完成那些你一直想干而没来得及干的事、去实现那些你束之高阁的雄心壮志！

2. 在一段又一段令人挫败的感情中，你是否倾向于犯同样的错误，还是仅仅选错了人？

大家还记得"自证预言"部分讲述过一位遭受前夫和现任丈夫家暴的女性吗？她无意识的想法和偏见导致了她的担心变成现实！当你认为在恋爱中你总是犯同样的错误，导致恋爱屡次受挫，那么，认真分析你在促成恋爱失败中所做的"贡献"。

　　小陈，女，在校大三学生。因为恋爱分手情绪失控、有自伤行为而求助于心理咨询师。小陈自述谈过好几个男朋友，每任分手都是被对方抛弃的。在咨询过程中，咨询师了解到小陈幼年父母离异，她被轮番寄养在外婆和姨妈家。因此，她发展出了一套紊乱的自我、他人和环境图式。自我是不可爱、低劣的（父母离婚是因为自己不够好），他人是不可靠的，环境是有威胁的，随时可能会抛弃自己。由于上述原因，小陈对自己是否足够好、是否能保持男友的爱感到不确定，她需要不断"检验"对方是否真的爱自己。恋爱关系中缺少健康、互惠的爱的表达，各种言语或非言语检验，各种控制行为和手段……最终，男友因为觉得她"不可理喻"暂时或永久地离开了她。分手再一次让小陈感到被抛弃，情绪爆发和自伤随之而来。

　　上述案例中的小陈倾向于在恋爱中犯同样的错误，那么，只有认清自己、完善自己，她才能获得满意的爱情。

　　3. 你处理压力和冲突的方式怎样？是以建设性的方式在解决冲突吗？

　　4. 你能有效控制和表达情绪，做自己情绪的主人吗？还是一直扮演着情绪的囚徒，任由消极情绪为所欲为？

　　5. 你能接受恋人"本来的样子"而不是"应该成为"的样子吗？你是否活在对爱情的幻想中？

　　当面对分手时，不要纠结谁该为这段感情负责，也不必自责。客观回顾和审视这段恋爱关系，了解你与他人相处的模式，你处理压力和管理情绪的能力，以及你需要解决的问题。你能从错误中吸取教训，就能在下一段恋情来临时避免重蹈覆辙，做出更睿智的选择。

参考文献

1、董晓宇．新时期我国大学生语言态度研究 [D].2020,吉林大学

2、王益明，金瑜。两种自我（ego 和 self）的概念关系探析．心理科学，2001（3）：363-364

3、任国华。自我图式、他人评价与人格发展的关系．心理科学，2003（5）：910-912

4、T.B. Rogers，N.A. Kuiper，W.S. Kirker. Self-reference and the encoding of personal information. *Journal of Personality and Social Psychology*，1977，35（9）：677-688

5、朱滢，张力．自我记忆效应的实验研究．中国科学（C 辑：生命科学），2001（06）：537-543

6、方平，马焱，朱文龙，姜媛．自尊研究的现状与问题 [J].心理科学进展，2016, 24(9):1427–1434

7、王曼，陶嵘，胡姝婧，朱旭．新的视角：从脆弱高自尊看人格障碍症状 [J].心理科学进展，2010, 18(7):1141–1146

8、刘肖岑，桑标，窦东徽．自我提升的利与弊：理论、实证及应用 [J].心理科学进展，2011, 19(6):883–895

9、Berglas, S., & Jones, E. E. (1978). Drug choice as a self-handicapping strategy in response to noncontingent success. *Journal of Personality and Social Psychology*, 36(4), 405–417.

10、杨健梅．运动领域中自我设限的研究进展和方向 [J]．武汉体育学院学报．2005 年第 1 期．

11、肖崇好．自我监控概念的重构 [J]．心理科学进展，2005, 13(2):186-193

12、李晴晴，刘毅．身体意象失调的成因：基于："镜中自我"的视角 [J]．心理科学进展，2018, 26(11):2013-2023

13、郭菲，雷雳．青少年假象观众和个人神话观念的研究述评 [J]．心理科学进展，2006, 14(6):873-879

14、（美）Albert Ellis 著，郭建，叶建国，郭本禹等译．《理性情绪行为疗法》[M]．重庆：重庆大学出版社，2015

15、（美）Judith S. Beck 著，张怡 孙凌 王辰怡等译．《认知疗法：基础与应用（第二版）》[M]．北京：中国轻工业出版社，2013

16、邹吉林，张小聪，张环等．超越效价和唤醒——情绪的动机维度模型述评 [J]．心理科学进展，2011, 19(9):1339-1346

17、（美）Karla McLaren 著，林琳译．《情绪的语言》[M]．北京：科学出版社，2012.

18、（美）David J.Wallin 著，巴彤，施以德，杨希结等译．《心理治疗中的依恋——从养育到治愈，从理论到实践》[M]．北京：中国轻工业出版社，2014.

19、（美）Judith Rustin 著．郝伟杰、马丽平等译．《婴儿研究和神经科学在心理治疗中的运用——拓展临床技能》[M]．北京：中国轻工业出版社，2015.

20、（美）马歇尔·卢森堡 Marshall B.Rosenberg 著．刘轶译．《非暴力沟通（修订版）》[M]．北京：华夏出版社，2021.

21、来水木，韩秀，杨宏飞等．国外反刍思维研究综述 [J]．应用心理学，2009, 15(1):1090-1096

22、俞国良．《社会心理学》（第 3 版）[M]．北京：高等师范大学出版社，2016.

23、郑雪．《人格心理学》（第 2 版）[M]．广州：暨南大学出版社，2017.

24、杨健梅．《大学生心理健康教育》[M]．北京：九州出版社，2021.